이 책의 머리말

KB205935

해야 할 일도 많고 공부할 것도 많은 우리 친구들!
모든 교과목을 따로따로 공부하기에는
시간이 부족하지 않나요?

초코 전과목 단원평가는 바쁜 우리 친구들을 위해
단 한 권으로 교과 평가를 대비할 수 있게 하였습니다.

개념을 스스로 채워 가며 빠르게 정리하고,
실전 문제를 풀면서 **학교 시험에 완벽하게 대비**할 수 있어요.

초코 전과목 단원평가가 우리 친구들의 학습 부담을
조금이라도 덜어 줄 수 있는 소중한 친구가 되었으면 합니다.

그럼, 지금부터 초코 전과목 단원평가를 학습해 볼까요?

구성과 특징

핵심 개념

✦ 과목별 핵심 개념을 스스로 채워가며 기본 실력을 다져요.

✦ 핵심 개념을 대표 지문과 자료에 적용하며 응용 실력을 키워요.

> QR 코드를 스캔하면 핵심 개념을 한눈에 모아 보면서 정리할 수 있어요.

국어

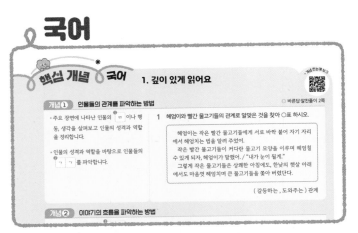

핵심 개념을 익히고, 시험에 자주 나오는 대표 지문과 문제를 한 번에 학습합니다.

수학

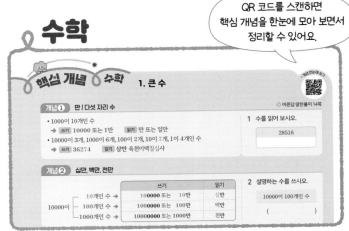

핵심 개념을 익히고, 확인 문제를 통해 익힌 개념을 다시 한 번 학습합니다.

사회

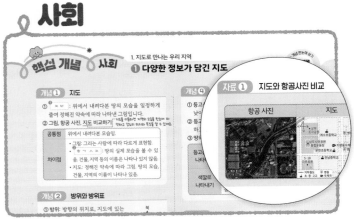

핵심 개념을 한눈에 정리하고, 핵심 자료만 따로 모아 자료 해석 능력을 키웁니다.

과학

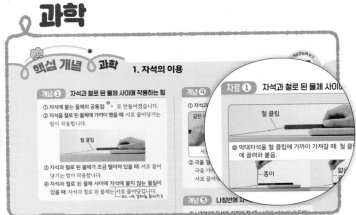

핵심 개념을 한눈에 정리하고, 탐구 자료만 따로 모아 문제 해결 능력을 키웁니다.

빠르고 정확한 전과목 초등 코어 학습으로
단원평가 완벽 대비

단원평가

✦ 기본/실전 단원평가로 구분한 단계별 학습으로 실전을 대비해요.

✦ 교과서 통합 문제를 제공하여 모든 교과서의 단원평가를 대비해요.

기본

개념 확인 문제부터 단계별 서술형 문제, 출제율 높은 대표 유형 문제를 모두 모아 풀면서 차근차근 학교 시험에 대비합니다.

실전

한 단계 높아진 난이도의 문제와 실전 서술형 문제, 최신 경향 문제까지 다양한 문제를 풀면서 학교 시험에 완벽하게 대비합니다.

이 책의 차례

✴ 초등수학 4학년 1학기는 교과서 출판사에 따라 학습 범위가 다른 부분이 있습니다. **단원평가 4-2**에서 학습할 **1. 분수의 덧셈과 뺄셈, 2. 삼각형** 자료는 미래엔 홈페이지 [참고서]-[초등]에서 다운로드 받을 수 있습니다.

국어

1. 깊이 있게 읽어요

> 바른답·알찬풀이 2쪽

개념 ❶ 인물들의 관계를 파악하는 방법

• 주요 장면에 나타난 인물의 ❶ㅁ 이나 행동, 생각을 살펴보고 인물의 성격과 역할을 정리합니다.

• 인물의 성격과 역할을 바탕으로 인물들의 ❷ㄱㄱ 를 파악합니다.

1 헤엄이와 빨간 물고기들의 관계로 알맞은 것을 찾아 ○표 하시오.

> 헤엄이는 작은 빨간 물고기들에게 서로 바짝 붙어 자기 자리에서 헤엄치는 법을 알려 주었어.
> 작은 빨간 물고기들이 커다란 물고기 모양을 이루며 헤엄칠 수 있게 되자, 헤엄이가 말했어. / "내가 눈이 될게."
> 그렇게 작은 물고기들은 상쾌한 아침에도, 한낮의 햇살 아래에서도 마음껏 헤엄치며 큰 물고기들을 쫓아 버렸단다.

(갈등하는 , 도와주는) 관계

개념 ❷ 이야기의 흐름을 파악하는 방법

• 이야기에 나오는 인물, ❸ㅈㅅ, 일어난 일을 찾아봅니다.

• 시간이나 장소의 변화에 따라 일을 살펴봅니다.

• 일이 일어난 ❹ㅊㄹ 를 정리합니다.

2 인물에게 일어난 일은 무엇인지 ( )에 들어갈 알맞은 말을 쓰시오.

> 어머니는 석봉이 준비를 끝내자 호롱불을 훅 꺼 버렸습니다. 석봉이 깜짝 놀라 물었습니다.
> "어머니, 왜 불을 끄십니까? 글씨를 어떻게 쓰라고요?"
> "놀랄 것 없다. 네가 진정 명필이라면 어둠 속에서도 글씨를 잘 쓸 수 있을 것이다."
> 그리하여 어둠 속에서 석봉은 글씨를 쓰고, 어머니는 떡을 썰었습니다.

• 어머니는 석봉이 ( )이/가 되었는지 시험하기 위해 호롱불을 끄고 글씨를 쓰게 하셨다.

개념 ❸ 글의 내용을 짐작하는 질문을 만드는 방법

• 글을 읽기 전에 글의 ❺ㅈㅁ 이나 그림으로 질문을 만들거나 자신이 이미 알고 있거나 경험한 것과 관련지어 질문을 만듭니다.

• 글을 읽는 중에 낱말의 ❻ㄸ 을 짐작하는 질문이나 이어질 내용을 짐작하는 질문을 합니다.

• 글을 읽는 중에 자신의 경험과 관련지어 질문하거나 글의 내용과 관련해 더 궁금한 점을 질문합니다.

3 하윤이가 떠올린 질문을 만든 방법은 무엇인지 쓰시오.

> 옹기는 흙으로 만든 우리나라 고유의 그릇입니다. 여러분이 알고 있는 항아리가 대표적인 옹기입니다. 우리 조상들은 아주 오래전부터 음식을 보관하는 데 옹기를 사용해 왔습니다. 옹기가 음식을 보관하기에 좋은 까닭은 무엇일까요?

> 하윤: 우리 조상들은 옹기에 음식을 보관했는데, 외국 사람들은 어디에 음식을 보관했을까?

( )

1. 깊이 있게 읽어요

01-02

> 그러다 바위와 물풀 사이, 어두컴컴한 곳에 숨어 있는 작은 물고기 떼를 보았어. 헤엄이의 친구들과 꼭 닮은 물고기들이었지.
> "얘들아, 우리 함께 헤엄치고 놀면서 신기한 것들을 구경하자!"
> 헤엄이가 신이 나서 말했어.
> "안 돼. 큰 물고기한테 몽땅 잡아먹히고 말 거야."
> 작은 빨간 물고기들이 대답했지.
> "그렇다고 마냥 숨어 있을 수만은 없잖아. 무슨 수를 생각해 내야 해!"
> 헤엄이가 말했어.
> 헤엄이는 생각하고, 생각하고, 또 생각했어.
> 이윽고 헤엄이가 말했어.
> "좋은 수가 있어! 우리 모두 한데 모여서 헤엄치는 거야. 바닷속에서 제일 큰 물고기 모양을 만들어서 말이야!"

01 빨간 물고기들이 숨어 지내는 까닭은 무엇입니까? (   )

① 사람들이 무서워서
② 헤엄치는 법을 몰라서
③ 함께 놀 친구들이 없어서
④ 아침이 될 때까지 기다리느라고
⑤ 큰 물고기가 잡아먹으려고 해서

꼭 나와!

02 헤엄이의 말과 행동으로 보아 알 수 있는 헤엄이의 성격을 두 가지 고르시오. (,   )

① 용감하다.
② 조심스럽다.
③ 도전적이다.
④ 소극적이다.
⑤ 잘난 척을 잘한다.

03 이야기의 흐름을 파악하는 방법으로 빈칸에 알맞은 말을 모두 찾아 ○표 하시오.

> 이야기에 나오는 [   ]을/를 찾는다.

(인물 , 장소 , 문장 부호 , 일어난 일)

04-05

> 마침내 그리운 사립문 안으로 들어섰습니다. 방 안에서 떡을 썰고 있는 어머니의 그림자가 문밖으로 비쳤습니다.
> "어머니! 소자가 돌아왔습니다."
> "뭐? 내 아들이라고? 그럴 리가! 내 아들은 성공하여 명필이 되기 전에는 돌아오지 않기로 맹세하고 한양으로 떠났는데, 겨우 3년 만에 명필이 되었단 말이냐?"
> "네, 어머니. 제가 명필이 되어 돌아왔습니다. 사람들이 모두 저를 명필로 인정해 주었습니다. 한양 장안에서는 저를 따를 사람이 없습니다. 이제 어머니를 편히 모시겠습니다."

04 아들에 대하여 알맞게 말한 친구의 이름을 쓰시오.

명필이 되었다고 우쭐한 것 같아.
현우

어머니 앞에서 겸손한 모습을 보여 주었어.

지아

(   )

서술형

05 아들에게 일어난 일을 생각하며 다음 물음에 답하시오.

(1) 아들은 어디에서 어디로 온 것인지 장소의 변화를 쓰시오.
(   ) → (   )

(2) (1)의 장소를 넣어 아들에게 일어난 일을 한 문장으로 쓰시오.

_____

_____

06-08

하지만 미야가 없으면 지피는 따돌림을 받았어요.
"야, 너는 목이 짧아서 싫어. 저리 가!"
"우리 엄마가 너하고 놀지 말래. 우리하곤 다르
대."
"너는 아무짝에도 쓸모가 없어."
기린 친구들의 말에 지피는 상처를 입었어요.
그런 지피를 볼 때마다 미야는 ㉠가슴이 찢어질
듯 아팠어요. 하지만 미야까지 약해질 수는 없어요.
"지피야, 네가 목이 짧은 건 사실이야. 하지만 초
원의 신에게도 생각이 있을 거야. 네가 이렇게 태
어난 데에는 반드시 이유가 있단다."
미야는 지피를 꼭 안아 주었어요.

06 기린 친구들이 지피를 따돌린 까닭은 무엇입니까?
( )

① 엄마가 없어서   ② 지피가 못생겨서
③ 지피의 목이 짧아서   ④ 지피가 이기적이어서
⑤ 몸의 무늬가 특이해서

꼭 나와!

07 이 이야기에 나오는 인물에 대한 설명으로 알맞지
않은 것은 어느 것입니까? ( )

① 미야는 따뜻한 성격의 인물이다.
② 미야는 지피를 사랑하는 역할이다.
③ 미야와 지피는 도와주는 관계이다.
④ 기린 친구들은 지피를 힘들게 하는 역할이다.
⑤ 기린 친구들은 겉만 보고 판단하는 신중한 성
격이다.

08 ㉠의 뜻으로 알맞은 것을 보기 에서 찾아 기호를
쓰시오.

보기
㉮ 이해심이 없다.
㉯ 어찌할 바를 몰라 아득하다.
㉰ 슬픔이나 분함 때문에 큰 고통을 받다.

( )

09-10

㉮ 어느 날 보초 서는 기린에게 이상한 얼룩말이 다
가왔어요. 아니, 그것은 얼룩말이 아니었어요. 바로
얼룩말 가죽을 뒤집어쓴 밀렵꾼이었지요.
"꼼짝 마라! 기린! 너는 이제 내 거다."
먼 곳만 보던 기린은 그만 코앞에 온 밀렵꾼에게
잡혀가고 말았어요. 외톨이 지피는 여전히 혼자 물
을 마셨지요.
그 뒤로도 계속 기린들은 밀렵꾼에게 잡혀갔어요.
㉯ "야, 너도 내가 목이 짧다고 깔보는 거야?"
따지려고 얼룩말에게 다가간 지피는 깜짝 놀랐어
요. 그것은 바로 얼룩말 가죽을 뒤집어쓴 밀렵꾼이
었어요.
"아니, 너는 밀렵꾼!" / "앗! 들켰다!"
지피에게 들킨 밀렵꾼은 당황해 숨겨 둔 총을 꺼
내려 했어요. 하지만 지피가 좀 더 빨랐어요.
"에이, 나쁜 밀렵꾼 같으니라고."
지피는 밀렵꾼을 긴 다리로 찍어 눌렀어요. 그리
고 소리쳤어요.
"여기 밀렵꾼이에요! 내가 잡았어요!"
기린들에게 둘러싸인 밀렵꾼은 손이 발이 되도록
싹싹 빌었어요.

09 지피가 밀렵꾼을 잡을 수 있었던 까닭을 잘못 말
한 친구의 이름을 쓰시오.

• 동완: 지피는 용감한 성격이어서 밀렵꾼을
잡을 수 있었어.
• 현서: 지피의 짧은 다리는 밀렵꾼을 잡는 데
도움이 되었어.
• 아린: 지피는 목이 짧아서 가까이 있는 밀렵
꾼을 알아볼 수 있었어.

( )

10 지피와 갈등하는 관계에 있는 인물은 누구인지
세 글자로 쓰시오.

( )

11-15

가 옹기는 흙으로 만든 우리나라 고유의 그릇입니다. 여러분이 알고 있는 항아리가 대표적인 옹기입니다. 우리 조상들은 아주 오래전부터 음식을 보관하는 데 옹기를 사용해 왔습니다. 옹기가 음식을 보관하기에 좋은 까닭은 무엇일까요?

나 먼저, 옹기는 숨을 쉬는 그릇입니다. 현미경으로 옹기를 들여다보면 아주 작은 구멍들이 보입니다. 옹기는 흙으로 만드는데, 흙에 있는 모래 알갱이들이 작은 숨 구멍을 만들어서 공기가 잘 통하게 해 줍니다. 그래서 옹기에 음식을 보관하면 쉽게 상하지 않고, 씨앗을 넣어 두어도 다음 해까지 씨앗이 썩지 않습니다.

다 또 허리가 불룩한 옹기의 모양도 음식을 오래 ⓒⓧⓒⓧ ㉠ ⓧⓒⓧ 데 도움을 줍니다. 이러한 모양 때문에 장독대에 여러 개의 옹기들을 모아 두면 옹기들 사이에 공간이 생깁니다. 그러면 그 공간으로 바람이 잘 통해 옹기들이 하루 종일 햇볕을 받아도 옹기의 위에서 아래까지 비슷한 온도를 ⓒⓧ ㉡ ⓧ 수 있습니다.

11 이 글은 무엇에 대하여 쓴 글입니까? ( )

① 발효 음식의 종류
② 옹기를 만드는 방법
③ 옹기를 만드는 재료
④ 발효 음식이 몸에 좋은 까닭
⑤ 옹기가 음식을 보관하기에 좋은 까닭

12 다음 내용은 어디에 들어가는 것이 알맞은지 빈칸에 글 가~다 중 알맞은 기호를 쓰시오.

그래서 된장, 간장, 김치 따위의 발효 음식을 옹기에 보관하면 음식이 알맞게 익어 좋은 맛을 냅니다.

글 ( )의 뒤

13 ㉠, ㉡에 들어갈 말을 알맞게 짝 지은 것은 어느 것입니까? ( )

① ㉠: 만드는, ㉡: 맞출
② ㉠: 썩는, ㉡: 유지할
③ ㉠: 보관하는, ㉡: 유지할
④ ㉠: 보관하는, ㉡: 설정할
⑤ ㉠: 지정하는, ㉡: 유지할

서술형

14 옹기가 음식을 보관하기에 좋은 까닭을 생각하며 다음 물음에 답하시오.

(1) 흙으로 만든 옹기에 공기가 통하는 것은 무엇이 있기 때문인지 글에서 찾아 쓰시오.

( )

(2) (1)에서 답한 말을 넣어 옹기에 음식을 보관하면 쉽게 상하지 않는 까닭을 한 문장으로 쓰시오.

_____

_____

꼭 나와!

15 이 글을 읽고 떠올린 질문과 질문을 만든 방법으로 알맞은 것을 찾아 선으로 이으시오.

(1)	'고유'의 뜻은 무엇일까?	·	· ㉮	낱말의 뜻을 짐작하는 질문하기
(2)	옹기 외에도 숨을 쉬는 그릇이 있을까?	·	· ㉯	자신의 경험과 관련지어 질문하기
(3)	박물관에서 도자기를 본 적이 있는데, 도자기도 옹기일까?	·	· ㉰	글의 내용과 관련해 더 궁금한 점을 질문하기

1. 깊이 있게 읽어요

01-02

나무 그늘을 산다고요?

 어느 마을에 집 앞에 있는 나무 그늘은 자기만 쓸 수 있다고 우기는 영감이 살았어요. 한 총각이 영감에게 돈을 주고 나무 그늘을 산다고 했고, 욕심 많은 영감은 그 그늘을 팔았지요. 총각은 그늘을 마을 사람들과 함께 사용했어요.

영감에게는 어떤 일이 일어날까요?

01 총각이 영감에게서 나무 그늘을 산 까닭을 **보기**에서 찾아 기호를 쓰시오.

> **보기**
> ㉮ 돈을 많이 번 것을 자랑하려고
> ㉯ 영감에게 비싼 값에 나무 그늘을 팔려고
> ㉰ 마을 사람들과 함께 나무 그늘을 사용하려고

( )

02 총각과 영감의 표정을 살펴보고 일어날 일을 짐작하여 말했습니다. ( )에 알맞은 인물을 쓰시오.

• (1)( )은/는 (2)( )에게 나무 그늘을 팔아서 어려움을 겪을 것 같다.

03 내용을 짐작하며 글을 읽은 경험을 말한 친구의 이름을 모두 쓰시오.

> • **지아**: 제목을 보고 글의 내용을 짐작해 본 적이 있어.
> • **민한**: 국어사전을 읽으며 낱말의 뜻을 찾아본 적이 있어.
> • **성준**: 말과 행동을 보고 인물에 대해 짐작했던 경험이 있어.

( )

04-08

㉮ 어느 날, 몹시 사납고 배고픈 다랑어 한 마리가 물살을 헤치고 쏜살같이 다가왔어. 그러고는 ㉠작은 물고기들을 한입에 꿀꺽 삼켜 버렸지. 헤엄이만 달아날 수 있었어.

헤엄이는 바닷속 깊고 어두운 곳으로 도망쳤어. 무섭고, 외롭고, 무척 슬펐단다.

하지만 바닷속은 놀랍고 아름다운 것들로 가득했어. 요리조리 다니며 신기한 것들을 구경하는 사이 헤엄이는 다시 행복해졌지.

㉯ 그러다 바위와 물풀 사이, 어두컴컴한 곳에 숨어 있는 작은 물고기 떼를 보았어. 헤엄이의 친구들과 꼭 닮은 물고기들이었지.

"얘들아, 우리 함께 헤엄치고 놀면서 신기한 것들을 구경하자!"

헤엄이가 신이 나서 말했어.

"안 돼. 큰 물고기한테 몽땅 잡아먹히고 말 거야."

작은 빨간 물고기들이 대답했지.

04 ㉠을 통해 알 수 있는 인물의 성격으로 알맞은 것은 어느 것입니까? ( )

① 조심성이 많은 성격
② 사납고 무서운 성격
③ 장난을 잘 치는 성격
④ 다정하고 친절한 성격
⑤ 성실하고 조용한 성격

05 헤엄이가 바닷속으로 도망칠 때의 마음으로 알맞지 <u>않은</u> 것을 두 가지 고르시오.

(,)

① 무섭다. ② 외롭다.
③ 슬프다. ④ 궁금하다.
⑤ 신기하다.

09-10

어려워

06 갈등하는 관계의 인물끼리 알맞게 짝 지은 것을 두 가지 고르시오. (,   )

① 바위와 물풀
② 헤엄이와 큰 물고기
③ 헤엄이와 빨간 물고기들
④ 빨간 물고기들과 큰 물고기
⑤ 헤엄이의 친구들과 빨간 물고기들

서술형

07 이 글에 이어지는 다음 글을 읽고, 헤엄이의 성격과 역할을 파악하여 쓰시오.

> "그렇다고 마냥 숨어 있을 수만은 없잖아. 무슨 수를 생각해 내야 해!"
> 헤엄이가 말했어.
> 헤엄이는 생각하고, 생각하고, 또 생각했어. 이윽고 헤엄이가 말했어.
> "좋은 수가 있어! 우리 모두 한데 모여서 헤엄치는 거야. 바닷속에서 제일 큰 물고기 모양을 만들어서 말이야!"
> 헤엄이는 작은 빨간 물고기들에게 서로 바짝 붙어 자기 자리에서 헤엄치는 법을 알려 주었어.
> 작은 빨간 물고기들이 커다란 물고기 모양을 이루며 헤엄칠 수 있게 되자, 헤엄이가 말했어.
> "내가 눈이 될게."

(1) 성격: _____

(2) 역할: _____

08 이 글을 읽고 인물들의 관계를 파악할 때, 반드시 살펴보아야 하는 것을 두 가지 고르시오.
(,   )

① 인물들의 말   ② 인물들의 수
③ 인물들의 행동   ④ 비슷한 이야기의 내용
⑤ 글을 읽는 사람의 관계

가 "어머니! 소자가 돌아왔습니다."
"뭐? 내 아들이라고? 그럴 리가! 내 아들은 성공하여 명필이 되기 전에는 돌아오지 않기로 맹세하고 한양으로 떠났는데, 겨우 3년 만에 명필이 되었단 말이냐?"
"네, 어머니. 제가 명필이 되어 돌아왔습니다. 사람들이 모두 저를 명필로 인정해 주었습니다. 한양 장안에서는 저를 따를 사람이 없습니다. 이제 어머니를 편히 모시겠습니다."
나 어머니는 3년 만에 본 아들인데도 조금도 반가운 기색 없이 싸늘한 얼굴로 석봉을 맞았습니다. 석봉이 절을 올렸지만, 받는 둥 마는 둥 하였습니다.
"그래, 3년 만에 명필이 되었다니 장하구나. 그럼 어디 붓과 종이를 꺼내어 내 앞에서 한번 써 보아라. 대신 나는 떡을 썰겠다."

09 석봉이 고향집을 3년 동안 떠나 있었던 까닭은 무엇입니까? (   )

① 고향집에 머무는 것이 답답해서
② 어머니를 놀라게 해 드리기 위해서
③ 한양 장안에 대해 알아보고 싶어서
④ 어머니가 고향집을 떠나라고 하셔서
⑤ 한양에서 공부하여 명필이 되기 위해서

10 이 글에서 일이 일어난 차례를 생각하며 순서대로 번호를 쓰시오.

(1) 어머니는 석봉을 보고 반가워하지 않았다.
(   )

(2) 석봉이 명필로 인정을 받고 어머니가 계신 집으로 돌아왔다.
(   )

(3) 어머니는 자신은 떡을 썰 테니 석봉에게는 글씨를 쓰라고 했다.
(   )

11-13

가 어머니는 석봉이 준비를 끝내자 호롱불을 훅 꺼 버렸습니다. 석봉이 깜짝 놀라 물었습니다.

"어머니, 왜 불을 끄십니까? 글씨를 어떻게 쓰라고요?"

"놀랄 것 없다. 네가 진정 명필이라면 어둠 속에서도 글씨를 잘 쓸 수 있을 것이다."

그리하여 어둠 속에서 석봉은 글씨를 쓰고, 어머니는 떡을 썰었습니다. 한참 뒤, 불을 켜 보니 이게 웬일일까요? 어머니가 썬 떡은 쪽 고른데, 석봉의 글씨는 크기도 모양도 제각각에다 삐뚤빼뚤 볼품이 없었습니다.

나 "이게 3년이나 공부한 명필의 글씨란 말이냐?"

"어머니, 용서해 주세요. 어머니가 고생하시는 것이 너무 마음 아파서 그만……."

"어미를 가엾게 여긴다면 이 길로 가서 열심히 공부하여라. 그래서 과거에 급제하여 집안을 일으키는 명필이 되어라. 지금 당장 떠나라."

서술형

11 글 가를 읽고, 각 인물에게 어떤 일이 일어났는지 정리하여 쓰시오.

장소	인물	일어난 일
고향집	석봉	(1)
	어머니	(2)

12 글 나에서 석봉의 마음을 짐작한 것으로 알맞은 것을 두 가지 고르시오. (,)

① 뿌듯하다.　　② 궁금하다.
③ 부끄럽다.　　④ 죄송하다.
⑤ 당당하다.

13 이와 같은 이야기의 흐름을 파악하는 방법으로 알맞지 않은 것은 어느 것입니까? ( )

① 일이 일어난 차례를 정리한다.
② 이야기에서 일어난 일을 찾는다.
③ 장소의 변화에 따라 일을 살핀다.
④ 이야기에 나온 시간의 차례를 바꾼다.
⑤ 이야기에 나오는 인물, 장소를 찾는다.

14-15

박물관에서 옹기를 본 적이 있는데, 이 글의 내용과 관련이 있을까?

그림에 나온 옹기에는 무엇을 담았을까?

글의 제목이 '우리의 그릇, 옹기'인데 어떤 내용이 나올까?

하윤

14 하윤이가 하고 있는 일은 무엇입니까? ( )

① 글의 내용을 짐작하고 있다.
② 박물관에서 체험한 일을 글로 쓰고 있다.
③ 글을 읽으면서 모르는 낱말을 쓰고 있다.
④ 글을 읽고 알게 된 내용을 정리하고 있다.
⑤ 다른 사람에게 글의 내용을 소개하고 있다.

어려워

15 이 내용을 보고, 알맞게 말한 친구의 이름을 쓰시오.

준우

「우리의 그릇, 옹기」는 우리나라의 전통 그릇인 옹기에 대해 설명한 글일 것 같아.

「우리의 그릇, 옹기」는 외국 사람들이 음식을 보관한 방법에 대한 글일 것 같아.

담원

( )

가 옹기는 흙으로 만든 우리나라 고유의 그릇입니다. 여러분이 알고 있는 항아리가 대표적인 옹기입니다. 우리 조상들은 아주 오래전부터 음식을 ㉠보관하는 데 옹기를 사용해 왔습니다.

나 허리가 불룩한 옹기의 모양도 음식을 오래 보관하는 데 도움을 줍니다. 이러한 모양 때문에 장독대에 여러 개의 옹기들을 모아 두면 옹기들 사이에 공간이 생깁니다. 그러면 그 공간으로 바람이 잘 통해 옹기들이 하루 종일 햇볕을 받아도 옹기의 위에서 아래까지 비슷한 온도를 ㉡유지할 수 있습니다. 그래서 된장, 간장, 김치 따위의 발효 음식을 옹기에 보관하면 음식이 알맞게 익어 좋은 맛을 냅니다.

다 이러한 옹기를 만드는 곳을 '옹기소'라고 하고, 옹기를 만드는 기술자를 '옹기장'이라고 합니다. 옛날에는 옹기를 많이 사용했지만, 오늘날에는 옹기를 많이 사용하지 않으면서 주변에서 '옹기장'을 찾아보기 어렵습니다. 그래서 우리나라에서는 옹기의 전통을 지켜 나가기 위해 '옹기장'을 무형유산으로 ㉢지정했습니다.

16 옹기는 무엇인지 (   )에 들어갈 알맞은 말을 쓰시오.

· 옹기는 (1)(   )(으)로 만든 우리나라 고유의 (2)(   )이다.

17 이 글의 내용으로 알맞은 것은 어느 것입니까?
(   )

① '옹기장'은 옹기를 만드는 곳이다.
② '옹기소'는 옹기를 만드는 기술자이다.
③ 옹기에 담긴 발효 음식은 좋은 맛을 낸다.
④ 옹기에 된장, 간장, 김치를 보관하면 음식을 익히기 어렵다.
⑤ 허리가 불룩한 옹기를 모아 두면 옹기들 사이에 공간이 생기지 않는다.

18 ㉠~㉢ 중 다음 뜻을 가진 낱말의 기호를 찾아 쓰시오.

(1) 간직하고 관리하다.
(   )

(2) 어떤 것에 자격을 주다.
(   )

(3) 어떤 상태나 상황을 변함이 없게 하다.
(   )

(어려워)
19 다음은 이 글을 읽고 만든 질문입니다. 보기 에서 다음 질문과 질문을 만든 방법이 같은 것을 찾아 기호를 쓰시오.

보기
㉮ '발효'의 뜻은 무엇일까?
㉯ 옹기의 모양이 음식을 보관하는 데 도움을 주는 까닭은 무엇일까?
㉰ 도자기를 굽는 가마를 본 적이 있는데, 옹기소에도 비슷한 시설이 있을까?

· '무형유산'을 지켜야 한다는 책을 읽은 적이 있는데 옹기장도 우리가 잘 지켜야 하는 것일까?
(   )

(서술형)
20 이 글을 읽으면서 떠올린 글의 내용을 짐작하는 질문을 한 가지 쓰시오.

_____

_____

개념 ① 토의 주제에 알맞은 의견을 마련하는 방법

▶ 바른답·알찬풀이 4쪽

• 토의 주제에 알맞은 의견을 떠올립니다.

• 의견의 [ㅅ][ㅊ]① 가능성을 생각합니다.

• 의견을 뒷받침하는 [ㅇ][ㅇ]② 를 마련합니다.

• 의견의 단점도 생각해 봅니다.

1 다음은 '함께 쓰는 색칠 도구를 함부로 사용하는 문제를 어떻게 해결할까'에 대한 시연이의 의견입니다. 시연이에게 해 줄 말로 알맞은 것에 ○표 하시오.

> 시연: 매주 한 명씩 돌아가면서 함께 쓰는 색칠 도구를 관리하면 좋겠습니다.

(1) 의견의 장점만 말해야 해. ( )

(2) 실천하기 힘든 의견이라도 괜찮아. ( )

(3) 의견을 뒷받침하는 이유도 말해 봐. ( )

개념 ② 토의 절차

• 토의 절차: 토의 [ㅈ][ㅈ]③ 정하기 → 의견 마련하기 → 의견 모으기 → 의견 결정하기

• 토의 주제를 정할 때 생각할 점
  - 우리 모두와 관련 있는가?
  - 여러 가지 의견이 나올 수 있는가?
  - 우리가 [ㅎ][ㄱ] [ㅂ][ㅂ]④ 을 찾을 수 있는가?

2 다음 그림은 토의의 절차 중 무엇에 해당하는지 쓰시오.

토의 주제는 무엇으로 정하면 좋을까요?

요즘 우리 반에 어떤 일이 있지?

( )

개념 ③ 글쓴이의 의견을 파악하는 방법

• 글쓴이의 생각을 담고 있는 중요한 낱말이나 문장, [ㅂ][ㅂ]⑤ 되는 표현을 찾아봅니다.

• 사진이나 그림 자료도 살펴봅니다.

• 글의 [ㅈ][ㅁ]⑥ 을 살펴봅니다.

• 글쓴이가 글을 쓴 목적이나 의도를 생각해 봅니다.

3 글쓴이의 의견으로 알맞은 것에 ○표 하시오.

> 환경을 보호하기 위해서는 다회용 제품을 올바르게 사용해야 합니다. 한번 구입한 다회용 제품을 오랜 기간 꾸준히 사용하는 습관이 필요합니다. 하나면 충분합니다. 지구를 위한 작은 실천을 시작합시다.

(1) 한번 구입한 다회용 제품을 오랜 기간 꾸준히 사용하자. ( )

(2) 환경을 보호하기 위해 일회용품과 다회용품 사용을 줄이자. ( )

01 어떤 문제에 대해 여러 사람이 의견을 나누면 좋은 점이 <u>아닌</u> 것을 보기 에서 찾아 기호를 쓰시오.

보기

㉮ 문제 해결에 직접 참여할 수 있다.

㉯ 가장 빠르게 문제를 해결할 수 있다.

㉰ 여러 사람이 함께 문제 해결 방법을 찾을 수 있다.

㉱ 서로 의견을 나누면 더 좋은 의견을 찾을 수 있다.

(   )

02-03

가 어른들이 운전해 주시는 승용차를 타고 등교하는 학생들이 있습니다. 승용차를 타면 시간을 절약하고 편하게 학교에 올 수 있습니다. 그렇지만 승용차 때문에 걸어 다니는 학생들이 위험할 수 있습니다.

나 모두의 안전을 위해 승용차를 타고 학교에 오지 않았으면 좋겠습니다.

02 이 글의 제목으로 알맞은 것은 어느 것입니까?

(   )

① 운동을 열심히 합시다

② 대중교통을 이용합시다

③ 학교에 지각하면 안 됩니다

④ 승용차로 등교하면 친구들이 위험합니다

⑤ 학교 교문 앞에서 뛰어다니면 위험합니다

서술형

03 글쓴이의 의견을 생각하며 다음 물음에 답하시오.

(1) 글쓴이의 의견에 맞게 ( )에 들어갈 알맞은 낱말을 찾아 쓰시오.

· 등교할 때 ( )을/를 타지 말자.

(2) 글쓴이의 의견에 대한 자신의 의견을 쓰시오.

_____

_____

04-05

준성: 토의 주제를 어떻게 정하면 좋을까?

규빈: 서로 의견을 나누며 해결 방법을 찾을 수 있는 일을 우리 주변에서 찾아봐야 해. 그 가운데 우리 모두와 관련 있는 일을 토의 주제로 삼는 것이 좋겠어.

준성: 그러면 '교실에서 만화책을 읽어도 될까?'를 토의 주제로 정하면 어떨까?

규빈: 우리 반 모두와 관련 있는 주제지만 '된다'나 '안 된다'와 같은 의견만 떠올리지 않을까? 토의 주제는 ㉠ 으로 정해야 해.

준성: 아, 그렇구나. ㉡'깨끗한 교실을 만들기 위해 어떤 일을 하면 좋을까?'는 어때?

규빈: 좋은 생각이야.

04 ㉠에 들어갈 내용으로 알맞은 것은 무엇입니까?

(   )

① 선생님이 정해 주시는 것

② 한 가지 주장을 할 수 있는 것

③ 여러 의견을 떠올릴 수 있는 것

④ 다수결의 원칙에 따라 정해지는 것

⑤ 찬성과 반대로 의견이 나누어지는 것

꼭 나와!

05 규빈이가 ㉡과 같은 토의 주제가 좋은 생각이라고 말한 까닭으로 알맞지 <u>않은</u> 것을 두 가지 고르시오. (,   )

① 단점이 없는 좋은 주제여서

② 선생님이 칭찬하실 만한 주제여서

③ 우리 반 모두와 관련 있는 주제여서

④ 여러 가지 의견이 나올 수 있는 주제여서

⑤ 우리 반 친구들이 해결 방법을 찾을 수 있는 주제여서

06 정훈이의 토의 주제가 적절하지 <u>못한</u> 까닭은 무엇인지 알맞은 말을 찾아 ○표 하시오.

> 선생님: 즐거운 학교생활을 위해 토의를 하려면 어떤 주제가 좋을까요?
> 정훈: 우리 반 교실을 넓힐 수 있을지를 이야기해 보고 싶어요.

• 우리가 (의견 , 해결 방법)을 찾기 어렵기 때문이다.

07-10

하나면 충분합니다

가 환경을 보호하기 위해 우리는 일회용품을 적게 쓰고 통컵, 친환경 가방처럼 여러 번 사용할 수 있는 다회용 제품을 쓰기도 합니다. 그런데 다회용 제품을 쓴다고 해서 무조건 환경을 보호할 수 있는 것은 아닙니다. 다회용 제품을 구입하여 자주 사용하지 않고 그냥 두거나 여러 개의 다회용 제품을 사용하면 오히려 환경 오염의 원인이 될 수 있기 때문입니다.

기후변화행동연구소의 2019년 자료에 따르면, 통컵을 하루만 사용하면 플라스틱 컵을 하루에 한 번 사용할 때보다 오히려 환경에 나쁜 영향을 끼친다고 합니다. 같은 수의 컵을 생산한다면, 다회용 제품을 만들고 폐기하는 과정에서 일회용품을 만들고 폐기할 때보다 더 많은 온실가스가 배출되기 때문입니다.

나 환경을 보호하기 위해서는 다회용 제품을 올바르게 사용해야 합니다. 한번 구입한 다회용 제품을 오랜 기간 꾸준히 사용하는 습관이 필요합니다. 하나면 충분합니다. 지구를 위한 작은 실천을 시작합시다.

07 사람들이 다회용 제품을 사용하는 까닭은 무엇입니까? (   )

① 가격이 싸서
② 환경을 보호하기 위해서
③ 일회용품보다 품질이 좋아서
④ 온실가스가 많이 배출되어서
⑤ 환경 오염의 원인이 될 수 있어서

08 다회용 제품을 사용하면 오히려 환경 오염의 원인이 되는 경우로 알맞은 것을 두 가지 고르시오. (,   )

① 다회용 제품을 오래 사용하는 경우
② 다회용 제품을 꾸준히 사용하는 경우
③ 하나의 다회용 제품을 사용하는 경우
④ 여러 개의 다회용 제품을 사용하는 경우
⑤ 다회용 제품을 구입하여 자주 사용하지 않고 그냥 두는 경우

09 다음 내용이 사실이면 '사', 의견이면 '의'를 쓰시오.

(1) 환경을 보호하기 위해 우리는 일회용품을 적게 쓰고 통컵, 친환경 가방처럼 여러 번 사용할 수 있는 다회용 제품을 쓰기도 합니다.
(   )

(2) 한번 구입한 다회용 제품을 오랜 기간 꾸준히 사용하는 습관이 필요합니다. 하나면 충분합니다. 지구를 위한 작은 실천을 시작합시다.
(   )

꼭 나와!

10 글쓴이의 의견을 파악하는 방법을 <u>잘못</u> 말한 친구의 이름을 쓰시오.

> • 혜나: '하나면 충분합니다'라는 글의 제목에서 글쓴이의 생각을 파악할 수 있어.
> • 수지: 글쓴이가 쓴 다른 글의 목적이나 의도를 파악해 보는 것도 좋은 방법이야.
> • 재석: '환경, 통컵, 다회용' 등 반복되는 중요한 낱말을 통해 글쓴이의 생각을 알 수 있어.

(   )

11-13

누구나 한 번쯤은 동물원에서 다양한 동물을 관람해 본 경험이 있을 것입니다. 우리는 즐거운 마음으로 동물을 만나지만 동물원에서 살아가는 동물은 과연 행복할까요? 저는 그렇지 않다고 생각합니다. 울타리에 갇혀 지내면서 행복하기는 쉽지 않습니다. 더이상 동물을 동물원에 가두어서는 안 됩니다.

동물도 사람처럼 기쁨, 슬픔, 지루함, 즐거움 따위의 감정을 느끼는 존재입니다. 사람과 마찬가지로 동물도 행복하게 살아갈 권리가 있습니다. 그렇기 때문에 우리는 동물을 좁은 공간에 가두어 동물에게 스트레스를 주지 않으면서도 동물을 만날 수 있는 방법을 찾아야 합니다.

과학 기술을 이용한 '동물 없는 동물원'에서 이러한 방법을 찾을 수 있습니다. '동물 없는 동물원'은 가상 현실 기술이나 증강 현실 기술을 이용하여 만듭니다. 가상 현실 기술을 통해 자연 속에서 생생하게 촬영된 동물의 모습을 실감 나게 관람할 수 있습니다. 또 증강 현실 기술을 이용하면 자신이 있는 공간으로 동물을 불러낼 수 있습니다.

11 '동물 없는 동물원'을 만들기 위해 이용한 과학 기술을 두 가지 고르시오. (,   )

① 촬영 기술
② 공간 분리 기술
③ 가상 현실 기술
④ 자연 복제 기술
⑤ 증강 현실 기술

12 '동물 없는 동물원'이 필요한 까닭으로 알맞지 <u>않</u>은 것은 어느 것입니까? (   )

① 동물도 사람처럼 감정을 느끼기 때문에
② 가상 현실의 동물이 더 실감 나기 때문에
③ 동물도 사람처럼 행복할 권리가 있기 때문에
④ 울타리에 갇힌 동물은 행복하지 않기 때문에
⑤ 더 이상 동물을 동물원에 가두면 안 되기 때문에

서술형
13 글쓴이의 의견에 대한 자신의 의견을 쓰시오.

(1) 글쓴이는 무엇에 대한 의견을 말하였는지 세 글자로 쓰시오.
(   )

(2) (1)에서 답한 낱말을 넣어 글쓴이의 의견에 대한 자신의 의견을 쓰시오.

_____

_____

14-15

가 문화유산을 개방해야 오히려 문화유산을 보존할 수 있습니다. 경복궁의 경회루는 2005년에 일반 시민들에게 개방되었습니다. 2005년 6월 1일 신문 기사를 보니 전문가들은 나무로 지은 건물은 사람의 손길이 끊기면 수명이 짧아지기 때문에 경회루를 개방한다고 설명했습니다.

나 문화유산을 소중하게 생각하지 않는 사람이 많아질 수 있습니다. 문화유산을 친숙하게 대하다 보면 오히려 문화유산을 아끼고 보호하려는 마음이 줄어들 수 있습니다. 문화유산은 거리를 두고 관람해야 합니다.

14 글 가 와 나 는 무엇에 대한 글인지 (   )에 들어갈 알맞은 말을 쓰시오.

• (   ) 개방

꼭 나와!
15 현수는 가 와 나 중 어느 글에 대한 평가를 한 것인지 글의 기호를 쓰시오.

현수: 글쓴이의 의견은 적절하지 않아요. 문화유산을 친숙하게 대하다 보면 문화유산을 아끼는 마음이 생기기 때문이에요.

글 (   )

2. 서로 다른 의견

> 준성: 토의 주제를 어떻게 정하면 좋을까?
>
> 규빈: 서로 의견을 나누며 해결 방법을 찾을 수 있는 일을 우리 주변에서 찾아봐야 해. 그 가운데 우리 모두와 관련 있는 일을 토의 주제로 삼는 것이 좋겠어.
>
> 준성: 그러면 ㉠'교실에서 만화책을 읽어도 될까?'를 토의 주제로 정하면 어떨까?
>
> 규빈: 우리 반 모두와 관련 있는 주제지만 '된다'나 '안 된다'와 같은 의견만 떠올리지 않을까? 토의 주제는 여러 의견을 떠올릴 수 있는 것으로 정해야 해.
>
> 준성: 아, 그렇구나. '[㉡]'는 어때?
>
> 규빈: 좋은 생각이야.

01 이 대화는 토의의 절차 중 무엇에 해당하는지 알맞은 것을 보기에서 찾아 기호를 쓰시오.

> 보기
>
> ㉮ 의견 모으기   ㉯ 의견 마련하기
> ㉰ 의견 결정하기   ㉱ 토의 주제 정하기

(   )

02 ㉠이 토의 주제로 적절하지 않은 까닭은 무엇입니까? (   )

① 더 좋은 의견이 있어서
② 여러 가지 의견이 나올 수 없어서
③ 우리가 해결 방법을 찾기 어려워서
④ 문제 해결에 직접 참여할 수 없어서
⑤ 토의에 참여하는 모두와 관련이 없어서

03 ㉡에 들어갈 토의 주제로 알맞은 것을 두 가지 고르시오. (,   )

① 복도에서 뛰지 말자.
② 매일 체육 수업을 하자.
③ 짝은 어떻게 바꾸면 좋을까?
④ 어떻게 하면 동생과 사이좋게 놀 수 있을까?
⑤ 깨끗한 교실을 만들기 위해 어떤 일을 하면 좋을까?

> 시연: 매주 한 명씩 돌아가면서 함께 쓰는 색칠 도구를 관리하면 좋겠습니다. 왜냐하면 색칠 도구를 관리하는 친구가 있으면 우리 모두 물건을 조심해서 사용할 것이기 때문입니다.
>
> 사회자: 네, 감사합니다. 다음은 박정훈 학생이 말씀해 주십시오.
>
> 정훈: 매일 따로 시간을 정해서 함께 쓰는 색칠 도구를 정리하면 좋겠습니다. 왜냐하면 색칠 도구를 정리하며 물건을 소중히 사용해야 한다는 생각을 할 수 있기 때문입니다.
>
> 사회자: 또 다른 의견 있습니까? 최예서 학생이 발표해 주십시오.
>
> 예서: [㉠   ]
>
> 사회자: 다른 의견이 없으면 친구들의 의견이 적절한지 생각해 보겠습니다.

어려워

04 이 대화에 대한 설명으로 알맞지 않은 것은 어느 것입니까? (   )

① 실천 가능한 의견을 말하고 있다.
② 의견의 단점에 대해서도 말하고 있다.
③ 토의 주제에 알맞은 의견을 마련하고 있다.
④ 의견을 뒷받침하는 적절한 이유를 말하였다.
⑤ '색칠 도구를 함부로 사용하는 문제를 어떻게 해결할까'에 대해 토의하고 있다.

서술형

05 ㉠에 알맞은 예서의 의견과 그 이유를 한 가지 쓰시오.

의견	(1)
이유	(2)

ㄱ환경을 보호하기 위해 우리는 일회용품을 적게 쓰고 통컵, 친환경 가방처럼 여러 번 사용할 수 있는 다회용 제품을 쓰기도 합니다. 그런데 다회용 제품을 쓴다고 해서 무조건 환경을 보호할 수 있는 것은 아닙니다. 다회용 제품을 구입하여 자주 사용하지 않고 그냥 두거나 여러 개의 다회용 제품을 사용하면 오히려 환경 오염의 원인이 될 수 있기 때문입니다.

ㄴ기후변화행동연구소의 2019년 자료에 따르면, 통컵을 하루만 사용하면 플라스틱 컵을 하루에 한 번 사용할 때보다 오히려 환경에 나쁜 영향을 끼친다고 합니다. 같은 수의 컵을 생산한다면, 다회용 제품을 만들고 폐기하는 과정에서 일회용품을 만들고 폐기할 때보다 더 많은 온실가스가 배출되기 때문입니다. ㄷ하루에 한 번 컵을 사용한다고 가정할 때, 적어도 2주 넘게 통컵을 사용해야 플라스틱 컵을 사용할 때보다 온실가스를 줄이는 효과가 나타납니다.

환경을 보호하기 위해서는 다회용 제품을 올바르게 사용해야 합니다. ㄹ한번 구입한 다회용 제품을 오랜 기간 꾸준히 사용하는 습관이 필요합니다. 하나면 충분합니다. 지구를 위한 작은 실천을 시작합시다.

06 이 글의 글쓴이가 생각하는 문제점은 무엇입니까? (   )

① 전기를 아껴 쓰지 않는 것
② 일회용품 사용이 늘어나는 것
③ 대중교통을 이용하지 않는 것
④ 음식물 쓰레기가 너무 많이 나오는 것
⑤ 다회용 제품이 오히려 환경 오염의 원인이 될 수 있는 것

07 글쓴이의 생각이 담긴 중요한 낱말이 아닌 것은 어느 것입니까? (   )

① 통컵   ② 꾸준히   ③ 다회용
④ 2019년   ⑤ 온실가스

08 ㄱ~ㄹ에 대한 설명으로 알맞지 않은 것은 어느 것입니까? (   )

① ㄱ은 사실이다.
② ㄴ은 실제 있었던 일이다.
③ ㄷ은 참과 거짓을 판단할 수 있는 내용이다.
④ ㄹ은 어떤 일이나 대상에 대한 생각이다.
⑤ ㄷ과 ㄹ은 글쓴이의 의견이다.

어려워

09 글쓴이의 의견을 파악해야 하는 까닭 중, 글쓴이의 의견과 자신의 의견을 비교할 수 있다는 점이 가장 잘 드러나도록 말한 친구의 이름을 쓰시오.

- 서연: 다회용 제품을 너무 오래 쓰면 위생에 문제가 있다고 생각해.
- 진명: 환경을 보호하려면 다회용 제품을 꾸준하게 사용해야 하는구나.
- 유민: 의견을 뒷받침하는 내용의 출처가 믿을 만한 곳인 것을 보니 글쓴이의 의견이 적절한 것 같아.

(   )

서술형

10 이 글의 제목은 「하나면 충분합니다」입니다. 제목의 의미는 무엇일지 생각하여 쓰시오.

_____

_____

_____

_____

11-15

가 누구나 한 번쯤은 동물원에서 다양한 동물을 관람해 본 경험이 있을 것입니다. 우리는 즐거운 마음으로 동물을 만나지만 동물원에서 살아가는 동물은 과연 행복할까요?

나 동물도 사람처럼 기쁨, 슬픔, 지루함, 즐거움 따위의 감정을 느끼는 존재입니다. 사람과 마찬가지로 동물도 행복하게 살아갈 권리가 있습니다. 그렇기 때문에 우리는 동물을 좁은 공간에 가두어 동물에게 스트레스를 주지 않으면서도 동물을 만날 수 있는 방법을 찾아야 합니다.

다 과학 기술을 이용한 ㉠'동물 없는 동물원'에서 이러한 방법을 찾을 수 있습니다. '동물 없는 동물원'은 가상 현실 기술이나 증강 현실 기술을 이용하여 만듭니다. 가상 현실 기술을 통해 자연 속에서 생생하게 촬영된 동물의 모습을 실감 나게 관람할 수 있습니다. 또 증강 현실 기술을 이용하면 자신이 있는 공간으로 동물을 불러낼 수 있습니다.

라 동물이 행복하게 살아갈 권리를 지키려는 사람이 많아지고, ㉡동물원을 대체할 수 있는 기술이 더욱 발달하면 동물원은 더 이상 필요하지 않을 것입니다. 사람을 위해 동물이 존재하는 세상이 아니라 사람과 동물이 더불어 행복하게 살아가는 세상을 만들 수 있습니다.

11 글쓴이의 의견에 맞게 (   )에 들어갈 알맞은 말을 쓰시오.

• (   ) 없는 동물원을 활용하자.

12 글쓴이의 의견을 뒷받침하는 내용으로 알맞은 것을 두 가지 고르시오. (,   )

① 동물은 사람의 기쁨을 위해 존재한다.
② 실제 동물을 생생하게 관람할 수 있다.
③ 동물원에서 다양한 동물을 만난 적이 있다.
④ 감정을 느끼는 동물도 행복할 권리가 있다.
⑤ 과학 기술을 이용한 '동물 없는 동물원'을 통해 동물을 만날 수 있다.

13 ㉠은 어떤 동물원을 의미합니까? (   )

① 동물들이 보호받는 동물원
② 살 곳이 없는 동물들의 동물원
③ 동물들을 자유롭게 풀어 놓는 동물원
④ 실제 동물들을 체험할 수 있는 동물원
⑤ 가상 현실 기술과 증강 현실 기술로 만든 동물원

14 ㉡에 대한 설명으로 알맞지 않은 것을 보기 에서 찾아 기호를 쓰시오.

보기
㉮ 가상 현실 기술을 통해 동물의 모습을 실감 나게 관람할 수 있는 기술이다.
㉯ 가상 현실 기술을 이용해 다양한 동물들을 그림으로 만날 수 있는 기술이다.
㉰ 증강 현실 기술을 이용하여 자신이 있는 공간으로 동물을 불러낼 수 있는 기술이다.

(   )

어려워

15 글쓴이의 의견과 같은 의견을 말한 친구와, 다른 의견을 말한 친구의 이름을 각각 쓰시오.

• 효주: 첨단 과학 기술로 실제 동물원을 대체할 수 없어.
• 이든: 동물들이 행복할 권리를 위해서라도 동물 없는 동물원은 더 확대되어야 해.
• 승민: 굶주린 동물들을 건강하게 보살펴 주는 착한 동물원은 꼭 필요하다고 생각해.
• 태영: 첨단 과학 기술을 잘 활용하면 더 실감 나게 다양한 동물을 만날 수 있을 것 같아.

(1) 글쓴이와 같은 의견: (   )
(2) 글쓴이와 다른 의견: (   )

◉ 바른답·알찬풀이 5쪽

16-18

가 사람들이 자유롭게 드나들도록 문화유산을 개방해야 합니다. 문화유산은 살아 있는 역사입니다. 가까운 곳에서 문화유산을 관람해야 옛 조상들이 살던 때를 생생히 느낄 수 있습니다. 저는 가족과 함께 동네의 향교를 방문한 적이 있습니다. 밖에서만 보지 않고 실내까지 들어가서 관람하니 조상들이 공부하던 모습이 생생히 떠올랐습니다.

나 문화유산을 개방하면 자신이 체험한 문화유산을 보호하려고 노력하는 사람이 많아질 것입니다. 직접 체험하며 감동 받은 문화유산에 남다른 애정을 느끼게 되고, 이러한 마음은 문화유산을 보호하려는 행동으로 이어집니다. '살아 있는 역사'인 문화유산을 개방하는 일은 문화유산을 우리 곁에 오랫동안 머물게 하는 길입니다.

16 글쓴이의 의견은 무엇인지 알맞은 말을 찾아 ○표 하시오.

• 문화유산을 (개방 , 폐쇄)해야 한다.

어려워

17 글쓴이의 의견을 평가할 때 하음이가 확인한 것은 무엇입니까? (   )

> 하음: 많은 사람이 문화유산을 관람하다 보면 실수로 문화유산을 훼손하는 일도 생기지 않을까?

① 글쓴이의 의견이 드러나 있는가?
② 의견을 뒷받침하는 내용이 타당한가?
③ 글쓴이의 의견대로 하면 문제가 해결되는가?
④ 의견을 뒷받침하는 내용의 출처가 믿을 만한가?
⑤ 글쓴이의 의견대로 했을 때 문제가 생기는 것은 없는가?

서술형

18 글쓴이의 의견에 대한 시하의 의견을 보고, 뒷받침하는 내용을 완성하여 쓰시오.

> 시하: 글쓴이의 의견이 적절하다고 생각해. _____
>
> _____

19-20

가 문화유산을 함부로 개방하면 안 됩니다. 누구나 편하게 드나들 수 있도록 문화유산을 관리하려면 많은 어려움이 따릅니다. 국가유산청 누리집의 자료를 보면 문화유산을 돌보는 데 드는 비용이 2023년에만 184억 원이었다고 합니다. 문화유산을 개방하지 않으면 이러한 비용을 크게 줄일 수 있습니다.

나 또 [㉠   ] 많은 사람이 문화유산을 관람하다 보면 어쩔 수 없이 문화유산이 훼손될 수 있습니다. 한번 망가진 문화유산은 원래의 모습으로 되돌릴 수 없습니다.

19 ㉠에 들어갈 내용으로 알맞은 것은 무엇입니까?
(   )

① 문화유산은 친근해야 합니다.
② 관람 인원은 많을수록 좋습니다.
③ 새로운 문화유산을 만들어야 합니다.
④ 망가진 문화유산을 개방해야 합니다.
⑤ 문화유산을 개방하면 문화유산의 훼손을 막기 어렵습니다.

20 글쓴이의 의견에 대해 지안이가 평가한 내용을 보고, (   )에 들어갈 알맞은 말을 쓰시오.

> 지안: 글쓴이의 의견은 적절해. 국가유산청 누리집 (   )이/가 사실이고, 문화유산의 관리 비용이 매우 많이 들기 때문이야.

개념 ❶ 낱말의 의미 관계 알기

> 바른답·알찬풀이 6쪽

- 뜻이 비슷한 관계
  - 예 '의상'과 '옷'

- 뜻이 [ㅂ][ㄷ]인 관계 ❶
  - 예 '내려가다'와 '올라가다'

- 뜻을 [ㅍ][ㅎ]하거나 뜻에 포함되는 관계 ❷
  - 예 '색깔'과 '빨강, 파랑, 노랑'

1 ㉠과 뜻이 비슷한 관계의 낱말은 무엇입니까? (   )

> 볼펜으로 쓴 글씨는 수정액으로 지웁니다. 수정액은 ㉠수정하는 액체라는 뜻으로, 하얀 가루와 가루를 녹이고 굳히는 물질로 이루어져 있습니다. 볼펜으로 잘못 쓴 글씨가 있는 종이 위에 수정액을 사용하면 하얀 가루가 녹아 흘러나온 뒤 빠르게 굳습니다.

① 잘못된 ② 고치는 ③ 그리는 ④ 칠하는 ⑤ 흐르는

개념 ❷ 보고하는 글의 특징

- 관찰 동기, 관찰 대상, 관찰 기간, 관찰 방법을 씁니다.

- 관찰한 내용과 결과를 [ㅅ][ㅅ]에 근거 ❸ 해 씁니다.

- 관찰한 내용과 관련하여 수집한 자료의 내용을 씁니다.

- 관찰한 뒤에 [ㄴ][ㄲ] 점을 간단히 씁니다. ❹

2 다음 글에 대한 설명으로 알맞은 것을 찾아 ○표 하시오.

> 먼저 껍질을 깎은 사과 조각을 접시 위에 올려놓았다. 그리고 한 시간마다 색깔의 변화를 돋보기로 관찰했다. 사과의 겉면도 만져 보고 냄새도 맡아 보았다. 관찰할 때마다 사과의 모습을 사진으로 찍고, 관찰한 내용을 정리했다.

- 껍질을 깎은 사과 조각을 관찰한 (동기 , 방법 , 결과)을/를 정리하였다.

개념 ❸ 보고하는 글을 쓰는 과정

- 관찰 대상 정하기 → 관찰 [ㄱ][ㅎ] 세우 ❺ 기 → 계획을 바탕으로 대상 관찰하기 → 관찰한 내용 정리하기 → 관찰한 내용과 관련 있는 [ㅈ][ㄹ] 수집하기 → 관찰하 ❻ 고 수집한 내용을 바탕으로 보고하는 글 쓰기

3 다음은 하은이가 껍질을 깎은 사과를 관찰하면서 정리한 내용입니다. ㉠을 보고 알 수 있는 관찰한 내용을 정리하는 방법은 무엇인지 쓰시오.

관찰 내용과 결과

한 시간 뒤: 군데군데 연한 갈색으로 변함. 촉감과 향은 큰 변화 없음.

두 시간 뒤: 연한 갈색으로 변한 부분이 많아짐. 겉면의 물기가 조금 마름.

세 시간 뒤: 전체적으로 갈색으로 변함. 겉면은 땅이 갈라진 모양이고 바짝 마름. 향도 느껴지지 않음.

수집한 자료의 내용

사과에 들어 있는 어떤 성분이 공기와 만나 사과의 색을 변하게 함.

㉠ (출처: 『어린이 과학』, 20○○년 제○호)

(   )

01-02

학교 안 식물 관찰하기

20○○년 ○월 ○○일

매주 목요일, 우리 반 친구들은 학교 안의 ㉠식물을 관찰했다. 처음에 꽃망울이던 장미는 점점 꽃이 예쁘게 피기 시작했다. ㉡예쁘게 피어 있던 철쭉은 갈수록 ㉢시들어 떨어지면서 꽃송이 수가 줄었다.

 '식물'이라고 쓸까? 아니면 '꽃'이라고 쓸까?

 '예쁘게'라고 쓸까? 아니면 '어여쁘게'라고 쓸까?

01 두 친구의 고민은 무엇인지 ( )에 들어갈 알맞은 말을 쓰시오.

· 관찰한 내용을 글로 쓸 때 어떤 ( ) 을/를 사용하는 것이 좋을지 고민하고 있다.

02 이 글을 읽고, 말한 내용으로 알맞은 것을 **보기** 에서 두 가지 찾아 기호를 쓰시오.

보기

⑦ ㉠의 '식물'을 '꽃'이라고 쓰면 여러 식물 가운데에서 무엇을 말하는 것인지 확실해진다.
⑭ ㉡의 '예쁘게' 대신 '어여쁘게'라고 쓰면 문장의 뜻은 비슷하지만 느낌이 달라진다.
⑮ ㉢의 '시들어'는 문장에 어울리지 않는 낱말이므로 삭제하는 것이 좋다.

( )

03 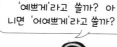 다음 문장에 쓰인 낱말과 바꾸어 쓸 수 있는 낱말을 짝 지은 것으로 알맞지 <u>않은</u> 것을 두 가지 고르시오. (,)

우리나라의 전통 의상인 한복은 모양과 색깔이 아름답다.

① 의상 - 옷
② 전통 - 미래
③ 색깔 - 빛깔
④ 우리나라 - 세계
⑤ 아름답다 - 곱다

04 다음 대화에서 낱말 ㉠과 ㉡ 사이의 관계로 알맞은 것에 ○표 하시오.

수호: 널을 뛰고 있어.
지아: 한 명이 발을 구르며 ㉠내려가면 다른 한 명이 ㉡올라가는구나.

· 뜻이 (비슷한 , 반대인) 관계

서술형

05 낱말 사이의 관계를 생각하며 다음 물음에 답하시오.

보기

앞, 방향, 아래

(1) 빈칸에 알맞은 말을 **보기** 에서 찾아 쓰시오.

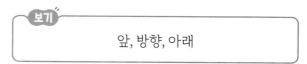

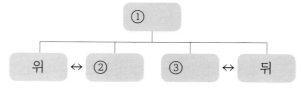

(2) (1)에 나온 낱말 중 두 가지를 활용하여 문장을 만들어 쓰시오.

_____

_____

06-08

필기도구는 어떤 방식으로 우리가 글씨를 쓰고 지울 수 있도록 해 줄까요?

먼저 글씨를 쓸 때 사용하는 필기도구에 대해 알아봅시다. 연필은 글씨를 쓸 때 사용하는 대표적인 필기도구입니다. 우리가 글씨를 쓸 때 연필심은 검은 가루가 되어 종이 위로 떨어집니다. 그리고 이 검은 가루가 종이의 겉 사이사이에 붙어 우리 눈에 선으로 보이는 것입니다.

볼펜도 글씨를 쓰는 데 자주 사용됩니다. 그렇지만 볼펜이 글씨를 ㉠쓰는 원리는 연필과 다릅니다. 연필의 중심에는 연필심이 있지만 볼펜의 가운데에는 잉크가 있습니다. 볼펜에서 흘러나온 잉크는 종이의 속으로 스며들어 자국을 남깁니다.

06 '연필', '볼펜'의 뜻을 포함하는 낱말은 어느 것입니까? (   )

① 원리   ② 종이
③ 글씨   ④ 연필심
⑤ 필기도구

꼭 나와!

07 ㉠'쓰다'와 뜻이 비슷한 낱말은 어느 것입니까?
(   )

① 적다   ② 칠하다
③ 만들다   ④ 삭제하다
⑤ 사용하다

08 낱말 사이의 관계를 생각하며 연필과 볼펜의 특징은 무엇인지 빈칸에 알맞은 말을 쓰시오.

연필	중심에 있는 연필심이 검은 가루가 되어 종이의 (1) ( )에 붙음.
볼펜	가운데에 있는 잉크가 종이의 (2) ( )(으)로 스며들어 자국을 남김.

09-10

다음으로 글씨를 지울 때 사용하는 필기도구에 대해 알아봅시다. 연필로 쓴 글씨는 지우개로 지울 수 있습니다. 지우개를 문지르면 지우개 가루가 생깁니다. 이 지우개 가루는 종이에 붙어 있는 연필심의 검은 가루와 뭉치면서 검은 가루를 종이에서 떨어지게 합니다. 그렇지만 지우개는 종이의 안을 파고들 수 없기 때문에 볼펜으로 쓴 글씨를 지울 수 없습니다.

볼펜으로 쓴 글씨는 수정액으로 지웁니다. 수정액은 수정하는 액체라는 뜻으로, 하얀 가루와 가루를 녹이고 굳히는 물질로 이루어져 있습니다. 볼펜으로 잘못 쓴 글씨가 있는 종이 위에 수정액을 사용하면 하얀 가루가 녹아 흘러나온 뒤 빠르게 굳습니다. 지우개가 검게 보이는 대상을 없애는 것과 달리 수정액은 검은 자국이 보이지 않도록 덮는 것이지요.

09 이 글의 내용으로 알맞지 <u>않은</u> 것은 어느 것입니까? (   )

① 지우개는 종이의 안을 파고들 수 있다.
② 볼펜으로 쓴 글씨를 지우개로 지울 수 없다.
③ 수정액은 검은 자국이 보이지 않도록 덮는다.
④ 지우개와 수정액은 글씨를 지울 때 사용하는 필기도구이다.
⑤ 수정액은 하얀 가루와 가루를 녹이고 굳히는 물질로 이루어져 있다.

10 이 글에 사용된 낱말 중 뜻이 반대인 관계의 낱말끼리 짝 지은 것으로 알맞지 <u>않은</u> 것을 두 가지 고르시오. (,   )

① 녹다 - 굳다   ② 지우다 - 쓰다
③ 볼펜 - 수정액   ④ 붙다 - 떨어지다
⑤ 수정하다 - 사용하다

11-13

색깔이 변하는 사과

가 오후에 과일을 먹으려고 보니 사과의 색깔이 변해 있었다. 방울토마토와 딸기는 그대로인데 사과는 왜 변했을까? 사과의 색깔을 변하지 않게 하려면 어떻게 해야 할까?

나 이러한 궁금함을 해결하려고 사과가 변하는 과정을 관찰해 보기로 마음먹었다. 관찰한 과정을 기록해 친구들에게도 이 신기한 사실을 자세히 알려 주고 싶었다. 그래서 껍질을 깎은 사과 조각을 관찰 대상으로 정하고, 20○○년 ○○월 ○○일 오후 3시부터 6시까지 한 시간마다 사과의 변화를 관찰하기로 했다.

다 먼저 껍질을 깎은 사과 조각을 접시 위에 올려놓았다. 그리고 한 시간마다 색깔의 변화를 돋보기로 관찰했다. 사과의 겉면도 만져 보고 냄새도 맡아 보았다.

라 이번 관찰을 통해 껍질을 깎은 사과는 시간이 지날수록 겉면이 갈색으로 변하고 마른다는 사실을 알았다. 앞으로 껍질을 깎은 사과를 보관할 때에는 공기와 만나지 않도록 해야겠다고 생각했다.

11 이 글의 종류는 무엇인지 쓰시오.

(   )

12 글 가~다에 들어 있는 내용을 찾아 선으로 이으시오.

(1) 글 가 •

(2) 글 나 •

(3) 글 다 •

• ㉮ 관찰 방법

• ㉯ 관찰하게 된 동기

• ㉰ 관찰 대상과 기간

서술형

13 이 글의 특징을 생각하며 다음 물음에 답하시오.

(1) 글쓴이가 관찰한 대상은 무엇인지 글에서 찾아 쓰시오.

(   )

(2) (1)에서 답한 것을 관찰하고 나서 글쓴이는 어떤 생각을 했는지 쓰시오.

_____

_____

14 보고하는 글을 쓰는 과정에 맞게 차례대로 기호를 쓰시오.

> ㉮ 관찰 계획을 세운다.
> ㉯ 관찰 대상을 정한다.
> ㉰ 관찰한 내용을 정리한다.
> ㉱ 계획을 바탕으로 대상을 관찰한다.
> ㉲ 관찰한 내용과 관련 있는 자료를 수집한다.
> ㉳ 관찰하고 수집한 내용을 바탕으로 보고하는 글을 쓴다.

(   ) → (   ) → (   ) →
(   ) → (   ) → (   )

15 관찰 주제와 관련한 자료를 수집할 때 고려해야 할 점으로 알맞지 <u>않은</u> 것은 어느 것입니까?

(   )

① 객관적인 자료인가?
② 믿을 만한 자료인가?
③ 출처가 분명한 자료인가?
④ 글의 주제에 맞는 자료인가?
⑤ 전문가에게 확인할 수 없는 자료인가?

01-03

　학교 화단에서 여러 동물과 식물을 살펴보다가 거미줄을 치는 거미를 발견하고 깜짝 놀랐다. 거미줄을 만드는 장면을 본 것은 처음이라서 자세히 지켜보았다.
　먼저, 거미는 나뭇가지와 나뭇가지를 연결하는 실을 쏘아 거미줄의 뼈대를 만들었다. 다음으로, ㉠중심에서 바깥 방향으로 향하는 긴 줄을 여러 개 쳤다. 마지막으로, 중심부터 빙빙 돌며 길지 않은 줄을 뽑아내서 긴 줄들 사이를 촘촘하게 연결했다.

01 이 글에서 설명한 것은 무엇입니까? (　　　　)

① 거미가 좋아하는 먹이
② 거미가 거미줄을 치는 과정
③ 학교 화단에 사는 식물의 종류
④ 긴 줄을 만드는 데 걸리는 시간
⑤ 나뭇가지와 나뭇가지를 연결하는 방법

02 ㉠'중심'과 바꾸어 써도 뜻이 비슷한 낱말은 어느 것입니까? (　　　　)

① 끝　　　　　　② 중요
③ 바깥　　　　　④ 방향
⑤ 가운데

03 다음은 이 글을 고쳐 쓰기 위해 떠올린 질문입니다. 알맞은 답을 보기 에서 찾아 쓰시오.

보기
물체, 생물, 짧다, 크다

(1) '길다'와 뜻이 반대인 낱말은 무엇일까?
(　　　　　　　　)

(2) '동물'과 '식물'의 뜻을 모두 포함하는 낱말은 무엇일까? (　　　　　　　　)

04-06

한복이 참 ㉠곱네.
정말 ㉡아름다워.

　우리나라의 전통 의상인 한복은 모양과 색깔이 아름답다.

04 ㉠과 ㉡에 대한 설명으로 알맞은 것은 어느 것입니까? (　　　　)

① ㉠과 ㉡은 서로 관계없다.
② ㉠과 ㉡은 뜻이 비슷한 관계이다.
③ ㉠과 ㉡은 뜻이 반대인 관계이다.
④ ㉠이 ㉡의 뜻을 포함하는 관계이다.
⑤ ㉡이 ㉠의 뜻을 포함하는 관계이다.

05 다음 (　　　　)에 들어갈 알맞은 낱말을 이 글에서 찾아 쓰시오.

　'(1)(　　　　　　)'과/와 '옷', '(2)(　　　　　　)'과/와 '빛깔'은 서로 바꾸어 써도 뜻이 비슷하다. 그러나 낱말의 뜻이 완전히 같지는 않아서 바꾸어 쓰면 어색할 때도 있다.

서술형
06 '색깔'의 뜻을 국어사전에서 찾아 쓰고, '색깔'의 뜻에 포함되는 낱말을 세 가지 쓰시오.

국어사전에서 찾은 뜻	(1)
'색깔'의 뜻에 포함되는 낱말	(2)

07-08

07 그림 가, 나를 보고 알 수 있는 낱말 사이의 관계를 바르게 말한 친구의 이름을 모두 쓰시오.

서연: '널'과 '발'은 뜻이 비슷한 관계야.

혁이: '내려가다'와 '올라가다'는 뜻이 반대인 관계야.

지찬: '한식'과 '비빔밥, 불고기, 김치'는 뜻을 포함하거나 뜻에 포함되는 관계야.

(   )

08 '한식'의 뜻에 포함되는 다른 낱말을 두 가지 고르시오. (,   )

① 한복   ② 잡채   ③ 양식
④ 피자   ⑤ 된장찌개

09-10

여러분의 필통 속에는 어떤 필기도구가 있나요? 연필, 볼펜, 지우개, 샤프⋯⋯. 우리는 학교에서 공부할 때 다양한 필기도구를 사용합니다. 필기도구는 어떤 방식으로 우리가 글씨를 쓰고 지울 수 있도록 해 줄까요?

먼저 글씨를 쓸 때 사용하는 필기도구에 대해 알아봅시다. 연필은 글씨를 쓸 때 사용하는 대표적인 필기도구입니다. 우리가 글씨를 쓸 때 연필심은 검은 가루가 되어 종이 위로 떨어집니다. 그리고 이 검은 가루가 종이의 ㉠겉 사이사이에 붙어 우리 눈에 선으로 보이는 것입니다.

볼펜도 글씨를 쓰는 데 자주 사용됩니다. 그렇지만 볼펜이 글씨를 쓰는 원리는 연필과 다릅니다. 연필의 중심에는 연필심이 있지만 볼펜의 가운데에는 잉크가 있습니다. 볼펜에서 흘러나온 잉크는 종이의 ㉡속으로 스며들어 자국을 남깁니다.

09 필기도구에 대한 설명으로 알맞은 것을 두 가지 고르시오. (,   )

① 연필심은 연필의 바깥에 있다.
② 볼펜의 잉크는 종이의 속으로 스며든다.
③ 연필과 볼펜은 글씨를 지울 때 사용하는 필기도구이다.
④ 글씨를 쓸 때 연필심은 검은 가루가 되어 종이 위에 떨어진다.
⑤ 볼펜이 글씨를 쓰는 원리와 연필이 글씨를 쓰는 원리는 같다.

어려워

10 ㉠, ㉡과 같은 관계의 낱말끼리 짝 지은 것은 어느 것입니까? (   )

① 모양 - 모습
② 덥다 - 춥다
③ 방향 - 아래
④ 가족 - 식구
⑤ 움직이다 - 헤엄치다

11-13

연필로 쓴 글씨는 지우개로 ㉠지울 수 있습니다. 지우개를 문지르면 지우개 가루가 생깁니다. 이 지우개 가루는 종이에 붙어 있는 연필심의 검은 가루와 뭉치면서 검은 가루를 종이에서 떨어지게 합니다. 그렇지만 지우개는 종이의 안을 파고들 수 없기 때문에 볼펜으로 쓴 글씨를 지울 수 없습니다.

볼펜으로 쓴 글씨는 수정액으로 지웁니다. 수정액은 ㉡수정하는 액체라는 뜻으로, 하얀 가루와 가루를 녹이고 굳히는 물질로 이루어져 있습니다. 볼펜으로 잘못 쓴 글씨가 있는 종이 위에 수정액을 사용하면 하얀 가루가 녹아 흘러나온 뒤 빠르게 굳습니다. 지우개가 검게 보이는 대상을 없애는 것과 달리 수정액은 검은 자국이 보이지 않도록 덮는 것이지요.

서술형

11 볼펜으로 쓴 글씨를 지우개로 지울 수 없는 까닭을 쓰시오.

_____

_____

12 다음 중 설명하는 대상이 나머지와 다른 하나는 어느 것입니까? (   )

① 이것을 문지르면 가루가 생긴다.
② 이것은 수정하는 액체라는 뜻이다.
③ 이것은 볼펜으로 쓴 글씨를 지운다.
④ 이것은 검은 자국이 보이지 않도록 덮는다.
⑤ 이것은 하얀 가루와 가루를 녹이고 굳히는 물질로 이루어져 있다.

13 ㉠, ㉡과 뜻이 비슷한 낱말을 찾아 밑줄을 그으시오.

㉠ 지우다	(1) 떼다, 버리다, 삭제하다
㉡ 수정하다	(2) 적시다, 칠하다, 고치다

14-15

색깔이 변하는 사과

가 오후에 과일을 먹으려고 보니 사과의 색깔이 변해 있었다. 방울토마토와 딸기는 그대로인데 사과는 왜 변했을까? 사과의 색깔을 변하지 않게 하려면 어떻게 해야 할까?

나 이러한 궁금함을 해결하려고 사과가 변하는 과정을 관찰해 보기로 마음먹었다. 관찰한 과정을 기록해 친구들에게도 이 신기한 사실을 자세히 알려 주고 싶었다. 그래서 껍질을 깎은 사과 조각을 관찰 대상으로 정하고, 20○○년 ○○월 ○○일 오후 3시부터 6시까지 한 시간마다 사과의 변화를 관찰하기로 했다.

다 먼저 껍질을 깎은 사과 조각을 접시 위에 올려놓았다. 그리고 한 시간마다 색깔의 변화를 돋보기로 관찰했다. 사과의 겉면도 만져 보고 냄새도 맡아 보았다.

라 이번 관찰을 통해 껍질을 깎은 사과는 시간이 지날수록 겉면이 갈색으로 변하고 마른다는 사실을 알았다. 앞으로 껍질을 깎은 사과를 보관할 때에는 공기와 만나지 않도록 해야겠다고 생각했다.

14 글 가~라 중 관찰하게 된 동기를 쓴 부분의 기호를 쓰시오.

(   )

15 글쓴이가 사과에 대해 관찰한 것으로 알맞지 <u>않</u>은 것을 두 가지 고르시오. (,   )

① 사과의 씨
② 사과의 맛
③ 사과의 냄새
④ 사과의 색깔
⑤ 사과 겉면의 촉감

16-18

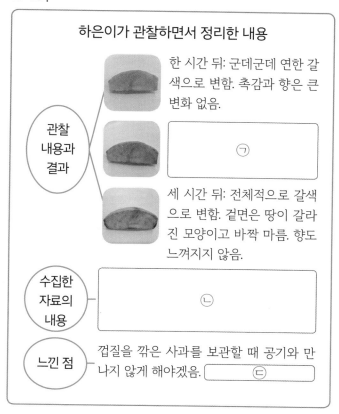

하은이가 관찰하면서 정리한 내용

관찰
내용과
결과

한 시간 뒤: 군데군데 연한 갈색으로 변함. 촉감과 향은 큰 변화 없음.

㉠

세 시간 뒤: 전체적으로 갈색으로 변함. 겉면은 땅이 갈라진 모양이고 바짝 마름. 향도 느껴지지 않음.

수집한
자료의
내용

㉡

느낀 점

껍질을 깎은 사과를 보관할 때 공기와 만나지 않게 해야겠음. ㉢

16 이 글의 관찰 대상은 어느 것입니까? (   )

① 간 사과
② 껍질을 깎은 사과
③ 소금물에 담근 사과
④ 설탕물에 담근 사과
⑤ 껍질을 깎지 않은 사과

어려워

17 다음은 ㉠~㉢ 중 어느 부분에 들어갈 내용인지 기호를 쓰시오.

(1) 다음에도 궁금한 일이 생기면 또 관찰해 보고 싶음.   (   )

(2) 두 시간 뒤: 연한 갈색으로 변한 부분이 많아짐. 겉면의 물기가 조금 마름.
(   )

(3) 사과에 들어 있는 어떤 성분이 공기와 만나 사과의 색을 변하게 함.
(출처:『어린이 과학』, 20○○년 제○호)
(   )

18 이와 같이 관찰한 내용을 정리하는 방법으로 알맞지 <u>않은</u> 것은 어느 것입니까? (   )

① 관찰하면서 느낀 점을 간단히 쓴다.
② 관찰한 내용은 사실에 근거해서 쓴다.
③ 시간에 따라 변화하는 관찰 대상의 특징을 쓴다.
④ 관찰하면서 궁금했던 점에 대한 자료를 수집한다.
⑤ 대상의 특징은 상상하기 쉽도록 기록하지 않는다.

19 관찰한 내용을 정리할 때, 표현하는 방법으로 알맞은 것을 보기 에서 찾아 기호를 쓰시오.

보기

㉮ 관찰한 내용을 과장하여 표현한다.
㉯ 관찰한 내용을 축소하지 않고 정확하게 표현한다
㉰ "~한 것 같다.", "~이 이상하다."처럼 주관적인 표현을 사용한다.

(   )

서술형

20 다음 보고하는 글에서 알맞지 <u>않은</u> 표현을 찾아 밑줄을 긋고, 바르게 고쳐 쓰시오.

봉숭아 기르기

봉숭아 씨앗을 화분에 심고 시간이 한참 지나자 싹이 텄다. 잎의 개수는 두 개였고, 색깔은 연한 초록빛이었다. 잎의 크기는 새끼손톱만큼 정말 작았다. 싹의 키를 자로 재어 보니 3센티미터였다. 만져 보지는 않았지만 싹의 겉면은 거칠거칠할 것 같았다.

_____

_____

핵심 개념 국어

4. 뜻을 파악하며 읽어요

* 개념 한눈에 보기

개념 ❶ 여러 가지로 해석되는 낱말

▶ 바른답·알찬풀이 8쪽

동형 이의어	글자의 ❶ ㅎ ㅌ 만 같고 뜻이 전혀 다른 낱말입니다. 예 • 물이 차다. • 공을 차다.
다의어	낱말이 원래 쓰던 하나의 뜻을 넓혀 ❷ ㅇ ㄹ 가지 뜻으로 쓰는 낱말입니다. 예 • 눈을 깜빡이다. • 눈이 나쁘다.

1 ㉠과 ㉡의 '저녁'은 '동형이의어'와 '다의어' 중 무엇인지 쓰시오.

> 아침 저녁
>
> 아침마다 나팔꽃이   ㉠저녁마다 분꽃들이
> 곱게 핍니다   곱게 핍니다
> 곱게 핍니다   곱게 핍니다
> 우리 아기 세수하는   우리 아기 ㉡저녁 먹는
> 구경 하려고.   구경 하려고.

(   )

개념 ❷ 가리키는 말의 쓰임새

- '이것', '❸ ㄱ ㄱ', '저것' 따위를 가리키는 말이라고 합니다.

- 가리키는 말은 사람이나 물건, 장소 따위를 집어서 말하거나 알릴 때, 앞에서 나왔던 내용을 ❹ ㄷ ㅅ 말할 때, 문장을 간결하게 표현할 때 사용합니다.

2 다음 글에서 가리키는 말을 찾아 쓰시오.

> 나무는 우리에게 많은 혜택을 줍니다. 나무는 공기를 맑게 합니다. 또 산에 나무가 많으면 홍수나 가뭄을 막을 수도 있습니다. 나무가 주는 혜택은 이것만이 아닙니다. 나무는 종이를 만드는 데도 쓰입니다. 우리가 보는 책도 종이로 만들었습니다.

(   )

개념 ❸ 이야기와 주장하는 글을 읽고 중심 생각 파악하기

- **이야기를 읽고 중심 생각 파악하기**
- 제목을 보고 글쓴이의 생각을 짐작하고, 주요 장면을 중심으로 줄거리를 간추려 보고, 글쓴이의 생각을 짐작할 수 있는 인물의 ❺ ㅁ 이나 행동을 찾아봅니다.

- **주장하는 글을 읽고 중심 생각 파악하기**
- 제목과 글에서 중요한 낱말을 찾고, 글의 중심 내용을 문단별로 정리해 보고, 글쓴이의 ❻ ㅅ ㄱ 이 드러난 부분을 찾아봅니다.

3 다음 글을 읽고, 이 글의 중심 생각을 정리하여 한 문장으로 쓰시오.

> 메모하는 습관을 들여 보세요. 메모를 하면 중요한 내용을 잘 기억할 수 있고, 떠올린 수많은 생각을 오랫동안 저장해 놓을 수도 있어요. 또 생각을 잘 정리할 수도 있어요. 기발한 생각은 갑자기 떠오를 수 있어요. 꼭 기억해야 하는 일도 언제든 생길 수 있어요. 이러한 것들을 메모해 두면 필요할 때마다 쉽게 확인할 수 있어요. 여러분도 오늘부터 메모를 시작해 보세요.

(   )

정답 ❶ 한탄 ❷ 여러 ❸ 그것 ❹ 다시 ❺ 말 ❻ 생각

단원평가 기본

4. 뜻을 파악하며 읽어요

01-02

모자와 모자

엄마 손을 잡고 가면서 들었어요
㉠모자가 보기 좋네요

모자는 모자이고
엄마와 아들은 엄마와 아들인데

왜 모자도 모자이고 엄마와 아들도 모자일까요

엄마와 나는 모자처럼
바람에 날아가지 않도록
손을 꾹 잡고 걸어요

잘 어울리는 모자처럼 / 꾹 눌러쓴 ㉡모자처럼

01 ㉠'모자'와 ㉡'모자'의 뜻으로 각각 알맞은 것을 보기 에서 찾아 기호를 쓰시오.

보기
㉮ 머리에 쓰는 물건의 하나.
㉯ 어머니와 아들을 아울러 이르는 말.

(1) ㉠: (   )
(2) ㉡: (   )

02 이 시에서 말하는 이가 전하려는 생각을 알맞게 말한 친구는 누구입니까? (   )

① 새연: '부모님의 은혜'라는 생각을 전하고 있어.
② 이준: '엄마와 아들 사이의 사랑'이라는 생각을 전하고 있어.
③ 유진: '부모님께서 주신 선물의 소중함.'이라는 생각을 전하고 있어.
④ 도운: '낱말을 정확한 뜻으로 쓰는 방법'이라는 생각을 전하고 있어.
⑤ 채은: '이웃 사람들에게 관심을 가져야 하는 까닭'이라는 생각을 전하고 있어.

03-04

가 물이 차다.   나 공을 차다.

03 다음 밑줄 그은 낱말 중에서 가의 '차다'와 뜻이 같은 것은 무엇입니까? (   )

① 발로 차다.
② 바람이 차다.
③ 제기를 차다.
④ 손목에 시계를 차다.
⑤ 가방에 물건이 가득 차다.

04 가와 나의 '차다'와 같은 낱말의 특징은 무엇인지 (   )에 들어갈 알맞은 말을 쓰시오.

· 글자의 형태만 같고, (   )이/가 전혀 다른 낱말이다.

05 '눈'이 다음 뜻으로 쓰인 문장은 어느 것입니까?
(   )

사물을 보고 판단하는 힘.

① 눈을 감다.
② 눈이 나쁘다.
③ 보는 눈이 정확하다.
④ 의심하는 눈으로 보다.
⑤ 태풍의 눈은 무풍지대이다.

06-08

오늘 점심시간에 동점 상황에서 상대 축구팀에게 골을 ㉠먹고, 집에 돌아와 속상해하고 있을 때였다.

"채운아, 시장에 가지 않을래? 오늘 살 게 많아서 손이 부족하네."

집을 나서면서 '좋아하는 과일을 사 달라고 해야지!' 하고 마음을 ㉡먹었다. 우리는 먼저 생선 가게로 갔다.

"오늘 저녁으로 고등어구이 어때?"

나는 어머니를 향해 엄지손가락을 들어 보이며 밝게 웃었다.

"고등어잡이 ㉢배에서 바로 온 거라 아주 싱싱합니다."

생선 가게 아주머니께서 말씀하셨다.

06 채운이가 집에 돌아와 속상해하고 있었던 까닭으로 알맞은 것은 무엇입니까? (   )

① 축구 경기가 취소되어서
② 점심시간에 친구들과 다투어서
③ 배가 고픈데 먹을 만한 음식이 없어서
④ 엄마께서 시장에 가자는 말씀을 안 하셔서
⑤ 동점 상황에서 상대 축구팀에게 골을 먹어서

꼭 나와!

07 ㉠과 ㉡에 나타난 '먹다'의 뜻으로 각각 알맞은 것을 보기에서 찾아 기호를 쓰시오.

보기
㉮ 어떤 마음이나 감정을 품다.
㉯ 일정한 나이에 이르거나 나이를 더하다.
㉰ 음식 따위를 입을 통하여 배 속에 들여보내다.
㉱ 공을 사용하는 운동 경기에서 상대편에게 점수를 잃다.

(1) ㉠: (   )
(2) ㉡: (   )

08 ㉢'배'의 뜻에 맞게 (   )에서 알맞은 말을 찾아 ○표 하시오.

• 사람이나 짐 따위를 싣고 (물 , 불) 위로 떠다니도록 만든 물건.

09-10

09 그림 나의 밑줄 그은 낱말이 공통으로 가리키는 말은 무엇인지 그림 가에서 찾아 쓰시오.

(   )

서술형

10 그림 나의 밑줄 그은 말에 대해 생각하며 다음 물음에 답하시오.

(1) '이것', '그것', '저것'을 무엇이라 하는지 쓰시오.
(   )

(2) (1)에서 답한 것과 같은 말을 사용할 때의 좋은 점을 한 가지 쓰시오.

_____

_____

🔵 바른답·알찬풀이 8쪽

11-13

감기 친구는 싫어

가 주은이는 오늘 학교에서 목이 따끔거리고 머리가 아팠다. 보건실에 갔더니 보건 선생님께서 열을 재어 보고는 말씀하셨다.

"열이 많이 나는구나. 감기인 거 같으니 얼른 병원에 가 보는 게 좋겠어."

나 의사 선생님께서는 입안을 살펴보시고 가슴에 청진기도 대어 보시더니 이렇게 말씀하셨다.

"감기구나."

다 "선생님, 저 감기 걸리는 거 싫은데, 감기에 안 걸리려면 어떻게 해야 해요?"

주은이의 질문에 의사 선생님께서는 감기를 예방하는 방법을 자세하게 말씀해 주셨다.

라 집에 돌아온 주은이는 의사 선생님께서 말씀해 주신 내용을 종이에 써서 책상 앞에 붙여 두고 하나하나 실천하기로 마음먹었다.

주은이는 ⟨ ㉠ ⟩을/를 보며 열심히 실천하려고 노력했다. 처음에는 하나하나 실천하기가 어려웠지만, 몇 달 동안 열심히 실천했더니 더 이상 감기는 찾아오지 않았다.

"이제 감기는 내 친구가 아니야!"

11 주은이가 병원에 간 까닭은 무엇인지 ( )에 들어갈 알맞은 말을 찾아 쓰시오.

· ( )에 걸렸기 때문이다.

서술형

12 ㉠에 들어갈 말을 생각하며 다음 물음에 답하시오.

(1) ㉠에 들어갈 가리키는 말을 쓰시오.

( )

(2) ㉠이 가리키는 것을 한 문장으로 쓰시오.

_____

_____

_____

13 이 글의 제목이 뜻하는 것으로 가장 알맞은 것은 무엇입니까? ( )

① 감기에 걸린 친구를 피하자는 것이다.

② 감기에 걸린 원인을 알아야 한다는 것이다.

③ 감기는 해롭기 때문에 친구가 될 수 없다는 것이다.

④ 감기를 예방하는 방법을 실천해 감기와 친구하지 말자는 것이다.

⑤ 친구들에게 감기에 걸렸을 때에 예방 방법을 잘 알려 주자는 것이다.

14-15

기억하기 좋은 습관, 메모

가 메모는 요점을 간략히 써 두는 일 또는 그렇게 쓴 글을 말해요. 알림장을 쓰거나 달력에 약속을 표시하는 것, 알림을 지정해 놓는 것도 메모이지요. 메모하는 습관을 들이면 어떤 점이 좋을까요?

나 메모를 하면 중요한 내용을 잊어버리지 않을 수 있어요. 우리의 뇌는 저장할 수 있는 공간이 정해져 있어요. 뇌의 저장 공간보다 많은 정보가 들어오면 저장되어 있던 내용을 잊게 돼요. 지금은 기억하고 있더라도 매일 들어오는 수많은 정보와 지식에 묻혀 중요한 내용이 생각나지 않을 수 있어요.

꼭 나와!

14 이 글의 제목에서 가장 중요한 낱말을 쓰시오.

( )

15 문단 **나**의 중심 내용은 무엇입니까? ( )

① 알림장을 쓰는 것도 메모의 하나이다.

② 우리의 뇌에는 많은 저장 공간이 있다.

③ 메모는 요점을 간략히 써 두는 일이다.

④ 메모를 하면 뇌의 저장 공간이 늘어난다.

⑤ 메모를 하면 중요한 내용을 잊어버리지 않을 수 있다.

01-02

01 그림 가의 ㉠과 ㉡ 중에서 다음 뜻에 해당하는 것은 무엇인지 기호를 쓰시오.

> 몸의 어느 한 부분에 경련이 일어나 부분적으로 근육이 수축되어 그 기능을 일시적으로 잃는 현상.

( )

02 그림 나의 ㉢과 ㉣에 쓰인 '시원하다'는 '동형이의어'와 '다의어' 중 무엇인지 쓰시오.

( )

서술형

03 다음 글을 읽고 글쓴이가 전하고 싶은 생각이 무엇인지 한 문장으로 쓰시오.

> 지난 주말에 저는 동생과 함께 집 앞 꽃밭에 꽃을 심었습니다. 그런데 오늘 물을 주려고 보니 꽃 주위에 쓰레기가 흩어져 있었습니다. 그 모습을 보니 속이 상했습니다.
> 꽃밭에 쓰레기를 버리지 않으면 좋겠습니다. 꽃은 쓰레기가 없는 깨끗한 꽃밭에서 건강하게 자랄 수 있습니다.

____

____

04-05

04 다음 밑줄 그은 낱말이 가의 '눈'과 같은 뜻으로 쓰인 것을 두 가지 고르시오. (,)

① 눈을 감다.
② 눈이 밝다.
③ 눈을 비비다.
④ 사람들의 눈이 무섭다.
⑤ 부러운 눈으로 바라보았다.

어려워

05 나에 쓰인 '눈'의 뜻은 무엇입니까? ( )

① 사람들의 눈길.
② 사물을 보고 판단하는 힘.
③ 무엇을 보는 표정이나 태도.
④ 물체를 알아보는 눈의 능력.
⑤ 태풍에서 중심을 이루는 부분.

06-07

> 차다¹ 일정한 공간에 사람, 사물, 냄새 따위가 더 들어갈 수 없이 가득하게 되다.
> 예 휴지통이 쓰레기로 가득 차다.
> 차다² 발로 내어 지르거나 받아 올리다.
> 예 (㉠)
> 차다³ 물건을 몸의 한 부분에 달아매거나 끼워서 지니다.
> 예 손목에 시계를 차다.

06 ㉠에 들어갈 수 있는 예문으로 알맞은 것을 두 가지 고르시오. (　　　,　　　)

① 공을 차다.
② 발이 차다.
③ 팔찌를 차다.
④ 제기를 차다.
⑤ 머리 속에 생각이 가득 차다.

09-10

우리는 과일 가게도 들렀다. 탐스러운 과일이 눈에 들어왔다.

"엄마가 어릴 때는 과일을 직접 따서 ㉠먹기도 했단다. 그때를 생각하니 엄마도 나이를 많이 ㉡먹었구나. 자, 과일은 채운이가 고를까?"

"저의 선택은 바로 먹음직스러운 ㉢배! 엄청 맛있을 것 같아요."

"우아, 과일 보는 눈이 있네요. 시원하고 달아서 지난주보다 ㉣배로 맛있답니다."

과일 가게 아저씨는 콧노래를 부르며 크게 웃으셨다. 금세 두둑해진 장바구니를 보니 벌써 ㉤배가 부른 느낌이 들었다. 다음에는 온 가족이 손을 잡고 함께 시장 구경을 하면 좋겠다.

서술형

07 국어사전에서 '차다¹~차다³'처럼 뜻풀이를 구분해서 제시하는 까닭은 무엇인지 쓰시오.

_____
_____
_____

09 ㉠과 ㉡의 '먹다'의 뜻을 각각 찾아 선으로 알맞게 이으시오.

(1) ㉠ •

• ㉮ 일정한 나이에 이르거나 나이를 더하다.

(2) ㉡ •

• ㉯ 음식 따위를 입을 통하여 배 속에 들여보내다.

08 다음 ㉠과 ㉡ 중 '동형이의어'에 해당하는 것의 기호를 쓰시오.

㉠ 밤　　　㉡ 꿈
저는 커서…….

(　　　　　　　　　　　)

10 ㉢~㉤의 뜻은 무엇인지 **보기**에서 찾아 각각 기호를 쓰시오.

보기
㉮ 배나무의 열매.
㉯ 어떤 수나 양을 두 번 합한 만큼.
㉰ 사람이나 동물의 몸에서 가슴과 엉덩이 사이의 부위.

(1) ㉢: (　　　　　　　　)
(2) ㉣: (　　　　　　　　)
(3) ㉤: (　　　　　　　　)

11 ㉠'이것'이 가리키는 것을 두 가지 고르시오.

(,)

> 나무는 우리에게 많은 혜택을 줍니다. 나무는 공기를 맑게 합니다. 또 산에 나무가 많으면 홍수나 가뭄을 막을 수도 있습니다. 나무가 주는 혜택은 ㉠이것만이 아닙니다. 나무는 종이를 만드는 데도 쓰입니다.

① 나무가 산에 많다는 것
② 나무가 공기를 맑게 한다는 것
③ 나무가 홍수나 가뭄을 일으킨다는 것
④ 나무가 홍수나 가뭄을 막아 준다는 것
⑤ 나무가 종이를 만드는 데 쓰인다는 것

어려워

12 ㉠을 가리키는 말로 바꾸어 쓸 때, ( )에 들어갈 알맞은 말을 쓰시오.

> 서연이는 가방에 귀여운 강아지 그림이 그려진 반창고를 항상 넣고 다녀요. 집에 가는 길에 넘어져 울고 있는 아이를 보자 서연이는 ㉠귀여운 강아지 그림이 그려진 반창고가 떠올랐어요.

• 집에 가는 길에 넘어져 울고 있는 아이를 보자 서연이는 ( )이/가 떠올랐어요.

13 다음 중 가리키는 말의 쓰임새를 알맞게 말한 친구의 이름을 쓰시오.

> • 서현: 가리키는 말은 앞에서 나온 내용을 다시 말할 때 사용해.
> • 재하: 가리키는 말은 문장을 좀 더 길게 늘여 쓰고 싶을 때 사용해.

( )

14~17

> 가 주은이는 조퇴하고 엄마와 함께 집 근처에 있는 소아 청소년과 병원에 갔다. 병원에는 아기가 많았고 주은이 또래의 친구들도 있었다.
> 한참을 기다렸더니 진찰실로 들어오라고 했다.
> 나 "목도 많이 부어 있고. 염증 때문에 열이 난 거란다. 좀 심한 편이라 많이 아팠겠는걸. 요즘 감기가 유행이야."
> 다 의사 선생님께서는 감기를 예방하는 방법을 자세하게 말씀해 주셨다.
> "우선, 음식을 골고루 먹어야지. 과일이나 채소를 많이 먹으면 도움이 된단다. 손을 잘 씻는 것도 중요해. 외출 후에는 흐르는 물에 비누로 30초 이상 손을 씻어야 해. 충분히 휴식하고, 적절히 자고 운동하는 것도 좋단다. 청소를 열심히 해 환경을 깨끗이 유지하고 환기를 자주 하는 것도 중요하단다."
> 라 주은이는 이것을 보며 열심히 실천하려고 노력했다. 처음에는 하나하나 실천하기가 어려웠지만, 몇 달 동안 열심히 실천했더니 더 이상 감기는 찾아오지 않았다.

14 주은이가 조퇴하고 간 곳을 찾아 쓰시오.

( )

15 이 글에 나타난 감기에 걸리지 않는 방법으로 알맞지 <u>않은</u> 것은 무엇입니까? ( )

① 손을 잘 씻는다.
② 충분히 휴식한다.
③ 음식을 골고루 먹는다.
④ 밤늦게 자고 운동을 피한다.
⑤ 청소를 열심히 해 환경을 깨끗이 유지한다.

16 이 글의 중심 생각을 생각하여 ( )에 들어갈 알맞은 말을 쓰시오.

• 감기를 ( )하는 방법을 알고 꾸준히 실천하자.

⟩ 바른답·알찬풀이 9쪽

17 보기 의 뜻을 참고하여, ㉠과 ㉡에 들어갈 알맞은 낱말을 글 다 에서 각각 찾아 쓰시오.

> 냉장고는 음식을 신선하게 ㉠ 할 수 있게 해 준다.

> 상민이는 일어나자마자 ㉡ 을/를 하려고 창문을 활짝 연다.

보기
• ㉠의 뜻: 어떤 상태나 상황을 그대로 보존하거나 변함없이 계속하여 지탱함.
• ㉡의 뜻: 탁한 공기를 맑은 공기로 바꿈.

(1) ㉠: (   )
(2) ㉡: (   )

18-20

기억하기 위한 좋은 습관, 메모

가 메모는 요점을 간략히 써 두는 일 또는 그렇게 쓴 글을 말해요. 알림장을 쓰거나 달력에 약속을 표시하는 것, 알림을 지정해 놓는 것도 메모이지요. 메모하는 습관을 들이면 어떤 점이 좋을까요?

나 메모를 하면 나만의 정보 창고를 가질 수 있어요. 머릿속에 떠오른 수많은 생각은 순식간에 사라져요. 아무리 획기적이고 뛰어난 생각이라도 머릿속에만 머문다면 금세 사라지는 경우가 많아요. 하지만 이것을 열심히 메모해 놓으면 몇 년 전에 했던 생각도 잊어버리지 않고 필요할 때 사용할 수 있어요.

다 메모를 하면 ㉠생각을 잘 정리할 수 있어요. 머릿속에 떠오른 생각을 손으로 쓰다 보면 중요한 것과 그렇지 않은 것을 구분할 수 있어요. 또 두서없이 떠오르는 생각을 차곡차곡 메모하며 정리하는 과정에서 자신의 생각을 구체적이고 정확하게 정리할 수 있어요.

라 메모하는 습관을 들여 보세요. 메모를 하면 중요한 내용을 잘 기억할 수 있고, 떠올린 수많은 생각을 오랫동안 저장해 놓을 수도 있어요. 또 생각을 잘 정리할 수도 있어요.

18 다음 중 메모의 예로 알맞지 <u>않은</u> 것은 무엇입니까? (   )

① 숙제를 알림장에 쓰는 것
② 달력에 친구와의 약속을 표시하는 것
③ 책에서 인상 깊었던 내용을 공책에 적어 두는 것
④ 약을 먹으려고 시간을 맞춰 알림을 지정해 놓는 것
⑤ 심부름을 가서 사 와야 하는 것을 입으로 몇 번 말해 보는 것

어려워

19 ㉠의 뜻으로 알맞은 것은 무엇입니까? (   )

① 어떤 사람이나 일 따위에 대한 기억.
② 어떤 일을 하려고 마음을 먹음. 또는 그런 마음.
③ 앞으로 일어날 일에 대하여 상상해 봄. 또는 그런 상상.
④ 어떤 일을 하고 싶어 하거나 관심을 가짐. 또는 그런 일.
⑤ 어떤 일에 대한 의견이나 느낌을 가짐. 또는 그 의견이나 느낌.

서술형

20 문단 가 ~ 라 의 중심 내용과 이 글 전체의 중심 생각을 쓰시오.

문단 가	(1)
문단 나	(2)
문단 다	(3)
문단 라	(4)

↓

중심 생각	(5)

5. 말과 글로 전하는 생각

▶ 바른답·알찬풀이 10쪽

개념 ① 자신 있게 발표하는 방법

- 발표할 내용을 미리 찾아보고 이해하기 쉽게 정리합니다.

- 알맞은 목소리 크기로 또박또박 말합니다.

- 알맞은 [ㅂ][ㄹ][ㄱ] 로 말합니다.

- ②[ㄷ][ㄴ] 사람을 바라보며 말합니다.

1 자신 있게 발표하는 방법을 알맞게 말한 친구의 이름을 모두 쓰시오.

> 영현: 알맞은 빠르기로 말해야 해.
> 수하: 고개를 숙이고 발표 자료를 읽으면서 발표해야 해.
> 성진: 발표할 내용을 미리 찾아보고 이해하기 쉽게 정리해야 해.

( )

개념 ② 발표 내용을 정리하고 확인할 점

- 자신이 찾은 내용이 발표 ③[ㅈ][ㅈ] 와 관련이 있는지 확인합니다.

- 자신이 찾은 내용이 믿을 만한지 확인합니다.

- 중요한 내용이 잘 드러나 있는지 확인합니다.

- 듣는 사람이 이해하기 ④[ㅅ][ㅇ] 말로 썼는지 확인합니다.

2 다음 중 발표 내용을 정리하고 확인할 점을 <u>잘못</u> 말한 친구의 이름을 쓰시오.

> 자신이 찾은 내용이 발표 주제와 관련이 있는지, 중요한 내용이 잘 드러나 있는지 확인해야 해.

민지

> 자신이 찾은 내용이 친구들이 잘 알고 있는 내용인지, 듣는 사람이 이해하기 어려운 낱말을 많이 사용했는지 확인해야 해.

지호

( )

개념 ③ 독서 감상문을 쓰는 방법

- 독서 감상문의 내용에 어울리는 제목을 씁니다.

- 책을 읽은 ⑤[ㄲ][ㄷ] 을 씁니다.

- 책의 내용을 씁니다.

- ⑥[ㅇ][ㅅ] 깊은 장면을 씁니다.

- 책을 읽고 떠오른 생각이나 느낌을 씁니다.

3 다음 친구는 독서 감상문에 들어갈 내용 중 무엇을 생각하고 있는지 찾아 ○표 하시오.

> '발표하기 무서워요!' 라는 제목이 내 마음과 같아서 읽어 보고 싶었어.

(1) 책의 내용 ( )
(2) 책을 읽은 까닭 ( )
(3) 책을 읽고 떠오른 생각이나 느낌 ( )

정답 ① 빠르기 ② 듣는 ③ 주제 ④ 쉬운 ⑤ 까닭 ⑥ 인상

정답 ❶ 빠르기 ❷ 듣는 ❸ 주제 ❹ 쉬운 ❺ 까닭 ❻ 인상

01-03

저는 『발표하기 무서워요!』를 읽었습니다. 저도 알프레드처럼 발표하기가 무섭고 떨린 적이 많았습니다. 하지만 알프레드는 발표를 잘 준비해 대왕고래에 대해 자신 있게 발표할 수 있었습니다. 이 책을 읽고 나서 저도 알프레드처럼 발표 준비를 잘해 친구들 앞에서 떨지 않고 발표하고 싶습니다.

나는 발표만 하려고 하면 머릿속이 하얘져. 알프레드처럼 자신 있게 발표하려면 어떻게 해야 할까?

01 글쓴이가 읽은 책의 제목을 찾아 쓰시오.

『(   )』

02 글쓴이가 친구들 앞에서 발표할 때 들었던 기분으로 알맞은 것을 두 가지 고르시오.

(,   )

① 떨렸다.   ② 신났다.
③ 행복했다.   ④ 무서웠다.
⑤ 재미있었다.

03 글쓴이가 고민을 해결하기 위해서 어떻게 해야 할지 알맞은 것을 두 가지 고르시오.

(,   )

① 발표 준비를 열심히 한다.
② 학교에서 말을 하지 않는다.
③ 발표 연습을 여러 번 반복해서 한다.
④ 친구에게 발표를 대신해 달라고 부탁한다.
⑤ 선생님께 발표를 못 하겠다고 솔직하게 말한다.

04-05

가 알프레드는 특히 친구들 앞에서 큰 소리로 발표하는 것을 그 무엇보다도 더 무서워했어요. 그건 이 세상에서 가장 무서운 일이었어요. 다행히도 알프레드는 앞머리가 꽤 길어요. 그래서 긴장되거나 겁에 질릴 때면 긴 앞머리 뒤로 숨을 수 있어서 좋았어요. 알프레드는 꽤 자주 앞머리 뒤에 숨었어요. 긴 앞머리 뒤에 꼭꼭 숨어 있으면 왠지 마음이 편안해지거든요.

나 선생님이 교탁 앞에 서서 아이들을 보며 웃었어요. "여러분에게 종이 한 장씩 나누어 줄 거예요. 그 종이에는 동물 이름 하나가 적혀 있답니다. 자기가 받은 종이에 적힌 동물을 주제로 글짓기를 한 뒤에, 한 사람씩 앞에 나와서 발표를 할 거예요. 글짓기는 이번 주 금요일까지 해 오세요."

꼭 나와!

04 알프레드가 세상에서 가장 무서워하는 일은 무엇입니까? (   )

① 글쓰기 숙제를 하는 것
② 긴 앞머리를 자르는 것
③ 동물에 대해 조사하는 것
④ 선생님과 대화를 나누는 것
⑤ 친구들 앞에서 큰 소리로 발표하는 것

서술형

05 알프레드의 마음을 생각하며 다음 물음에 답하시오.

(1) 선생님은 알프레드에게 무엇을 나누어 주셨는지 찾아 쓰시오.

• (   )이/가 적힌 종이

(2) (1)에서 답한 내용이 적힌 종이를 보았을 때 알프레드의 마음은 어떠했을지 짐작하여 쓰시오.

_____

_____

06-08

가 알프레드는 책가방 속에서 꼬깃꼬깃 접힌 종이 한 장을 꺼냈어요. 구겨진 종이를 펴니, 거기엔 '대왕고래'라고 적혀 있었어요. 종이 아래쪽에는 선생님이 직접 그린 대왕고래 그림이 보였어요. 대왕고래가 웃고 있는 것 같았어요. 하지만 알프레드는 웃을 수가 없었어요.

'대왕고래?'

알프레드는 대왕고래에 대해 곰곰이 생각해 보았어요. 알프레드는 대왕고래가 몸이 푸른색이라는 것과 바다에 산다는 것 말고는 아는 것이 하나도 없었어요.

나 알프레드는 먼저 아빠에게 가서 물어보았어요.

"아빠, 혹시 대왕고래에 대해 아시는 게 있으면 가르쳐 주세요."

휴대 전화를 보고 있던 아빠가 알프레드에게 고개를 돌렸어요.

"음, 그건 말이지…… 굉장히 큰 고래란다."

다 "대왕고래의 몸은 34미터나 됩니다."

알프레드는 말을 이어 나갔어요. 그러자 이해할 수 없는 일이 벌어졌어요. 알프레드는 말을 하면 할수록 자신감이 생기는 것을 느낄 수 있었어요.

라 알프레드가 ⃞ ㉠ ⃞ 을/를 마치자 선생님은 아주 잘했다고 칭찬해 주었어요. 친구들도 크게 박수를 쳐 주었어요. 마침내 알프레드는 해냈어요! 알프레드는 기뻐서 어쩔 줄 몰랐어요.

06 알프레드의 책가방 속 종이에 적혀 있었던 동물 이름을 찾아 쓰시오.

( )

꼭 나와!

07 알프레드가 문제 **06**번의 답에 대해 원래 알고 있던 것으로 알맞은 것을 두 가지 고르시오.

(,)

① 포유류이다.   ② 바다에 산다.
③ 노래를 부른다.   ④ 몸이 푸른색이다.
⑤ 몸이 굉장히 크다.

08 ㉠에 들어갈 낱말로, 다음과 같은 뜻을 가진 것은 무엇입니까? ( )

> 어떤 사실이나 결과, 작품 따위를 세상에 널리 드러내어 알림.

① 말   ② 발표   ③ 주장
④ 설명   ⑤ 이야기

09 발표할 내용을 정리할 때, 다음 내용을 써야 하는 부분은 어디인지 알맞은 것을 찾아 ○표 하시오.

> 발표한 내용을 간단하게 정리하거나 발표를 준비하면서 느낀 점, 발표를 듣고 함께 생각할 점 따위를 쓴다.

(1) 시작하는 말   ( )
(2) 설명하는 말   ( )
(3) 끝맺는 말   ( )

10 발표 내용을 잘 정리했는지 확인할 때 점검할 내용으로 알맞지 <u>않은</u> 것은 무엇입니까? ( )

① 이전에 많이 발표한 주제인가?
② 중요한 내용이 잘 드러나 있는가?
③ 자신이 찾은 내용이 믿을 만한가?
④ 듣는 사람이 이해하기 쉬운 말로 썼는가?
⑤ 자신이 찾은 내용이 발표 주제와 관련이 있는가?

나도 발표가 무서워!

선생님께서 다음 수업 시간에 자신이 좋아하는 동물을 조사하여 발표하라고 하셨다. 그 말을 들었을 때 나는 하늘이 무너지는 것 같았다. 나는 친구들 앞에서 발표만 하려고 하면 떨리고 말이 잘 안 나오기 때문이다. 발표 수업으로 걱정하고 있을 때 도서관에서 『발표하기 무서워요!』라는 책을 보았다. 책 제목이 내 마음과 같아서 책장이 술술 넘어갔다.

이 책에 나오는 알프레드도 나처럼 발표하기를 가장 무서워한다. 그런데 어느 날 선생님께서 동물에 대해 조사하여 발표하는 숙제를 내 주신 것이다. 알프레드는 대왕고래에 대해 부모님께 여쭈어보기도 하고, 인터넷에서 대왕고래에 대한 자료를 찾아보며 날마다 발표 준비를 했다. 열심히 준비한 덕분에 알프레드는 발표를 훌륭하게 해낼 수 있었다.

11 이와 같은 글의 제목을 쓰는 방법을 알맞게 말한 친구의 이름을 쓰시오.

> • 유미: 읽은 책의 제목을 그대로 붙여.
> • 우영: 글의 내용을 대표하는 제목을 붙여.

(   )

서술형

12 이 글에 더 들어가야 하는 내용을 생각하며 다음 물음에 답하시오.

(1) 다음 중 이 글에 빠져 있는 것을 찾아 쓰시오.

> 책의 내용   인상 깊은 장면

(   )

(2) (1)에서 답한 내용을 쓰는 방법을 떠올려 한 문장으로 쓰시오.

_____

_____

『사자마트』를 읽고

『사자마트』를 읽었다. 어느 아파트 상가에 사자 씨가 '사자마트'라는 가게를 열었다. 사자마트는 사자 씨의 이름과, 사람들이 물건을 많이 사러 오길 바라는 마음을 담은 곳이었다. 그러나 사람들은 사자 씨의 겉모습을 보고 성격이 고약할 것이라고 생각하며, 사자마트를 '무서운 사자마트'라고 부르게 된다. 손님이 찾아오지 않아도 사자 씨는 매일 가게 문을 열고 손님을 맞을 준비를 했다. 그러던 어느 날, 동네에 전기가 모두 나가자 사자 씨는 가게 곳곳에 촛불을 밝혔다. 촛불이 켜진 마트를 보고 동네 사람들이 물건을 사러 오게 되었고, 사람들은 사자 씨가 친절하고 다정하게 물건을 설명하며 판매하는 모습을 보게 되었다. 마을 사람들은 사자마트를 나오며, 그동안 겉모습만 보고 사자 씨를 오해했음을 깨닫고 사자 씨의 따뜻한 마음을 알게 된다.

13 글쓴이가 읽은 책에서 사람들은 무엇을 보고 사자 씨의 성격이 고약할 것이라고 생각했는지 찾아 쓰시오.

(   )

14 사자 씨의 성격은 어떠하였는지 두 가지 고르시오. (,   )

① 친절하다.   ② 다정하다.
③ 엄격하다.   ④ 예민하다.
⑤ 무심하다.

꼭나와!

15 이 글에 더 들어가야 하는 내용으로 알맞지 **않은** 것은 무엇입니까? (   )

① 책의 내용
② 책을 읽은 까닭
③ 책에서 인상 깊은 장면
④ 인상 깊은 장면에 대한 까닭
⑤ 책을 읽고 떠오른 생각이나 느낌

01 다음 그림 속 아이는 책을 읽었던 경험 중 무엇을 떠올리고 있는지 찾아 ○표 하시오.

> 알프레드가 대왕고래의 노랫소리를 흉내 낸 장면이 기억에 남아.

(1) 어떤 책을 읽었는지 떠올렸다.   (   )

(2) 어디에서 책을 읽었는지 떠올렸다. (   )

(3) 책에서 가장 기억에 남는 장면은 무엇인지 떠올렸다.   (   )

02 책을 읽고 인상 깊은 장면을 찾아 발표하는 방법으로 알맞지 <u>않은</u> 것은 무엇입니까? (   )

① 질문이 많이 떠오르는 장면을 떠올린다.

② 친구들이 가장 좋아하는 장면을 떠올린다.

③ 인물의 마음이 잘 드러난 장면을 떠올린다.

④ 자신의 경험과 비슷해 공감할 수 있는 장면을 떠올린다.

⑤ 인물의 말이나 행동에서 교훈을 얻을 수 있는 장면을 떠올린다.

서술형

03 자신이 읽은 책 중에서 인상 깊었던 책을 하나 골라 보기와 같이 '~은/는 ~ 책이다.'와 같은 형태로 쓰시오.

> 보기
>
> 『피노키오』는 거짓말을 했을 때 생각나는 책이다.

_____

_____

04-05

가 알프레드의 심장은 쿵광쿵광 세차게 뛰기 시작했어요. 앞머리를 내려 보았지만 별 도움이 되지 않았어요. 친구들 앞에서 큰 소리로 발표하는 것은, 길에서 넘어지거나, 남들 앞에서 춤을 추거나, 다른 사람과 전화 통화를 하는 것보다 훨씬 더 무섭고 긴장되는 일이거든요.

나 알프레드는 대왕고래에 대해 좀 더 알아봐야겠다고 결심했어요. 엄마와 아빠는 알프레드처럼 영원히 침대 위에 앉아 있진 않을 테니 지금 얼른 물어보는 게 좋겠다고 생각했어요.

다 알프레드는 곧 자기가 알고 있는 것들을 하나씩 적기 시작했어요.

> 대왕고래는 푸른색이다.
> 대왕고래는 바다에서 산다.
> (아빠 말씀에 따르면) 대왕고래는 몸이 아주 크다.
> (엄마 말씀에 따르면) 대왕고래는 서로에게 노래를 불러 준다.

04 다음 중 알프레드가 가장 무서워하는 일은 무엇입니까? (   )

① 길에서 넘어지는 것

② 남들 앞에서 춤을 추는 것

③ 친구들에게 노래를 불러 주는 것

④ 다른 사람과 전화 통화를 하는 것

⑤ 친구들 앞에서 큰 소리로 발표하는 것

05 알프레드가 아빠, 엄마께 물어본 후 알게 된 대왕고래의 특징을 두 가지 고르시오.

(,   )

① 바다에 산다.   ② 몸이 아주 크다.

③ 몸이 푸른색이다.   ④ 새끼에게 젖을 먹인다.

⑤ 서로에게 노래를 불러 준다.

가 아빠가 인터넷에서 대왕고래를 찾아 주었어요. 대왕고래는 물속에서 살지만 물고기가 아니라고도 하고, 포유류이기 때문에 숨을 쉬기 위해 ㉠수면 위로 올라와야 한다고도 했어요.

알프레드는 대왕고래의 혀가 코끼리만큼이나 무겁다는 것도, 대왕고래의 심장은 작은 자동차 한 대만큼이나 크다는 것도 알 수 있었어요.

가끔 대왕고래는 혼자 아주아주 멀리 헤엄쳐 갈 때도 있다고 했어요. 알프레드는 대왕고래가 참 용감하다고 생각했어요.

나 알프레드는 날마다 대왕고래에 대해 조금씩 찾아보았어요. 날마다 대왕고래에 대해 열심히 알아보던 알프레드는 긴장된 것도 까맣게 잊어버렸어요. 알프레드는 밤마다 잠들기 전에, 대왕고래가 물속에서 부르는 노랫소리를 들었어요. 그것도 인터넷에서 찾아낸 것이었죠.

06 ㉠의 뜻으로 알맞은 것을 보기 에서 찾아 기호를 쓰시오.

> **보기**
>
> ㉮ 물의 겉면.　　　㉯ 잠을 자는 일.

(　　　　　　　　)

07 알프레드가 대왕고래의 노랫소리를 찾아낸 곳은 어디인지 이 글에서 찾아 쓰시오.

(　　　　　　　　)

08 알프레드가 대왕고래에 대해 알게 된 내용으로 알맞지 않은 것은 무엇입니까? (　　　)

① 물 밖으로는 나올 수 없다.
② 혀가 코끼리만큼이나 무겁다.
③ 물속에서 노래를 부르기도 한다.
④ 심장이 작은 자동차 한 대만큼이나 크다.
⑤ 아주 먼 거리를 혼자 헤엄쳐 가기도 한다.

가 친구들은 모두 발표를 참 잘했어요. 아이들은 저마다 거북, 사자, 앵무새, 여우 등에 대해 조사해 온 내용을 발표했어요. 알프레드는 자기가 제일 발표를 못 할 거라는 생각에 괜히 걱정이 앞서기 시작했어요. 눈 깜짝할 새에 알프레드의 차례가 되었어요.

나 알프레드는 대왕고래의 혀가 코끼리만큼이나 무겁다고 말했어요. 대왕고래의 심장은 작은 자동차만큼이나 크다는 말도 했어요. 대왕고래는 물속에서도, 물 밖에서도 살 수 있고, 가끔 아주 먼 거리를 혼자 헤엄쳐 가기도 한다는 이야기도 했어요. ㉠마지막으로 알프레드는 눈을 가리고 있던 앞머리를 옆으로 쓱 넘기고, 대왕고래의 노랫소리를 흉내 냈어요. 그건 계획에서 없던 일이었어요.

알프레드가 발표를 마치자 선생님은 아주 잘했다고 칭찬해 주었어요. 친구들도 크게 박수를 쳐 주었어요. 마침내 알프레드는 해냈어요! 알프레드는 기뻐서 어쩔 줄 몰랐어요.

어려워

09 글 **가**와 **나**에 드러난 알프레드의 마음을 알맞게 짝 지은 것은 무엇입니까? (　　　　　)

① 글 **가**: 뿌듯함. 글 **나**: 긴장됨.
② 글 **가**: 뿌듯함. 글 **나**: 부러움.
③ 글 **가**: 긴장됨. 글 **나**: 뿌듯함.
④ 글 **가**: 긴장됨. 글 **나**: 억울함.
⑤ 글 **가**: 신기함. 글 **나**: 부러움.

서술형

10 ㉠과 같은 장면에서 알프레드에게 하고 싶은 질문을 한 가지 떠올려 조건 에 맞게 쓰시오.

> **조건**
>
> '무엇인가요?'를 넣어 한 문장으로 쓴다.

_____

_____

11-12

나도 발표가 무서워!

선생님께서 다음 수업 시간에 자신이 좋아하는 동물을 조사하여 발표하라고 하셨다. 그 말을 들었을 때 나는 하늘이 무너지는 것 같았다. 나는 친구들 앞에서 발표만 하려고 하면 떨리고 말이 잘 안 나오기 때문이다. 발표 수업으로 걱정하고 있을 때 도서관에서 『발표하기 무서워요!』라는 책을 보았다. 책 제목이 내 마음과 같아서 책장이 술술 넘어갔다.

이 책에 나오는 알프레드도 나처럼 발표하기를 가장 무서워한다. 그런데 어느 날 선생님께서 동물에 대해 조사하여 발표하는 숙제를 내 주신 것이다. 알프레드는 대왕고래에 대해 부모님께 여쭈어보기도 하고, 인터넷에서 대왕고래에 대한 자료를 찾아보며 날마다 발표 준비를 했다. 열심히 준비한 덕분에 알프레드는 발표를 훌륭하게 해낼 수 있었다.

11 글쓴이가 다음 수업 시간에 발표해야 하는 것은 무엇입니까? (　　　)

① 도서관에 다녀온 소감
② 자신이 좋아하는 동물
③ 대왕고래의 생활 방식
④ 가장 재미있게 읽은 책
⑤ 발표를 잘할 수 있는 방법

12 글쓴이와 글쓴이가 읽은 책의 주인공인 알프레드의 공통점은 무엇입니까? (　　　)

① 발표와 관련된 책을 읽었다.
② 발표하는 것을 가장 무서워한다.
③ 일주일에 한 번씩 도서관에 간다.
④ 인터넷에서 검색하는 것을 어려워한다.
⑤ 동물 중에서 대왕고래를 가장 좋아한다.

13-15

⊙발표 마지막에 알프레드가 자신의 눈을 가린 앞머리를 옆으로 쏙 넘기고, 대왕고래의 노랫소리를 흉내 낸 장면이 가장 기억에 남았다. 긴장되거나 겁에 질릴 때 항상 긴 앞머리 뒤에 숨었던 알프레드가 더 이상 발표를 무서워하지 않게 되었기 때문이다. 두려움을 이겨 내고 자신 있게 발표한 알프레드가 자랑스러웠다.

이 책을 읽고 발표에 대한 두려움을 이기려면 열심히 준비해야 한다는 점을 깨달았다. 나는 평소에 발표 과제가 있으면 긴장하고 떨기만 했다. 하지만 알프레드는 발표를 잘하기 위해 매일매일 열심히 준비했다. 그러한 알프레드가 대단하다고 생각했다.

어려워

13 이 독서 감상문에 나타나 있는 것을 두 가지 고르시오. (　　　,　　　)

① 책을 산 곳　　② 인상 깊은 장면
③ 책을 읽은 까닭　　④ 독서 감상문의 제목
⑤ 책을 읽고 떠오른 생각이나 느낌

14 ⊙의 까닭은 무엇인지 (　　　)에 들어갈 알맞은 말을 찾아 쓰시오.

• 알프레드가 더 이상 (　　　　　　　　　)
　을/를 무서워하지 않게 되었기 때문이다.

15 글쓴이가 책을 읽고 깨달은 점을 알맞게 말한 친구의 이름을 쓰시오.

> • 건우: 발표할 때는 항상 노래를 부르며 마무리해야 한다는 것을 알게 되었어.
> • 수아: 긴장될 때마다 알프레드처럼 긴 앞머리 뒤에 숨어야겠다고 생각했어.
> • 지호: 발표에 대한 두려움을 이기려면 열심히 준비해야 한다는 점을 깨달았어.

(　　　　　　　)

바른답·알찬풀이 11쪽

16 독서 감상문을 쓸 때에 다음과 같은 내용을 쓰는 부분으로 알맞은 것은 무엇입니까? (   )

> 책을 언제, 어디에서, 어떻게 읽게 되었는지 쓴다.

① 책의 내용
② 인상 깊은 장면
③ 책을 읽은 까닭
④ 독서 감상문의 제목
⑤ 책을 읽고 떠오른 생각이나 느낌

[17-19]

㉠『사자마트』를 읽고

『사자마트』를 읽었다. 어느 아파트 상가에 사자 씨가 '사자마트'라는 가게를 열었다. 사자마트는 사자 씨의 이름과, 사람들이 물건을 많이 사러 오길 바라는 마음을 담은 곳이었다. 그러나 사람들은 사자 씨의 겉모습을 보고 성격이 고약할 것이라고 생각하며, 사자마트를 '무서운 사자마트'라고 부르게 된다. 손님이 찾아오지 않아도 사자 씨는 매일 가게 문을 열고 손님을 맞을 준비를 했다. 그러던 어느 날, 동네에 전기가 모두 나가자 사자 씨는 가게 곳곳에 촛불을 밝혔다. 촛불이 켜진 마트를 보고 동네 사람들이 물건을 사러 오게 되었고, 사람들은 사자 씨가 친절하고 다정하게 물건을 설명하며 판매하는 모습을 보게 되었다. 마을 사람들은 사자마트를 나오며, 그동안 겉모습만 보고 사자 씨를 오해했음을 깨닫고 사자 씨의 따뜻한 마음을 알게 된다.

17 이 글에 더 들어가야 할 내용을 알맞게 말한 친구의 이름을 쓰시오.

> • **지석**: 책의 내용이 더 들어가야 해.
> • **경민**: 인상 깊은 장면, 책을 읽은 까닭이 더 들어가야 해.

(   )

어려워

18 ㉠을 이 글의 내용에 어울리게 바꾸어 쓴 것으로 가장 알맞은 것은 무엇입니까? (   )

① 이 책을 추천합니다
② 겉모습이 가장 중요해!
③ 이름만 보고 판단하지 말자
④『사자마트』를 읽고 떠오른 점
⑤ 보이는 게 다가 아니야 -『사자마트』를 읽고

서술형

19 이와 같은 글을 잘 쓰려면 어떻게 해야 하는지 한 가지 떠올려 쓰시오.

_____

_____

_____

20 다음 중 독서 감상문을 다 쓰고 점검할 내용으로 알맞지 <u>않은</u> 것은 무엇인가요? (   )

① 책의 내용을 그대로 썼는가?
② 책을 읽은 까닭이 잘 드러났는가?
③ 인상 깊은 장면을 까닭과 함께 썼는가?
④ 내용을 잘 나타낼 수 있는 제목을 썼는가?
⑤ 책을 읽고 떠오른 생각이나 느낌을 자세히 썼는가?

 **국어**   6. 경험을 표현해요

*개념 한눈에 보기

▶ 바른답·알찬풀이 12쪽

개념 ❶   원인과 결과의 관계 알기

• 어떤 일이 일어나게 만든 [ㄲ][ㄷ]을 '원인'이라고 합니다.

• 원인으로 인해 일어난 일을 '❷[ㄱ][ㄱ]'라고 합니다.

• 원인과 결과에 따라 정리할 때 결과가 다른 일의 원인이 될 수도 있습니다.

1 다음 글에서 '나'에게 일어난 일의 원인에 해당하는 일에는 '원인', 결과에 해당하는 일에는 '결과'라고 쓰시오.

> 오늘 아침, 눈을 떠 시계를 본 나는 내 눈을 의심했다.
> "으악!" / 시계는 8시 50분을 가리키고 있었다. 늦잠을 잔 것이다. 허둥지둥 준비하고 학교에 도착했지만 나는 꼼짝 없이 지각을 하고 말았다.

(1) 늦잠을 잤다.   (   )

(2) 학교에 지각을 했다.   (   )

개념 ❷   원인과 결과가 드러나게 경험 말하기

• 원인과 결과는 '그래서', '왜냐하면'과 같은 이어 주는 말로 연결할 수 있습니다.

• 원인을 말한 뒤에 결과를 말할 때에는 원인과 결과를 '❸[ㄱ][ㄹ][ㅅ]'로 연결하여 말합니다.

• 결과를 말한 뒤에 원인을 말할 때에는 결과와 원인을 '❹[ㅇ][ㄴ][ㅎ][ㅁ]'으로 연결하여 말합니다.

2 원인과 결과가 잘 드러나게 경험을 말할 때 ㉠, ㉡에 들어갈 알맞은 이어 주는 말을 각각 쓰시오.

> • 바람이 세게 불었다. (㉠) 지민이의 모자가 날아갔다.
>   └ 원인   └ 결과
> • 지민이는 모자를 줍지 못했다. (㉡) 모자가 연못 한가운데에 떨어졌기 때문이다.
>   └ 결과   └ 원인

(1) ㉠: (   )

(2) ㉡: (   )

개념 ❸   감각적 표현을 활용해 경험을 시나 글로 쓰기

• 감각적 표현은 눈으로 보고 코로 냄새 맡고 입으로 맛보고 귀로 듣고 손으로 만진 경험을 ❺[ㅅ][ㅅ][ㅎ][ㄱ] 나타내는 말을 말합니다.

• 시로 쓰고 싶은 경험을 감각적 표현을 활용하여 ❻[ㅎ]과 연을 구분해 시를 씁니다.

• 글로 쓰고 싶은 경험을 감각적 표현을 활용하여 경험한 일이 잘 드러나게 글로 씁니다.

3 ㉠~㉢ 중 시각(눈으로 본 감각)이 드러난 표현은 무엇인지 기호를 쓰시오.

> 바구니 한가득 ㉠재잘재잘 까르륵 / 방울토마토
> 그중에 막 미끄러지려는 놈 하나
> 요놈! 재빨리 붙잡아 / 한입에 쏘옥 넣고 깨물었다.
>
> 이빨 사이
> ㉡새빨간 해님이 터진다. / ㉢달콤한 이슬이 터진다.

(   )

정답 ❶ 까닭 ❷ 결과 ❸ 그래서 ❹ 왜냐하면 ❺ 생생하게 ❻ 행

단원평가 기본

01-02

2○○○년 ○○월 ○○일 ☀️⛅☁️🌧️❄️

고마운 날씨

가족과 주말농장에 가는 날 아침이었다. 땅이 젖어 있었고 여기저기 빗물이 고여 있었다. 밤사이 비가 왔기 때문이다.

농장에 도착하니 상추와 방울토마토가 부쩍 자라 있었다. 잡초를 뽑고 지지대를 세웠다. 그때 구름 사이로 햇살이 비치기 시작했다. ㉠햇살에 얼굴이 간지러웠고 비에 젖은 흙냄새가 고소했다. 맑게 갠 고마운 날씨 덕분에 주말농장에 즐겁게 다녀올 수 있었다.

01 아침에 땅이 젖어 있었던 까닭은 무엇입니까?

( )

① 밤사이 비가 왔기 때문에
② 부모님이 땅에 물을 뿌리셨기 때문에
③ 아침부터 비가 내리기 시작했기 때문에
④ 나무의 뿌리가 물을 머금고 있었기 때문에
⑤ 주말농장이 있는 지역에 비가 자주 내리기 때문에

02 이 일기의 ㉠에서 경험을 어떻게 표현했는지 알맞은 것을 찾아 ◯표 하시오.

(1) 반복되는 말로 재미있게 표현했다. ( )

(2) 보거나 느낀 것을 촉감과 냄새로 표현했다.
( )

(3) 흉내 내는 말을 사용하여 모양을 생생하게 표현했다. ( )

03 다음은 '원인'과 '결과' 중 무엇에 대한 설명인지 쓰시오.

어떤 일이 일어나게 만든 까닭

( )

04-05

가 어제 학교를 마치고 서준이, 지상이와 집 앞 놀이터에서 술래잡기를 했다. 선생님께서 내 주신 숙제가 있는 날이라서 처음에는 조금만 놀고 가기로 했다. 그런데 어찌나 재미있는지 우리는 "10분만 더", "5분만 더"를 열 번도 넘게 외치며 시간 가는 줄 모르고 신나게 놀았다.

나 마음이 급해진 나는 부리나케 집으로 돌아와 숙제를 했다. 예상보다 해야 할 양이 많아 숙제가 빨리 끝나지 않았다.

'아, 아까 조금만 일찍 들어올걸······.'

나는 하품을 참으며 겨우 숙제를 마치고 밤이 늦어서야 잠자리에 들었다.

04 '나'가 어제 학교를 마치고 한 일은 무엇입니까?

( )

① 친구들과 함께 숙제를 했다.
② 엄마와 함께 장을 보러 갔다.
③ 학원에서 늦게까지 공부를 했다.
④ 친구 집에 가서 게임을 하며 놀았다.
⑤ 친구들과 늦게까지 술래잡기를 했다.

꼭 나와!

05 문제 04번에서 답한 일의 결과는 무엇입니까?

( )

① 시험을 잘 보았다.
② 친구들과 다투었다.
③ 아침 일찍 일어났다.
④ 부모님께 꾸중을 들었다.
⑤ 밤늦게까지 숙제를 했다.

6. 경험을 표현해요

06-08

> 지민이는 새 모자를 쓰고 친구들과 공원으로 나들이를 갔습니다. 지민이가 연못 위 다리를 건널 때 바람이 '휘잉' 하고 세게 불었습니다. 그 바람에 지민이의 모자가 날아가서 연못 한가운데에 툭 떨어지고 말았습니다. 연못이 너무 넓어서 모자를 주울 수 없었습니다. 결국 지민이는 모자 없이 집으로 돌아왔습니다.

06 지민이에게 일어난 일은 무엇입니까? (   )

① 연못에 빠졌다.
② 공원에서 넘어졌다.
③ 모자를 잃어버렸다.
④ 바람에 목도리가 날아갔다.
⑤ 누군가 잃어버린 모자를 주웠다.

07 지민이에게 일어난 일의 원인에 해당하는 일에는 '원인', 결과에 해당하는 일에는 '결과'라고 쓰시오.

(1) 바람이 불었다.   (   )
(2) 모자가 날아갔다. (   )

서술형

08 지민이에게 일어난 일을 원인과 결과가 드러나게 정리하려고 합니다. 다음 물음에 답하시오.

> 지민이는 모자를 줍지 못했습니다. 왜냐하면
> _____

(1) 이 문장에 사용된 이어 주는 말은 무엇인지 쓰시오.

(   )

(2) 지민이에게 일어난 일을 생각하여 빈칸에 들어갈 내용을 쓰시오.

_____
_____

09-10

방울토마토는 일곱 살

엄마가 갓 씻어 놓은
방울토마토.

물기도 안 닦고 생글생글
달아날 궁리만 하는
일곱 살 내 동생 같아.

햇살 먹고 이슬 먹고 볼따구니가
탱글탱글.

바구니 한가득 재잘재잘 까르륵
방울토마토
그중에 막 미끄러지려는 놈 하나
요놈! 재빨리 붙잡아
한입에 쏘옥 넣고 깨물었다.

이빨 사이
새빨간 해님이 터진다.
달콤한 이슬이 터진다.

09 이 시에서 말하는 이가 방울토마토를 보고 떠올린 것은 무엇인지 찾아 쓰시오.

(   )

꼭 나와!

10 이 시의 다음 표현에는 각각 어떤 감각이 드러나 있는지 선으로 알맞게 이으시오.

(1) 새빨간 해님이 터진다.   ·   · ㉮ 미각

(2) 달콤한 이슬이 터진다.   ·   · ㉯ 시각

〉 바른답·알찬풀이 12쪽

11 다음 중 감각적 표현을 활용해 경험을 표현하지 <u>않은</u> 것을 찾아 기호를 쓰시오.

> ㉮ 엄마가 차가운 물수건을 뜨거운 내 이마에 덮어 주셨다.
> ㉯ 아빠의 손을 잡고 들어간 빵집의 빵 냄새에 기분이 설렜다.
> ㉰ 차르륵차르륵 우산을 두드리는 빗방울 소리가 두근두근 내 마음 같았다.

(   )

12-15

> 할머니께서 우리 집에 오셨다. 건강 검진을 받으러 오신 김에 우리 집에 들르신 것이다. 할머니는 뭉게구름처럼 포근하게 나를 안아 주시며 내가 좋아하는 감자전을 만들어 주겠다고 하셨다.
> 할머니와 함께 감자를 씻어서 껍질을 벗기고 강판에 갈았다. 뜨겁게 달구어진 프라이팬에 ㉠하얗고 뽀얀 감자 반죽을 손바닥만 한 크기로 동그랗게 올렸다. "치익." 소리가 나며 감자 반죽이 노릇노릇하게 익기 시작했다. 감자전이 바삭하게 익을수록 고소한 냄새가 우리 집 부엌을 가득 채웠다.
> 식탁에 마주 앉아 할머니와 감자전을 먹었다. 따뜻한 감자전 한 조각을 젓가락으로 집었더니 접시에서 쫀득하게 떨어져 나왔다. 고소하고 짭조름한 감자전이 입안에서 살살 녹았다. 할머니의 사랑이 듬뿍 담겨 있어 더욱 맛있게 느껴졌다. 할머니의 큰 사랑 덕분에 나는 이렇게 건강하게 자라고 있나 보다. 할머니, 오래오래 건강하게 지내세요. 사랑해요!

12 이 글에 나타나 있는 경험으로 알맞은 것에 ○표 하시오.

(1) 할머니를 모시고 병원에 간 경험 (   )

(2) 방학 때 할머니 댁에 놀러 간 경험 (   )

(3) 할머니께서 만들어 주신 감자전을 먹은 경험

(   )

13 이 글에 나타난 '나'의 생각이나 느낌으로 알맞지 <u>않은</u> 것을 두 가지 고르시오. (,   )

① 할머니께서 오래오래 건강하게 지내셨으면 좋겠다.

② 그동안 할머니 마음을 아프게 해 드린 것 같아 죄송하다.

③ 할머니의 사랑이 담겨 있어 감자전이 더욱 맛있게 느껴졌다.

④ 할머니의 큰 사랑 덕분에 내가 건강하게 자라고 있는 것 같다.

⑤ 할머니께서 만들어 주신 음식보다 아빠가 만들어 주신 음식이 더 맛있는 것 같다.

꼭 나와!

14 ㉠은 무엇을 감각적으로 표현한 것입니까?

(   )

① 감자전의 맛   ② 감자의 모양

③ 감자 반죽의 색   ④ 감자 반죽의 냄새

⑤ 감자전이 익는 소리

서술형

15 이 글에 쓰인 감각적 표현을 생각하며 다음 물음에 답하시오.

(1) 이 글에서 감자전의 맛이 느껴지는 것처럼 표현한 부분을 한 가지 찾아 쓰시오.

(   )

(2) (1)에서 답한 표현을 활용해 글을 쓸 때의 좋은 점을 쓰시오.

_____

_____

6. 경험을 표현해요

01-02

01 그림 **2**에서 수연이와 오빠가 말을 하지 않고 학교에 간 원인은 무엇인지 (   )에 들어갈 알맞은 말을 쓰시오.

- 수연이가 오빠가 아끼는 (   )
을/를 망가뜨렸기 때문이다.

어려워

02 수연이에게 일어난 일을 생각하며 다음 일에 대해 알맞게 말한 것의 기호를 찾아 쓰시오.

> 수연이가 오빠에게 사과하는 글을 썼다.

> ㉮ 수연이와 오빠가 화해하게 된 원인이다.
> ㉯ 수연이와 오빠가 화해하게 된 결과이다.

(   )

03 밑줄 그은 낱말을 넣어 말하면 좋은 점은 무엇인지 (   )에서 알맞은 말을 찾아 ○표 하시오.

> 눈에 눈물이 <u>그렁그렁</u> 맺혔어.

- 대상이나 대상에 대한 생각이나 느낌을 (길게 , 어렵게 , 생생하게) 표현할 수 있다.

04-05

가 어제 학교를 마치고 서준이, 지상이와 집 앞 놀이터에서 술래잡기를 했다. 선생님께서 내 주신 숙제가 있는 날이라서 처음에는 조금만 놀고 가기로 했다. 그런데 어찌나 재미있는지 우리는 "10분만 더", "5분만 더"를 열 번도 넘게 외치며 시간 가는 줄 모르고 신나게 놀았다.

나 마음이 급해진 나는 부리나케 집으로 돌아와 숙제를 했다. 예상보다 해야 할 양이 많아 숙제가 빨리 끝나지 않았다.

'아, 아까 조금만 일찍 들어올걸……'

나는 하품을 참으며 겨우 숙제를 마치고 밤이 늦어서야 잠자리에 들었다.

다 "으악!"

시계는 8시 50분을 가리키고 있었다. 늦잠을 잔 것이다. 허둥지둥 준비하고 학교에 도착했지만 나는 꼼짝없이 지각을 하고 말았다.

04 '나'는 어제 학교를 마치고 친구들과 무엇을 했는지 찾아 쓰시오.

(   )

서술형

05 글 **가**~**다**에서 '나'에게 일어난 일의 원인과 결과를 생각하여 빈칸에 알맞은 내용을 쓰시오.

원인	(1)

↓

결과 원인	밤늦게까지 숙제를 했다.

↓

결과 원인	늦잠을 잤다.

↓

결과	(2)

[06-09]

06-09

가 지민이는 새 모자를 쓰고 친구들과 공원으로 나들이를 갔습니다. 지민이가 연못 위 다리를 건널 때 바람이 '휘잉' 하고 세게 불었습니다. 그 바람에 지민이의 모자가 날아가서 연못 한가운데에 툭 떨어지고 말았습니다. 연못이 너무 넓어서 모자를 주울 수 없었습니다. 결국 지민이는 모자 없이 집으로 돌아왔습니다.

나

08 그림 나에서 엄마가 어리둥절한 표정을 지으신 까닭으로 알맞은 것은 무엇입니까? (   )

① 지민이의 표정이 슬퍼 보여서
② 지민이가 새 모자를 사 달라고 해서
③ 지민이가 연못에 가고 싶다고 졸라서
④ 지민이가 모자가 어디에 있는지 말하지 않아서
⑤ 지민이가 모자를 잃어버린 원인을 잘 설명하지 못해서

서술형
09 지민이가 경험한 일의 원인과 결과를 생각하여 다음 대화에서 지민이가 해야 할 말을 쓰시오.

_____

_____

_____

_____

06 글 가에서 지민이에게 일어난 일을 시간의 흐름에 따라 기호를 쓰시오.

> ㉮ 바람이 불어 모자가 날아갔다.
> ㉯ 새 모자를 쓰고 친구들과 나들이를 갔다.
> ㉰ 모자가 연못 한가운데에 떨어져 줍지 못하고 집으로 돌아왔다.

(   ) → (   ) → (   )

어려워
07 다음 친구는 지민이에게 일어난 일을 어떻게 말했는지 알맞은 것을 두 가지 고르시오.

(,   )

바람이 세게 불었어. 그래서 지민이의 모자가 날아갔어.

① 원인을 말한 뒤에 결과를 말했다.
② 결과를 말한 뒤에 원인을 말했다.
③ 결과는 말하지 않고 원인만 말했다.
④ 원인과 결과를 이어 주는 말로 연결하여 말했다.
⑤ 원인과 결과를 꾸며 주는 말로 연결하여 말했다.

10 자신의 경험을 원인과 결과가 잘 드러나게 말한 친구의 이름을 쓰시오.

> • 소미: 나는 부모님께 꾸중을 들은 적이 있어. 왜냐하면 놀다가 너무 늦게 집에 들어갔기 때문이야.
> • 정호: 나는 가방에 달려 있는 인형을 잃어버린 적이 있어. 왜냐하면 친구가 운동장에서 그 인형을 찾아 주었기 때문이야.

(   )

단원평가 실전

11-13

방울토마토는 일곱 살

엄마가 갓 씻어 놓은
방울토마토.

물기도 안 닦고 생글생글
달아날 궁리만 하는
일곱 살 내 동생 같아.

햇살 먹고 이슬 먹고 볼따구니가
탱글탱글.

바구니 한가득 재잘재잘 까르륵
방울토마토
그중에 막 미끄러지려는 놈 하나
요놈! 재빨리 붙잡아
한입에 쏘옥 넣고 깨물었다.

이빨 사이
새빨간 해님이 터진다.
달콤한 이슬이 터진다.

11 이 시에 나타난 경험은 무엇입니까? (   )

① 동생과 목욕을 한 경험
② 방울토마토를 먹은 경험
③ 방울토마토를 심은 경험
④ 여러 가지 과일을 깎은 경험
⑤ 시장에 가서 방울토마토를 산 경험

12 이 시의 제목을 '방울토마토는 일곱 살'이라고 지은 까닭은 무엇입니까? (   )

① 방울토마토가 일곱 개 있어서
② 방울토마토를 칠 년 동안 키워서
③ 방울토마토를 일곱 번 씻어 먹어서
④ 일곱 살이 되어야 방울토마토를 먹을 수 있어서
⑤ 방울토마토가 일곱 살 동생과 비슷하게 느껴져서

13 이 시에 쓰인 감각적 표현에 대해 알맞게 말한 것을 두 가지 고르시오. (,   )

① "물기도 안 닦고 생글생글"에는 후각이 드러나 있다.
② "탱글탱글"에는 청각이 드러나 있다.
③ "바구니 한가득 재잘재잘 까르륵"에는 촉각이 드러나 있다.
④ "새빨간 해님이 터진다."에는 시각이 드러나 있다.
⑤ "달콤한 이슬이 터진다."에는 미각이 드러나 있다.

14 감각적 표현을 활용해 경험을 시로 표현하면 좋은 점으로 알맞은 것의 기호를 모두 쓰시오.

> ㉮ 시를 좀 더 재미있게 만들어 준다.
> ㉯ 시를 읽을 때 사실적인 느낌이 들도록 한다.
> ㉰ 시 속 장면을 상상하는 데에 많은 도움을 준다.

(   )

서술형

15 보기 처럼 자신의 경험을 떠올린 뒤 감각적 표현을 활용해 행과 연을 구분하여 쓰시오.

> 보기
> 차르륵차르륵
> 우산을 두드리는 빗방울처럼
>
> 네 옆의 내 마음도 두근두근

16-18

할머니께서 우리 집에 오셨다. 건강 검진을 받으러 오신 김에 우리 집에 들르신 것이다. 할머니는 ㉠뭉게구름처럼 포근하게 나를 안아 주시며 내가 좋아하는 감자전을 만들어 주겠다고 하셨다.

할머니와 함께 감자를 씻어서 껍질을 벗기고 강판에 갈았다. 뜨겁게 달구어진 프라이팬에 하얗고 보얀 감자 반죽을 손바닥만 한 크기로 동그랗게 올렸다. "치익." 소리가 나며 감자 반죽이 노릇노릇하게 익기 시작했다. 감자전이 바삭하게 익을수록 고소한 냄새가 우리 집 부엌을 가득 채웠다.

식탁에 마주 앉아 할머니와 감자전을 먹었다. 따뜻한 감자전 한 조각을 젓가락으로 집었더니 접시에서 쫀득하게 떨어져 나왔다. 고소하고 짭조름한 감자전이 입안에서 살살 녹았다. 할머니의 사랑이 듬뿍 담겨 있어 더욱 맛있게 느껴졌다. 할머니의 큰 사랑 덕분에 나는 이렇게 건강하게 자라고 있나 보다. 할머니, 오래오래 건강하게 지내세요. 사랑해요!

16 이 글에서 '나'가 한 일로 알맞지 <u>않은</u> 것은 무엇입니까? (   )

① 감자를 씻었다.
② 밭에서 감자를 캤다.
③ 감자를 강판에 갈았다.
④ 감자의 껍질을 벗겼다.
⑤ 할머니와 감자전을 먹었다.

17 ㉠은 무엇을 감각적으로 표현한 것입니까? (   )

① 할머니의 목소리
② 할머니에게서 나는 냄새
③ 할머니께서 주신 사탕의 맛
④ 할머니께서 입으신 옷의 색깔
⑤ 할머니께서 안아 주셨을 때의 느낌

어려워

18 이 글에 쓰인 감각적 표현에 대해 <u>잘못</u> 말한 친구의 이름을 쓰시오.

- 정미: 감자 반죽의 색을 표현하려고 '하얗고 보얀'이라는 표현을 사용했어.
- 준혁: 감자전의 맛을 표현하려고 '고소하고 짭조름한'과 같은 표현을 사용했어.
- 은아: 감자 반죽이 익을 때의 소리를 표현하려고 '노릇노릇하게'라는 표현을 사용했어.

(   )

19 다음 중 감각적 표현을 활용해 경험을 글로 표현한 것을 찾아 기호를 쓰시오.

㉮ 지난 주말에 아빠와 빵집에 갔다. 따뜻한 아빠 손을 잡고 들어간 빵집의 달달한 빵 냄새에 기분이 설렜다.

㉯ 지난 주말에 친구들과 호수공원에서 자전거를 탔다. 호수공원에는 우리처럼 자전거를 타러 나온 학생들이 많았다. 우리는 헬멧을 쓰고 기념사진을 찍고, 공원의 자전거 도로를 달렸다.

(   )

20 감각적 표현을 활용해 경험을 글로 표현하는 방법으로 알맞지 <u>않은</u> 것을 두 가지 고르시오. (,   )

① 행과 연을 구분하여 표현한다.
② 경험한 일이 잘 드러나게 쓴다.
③ 여러 감각 중 시각만 활용해서 쓴다.
④ 어떤 경험에 대해 쓸지 미리 정리한다.
⑤ 자신의 생각이나 느낌이 잘 드러나게 쓴다.

수학

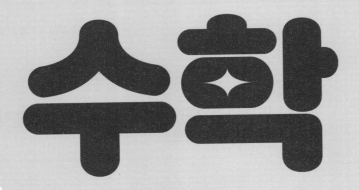

지구

수가 너무 큰데 어떻게 읽지?

149600000 km

태양

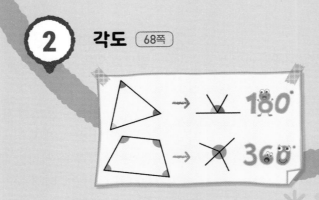

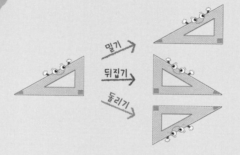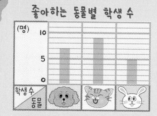

▶ 바른답·알찬풀이 14쪽

개념 ① 만 / 다섯 자리 수

- 1000이 10개인 수
  → 쓰기 **10000** 또는 **1만**   읽기 **만** 또는 **일만**
- 10000이 **3**개, 1000이 **6**개, 100이 **2**개, 10이 **7**개, 1이 **4**개인 수
  → 쓰기 **36274**   읽기 **삼만 육천이백칠십사**

1 수를 읽어 보시오.

28516

개념 ② 십만, 백만, 천만

	쓰기	읽기
10000이 ─ 10개인 수 →	**100000** 또는 **10만**	십만
─ 100개인 수 →	**1000000** 또는 **100만**	백만
─ 1000개인 수 →	**10000000** 또는 **1000만**	천만

2 설명하는 수를 쓰시오.

10000이 100개인 수

(   )

개념 ③ 천조 단위까지의 수

7	3	5	8	0	0	0	0	0	0	0	0	0	0	0	0
천	백	십	일	천	백	십	일	천	백	십	일	천	백	십	일
			조				억				만				일

→ 7358 0000 0000 0000 = 7000 0000 0000 0000 + 300 0000 0000 0000
  + 50 0000 0000 0000 + 8 0000 0000 0000

3 □ 안에 알맞은 수를 써넣으시오.

5163조
= 5000조 + □
+ □ + 3조

개념 ④ 뛰어 세기

- 10000씩 뛰어 세면 만의 자리 수가 1씩 커집니다.

  28000 — 38000 — 48000 — 58000 — 68000

- 10억씩 뛰어 세면 십억의 자리 수가 1씩 커집니다.

  530억 — 540억 — 550억 — 560억 — 570억

4 얼마씩 뛰어 세었습니까?

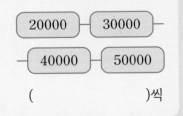

(   )씩

개념 ⑤ 수의 크기 비교

자리 수가 다른 경우	자리 수가 같은 경우
자리 수가 많은 쪽이 더 큰 수입니다. 295 5817 > 92 3672 7자리 수 6자리 수	높은 자리 수부터 차례대로 비교하여 수가 큰 쪽이 더 큰 수입니다. 45 2913 > 43 7628 5 > 3

5 ○ 안에 >, =, < 중 알맞은 것을 써넣으시오.

1837800 ◯ 1872415
3 ◯ 7

01 그림을 보고 ☐ 안에 알맞은 수를 써넣으시오.

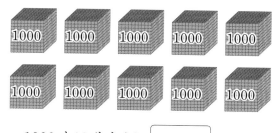

1000이 10개인 수는 ☐입니다.

02 ☐ 안에 알맞은 수를 써넣으시오.

10000은 ⎧ 9000보다 ☐ 만큼 더 큰 수
⎪ 9900보다 ☐ 만큼 더 큰 수
⎨ 9990보다 ☐ 만큼 더 큰 수
⎩ 9999보다 ☐ 만큼 더 큰 수

꼭 나와!

03 59236을 각 자리의 숫자가 나타내는 값의 합으로 나타내시오.

59236 = ☐ + 9000 + ☐ + 30 + 6

04 창고에 구슬이 10000개씩 4상자, 1000개씩 6상자, 100개씩 8상자, 10개씩 9상자 있습니다. 창고에 있는 구슬은 모두 몇 개입니까?

( )

05 빈칸에 알맞은 수를 써넣으시오.

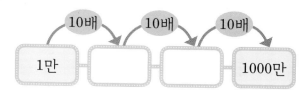

06 10000이 75개인 수를 쓰고, 읽어 보시오.

쓰기: ( )
읽기: ( )

서술형

07 잘못 설명한 친구를 찾아 이름을 쓰려고 합니다. 풀이 과정을 쓰고, 답을 구하시오.

> • 현석: 10000이 10개인 수는 100000이야.
> • 지수: 1만이 1000개인 수는 1000000이야.
> • 승현: 10000이 100개인 수는 백만이야.

풀이

❶ 친구들이 설명한 수 각각 구하기

_____

_____

❷ 잘못 설명한 친구를 찾아 이름 쓰기

_____

_____

답 _____

08 ☐ 안에 알맞은 수를 써넣으시오.

> 5300000000은 1억이 ☐ 개인 수입니다.

09 704090000000000을 바르게 읽은 것에 ○표 하시오.

칠백사조 구백억	칠백사조 구십억
( )	( )

10 백억의 자리 숫자가 8인 수의 기호를 쓰시오.

> ㉠ 208365749120   ㉡ 581056320018

( )

11 숫자 6이 나타내는 값이 가장 작은 수를 찾아 색칠하시오.

1642조	961조	6035조

서술형

12 나타내는 수가 다른 것을 찾아 기호를 쓰려고 합니다. 풀이 과정을 쓰고, 답을 구하시오.

> ㉠ 9900만보다 100만만큼 더 큰 수
> ㉡ 100만이 100개인 수
> ㉢ 1억의 10배인 수

풀이

❶ ㉠, ㉡, ㉢이 나타내는 수 각각 구하기

_____

_____

❷ 나타내는 수가 다른 것을 찾아 기호 쓰기

_____

_____

_____

답 _____

13 ㉠은 ㉡의 몇 배인지 구하시오.

> ㉠ 29570000000000
> ㉡ 2957000000

( )

꼭 나와!

14 뛰어 세기를 하였습니다. ☐ 안에 알맞은 수를 써넣으시오.

☐ 씩 뛰어 센 것입니다.

15 규칙에 따라 빈칸에 알맞은 수를 써넣으시오.

| 31억 89만 | | |
| 61억 89만 | 71억 89만 | |

16 태현이는 지리산 올레길을 하루에 20000걸음씩 4일 동안 걸으려고 합니다. 태현이는 4일 동안 모두 몇 걸음을 걷게 됩니까?

(   )

17 더 작은 수를 말한 친구의 이름을 쓰시오.

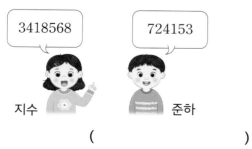

3418568

724153

지수   준하

(   )

18 두 수를 각각 수직선에 나타내고, 두 수의 크기를 비교하여 알맞은 말에 ○표 하시오.

ㄱ 6813000   ㄴ 6817000

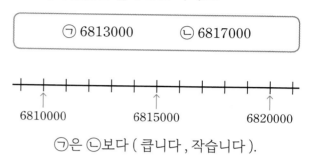

6810000   6815000   6820000

ㄱ은 ㄴ보다 (큽니다 , 작습니다).

나와!

19 두 수의 크기를 비교하여 ○ 안에 >, =, < 중 알맞은 것을 써넣으시오.

12억 7500만 ○ 1274950000

서술형

20 가 도시의 인구는 6070400명이고, 나 도시의 인구는 팔십삼만 구천칠백 명입니다. 가와 나 도시 중 인구가 더 많은 도시를 찾아 쓰려고 합니다. 풀이 과정을 쓰고, 답을 구하시오.

풀이

❶ 나 도시의 인구를 수로 나타내기

_____

_____

❷ 인구가 더 많은 도시 쓰기

_____

_____

답 _____

01 설명하는 수가 다른 것은 어느 것입니까?

(   )

① 9999보다 1만큼 더 큰 수
② 9500보다 500만큼 더 큰 수
③ 1000이 10개인 수
④ 9900보다 100만큼 더 큰 수
⑤ 9960보다 30만큼 더 큰 수

02 빈칸에 알맞은 말이나 수를 써넣으시오.

21345	이만 천삼백사십오
98407	
	삼만 오백육십삼

03 정호는 하루에 10000걸음씩 걸으려고 합니다. 오늘 오전에 6000걸음을 걸었다면 오후에는 몇 걸음을 더 걸어야 합니까?

(   )

04 돈은 모두 얼마인지 구하시오.

(   )

05 관계있는 것끼리 선으로 알맞게 이으시오.

10000이 10개인 수	·	·	천만
10000이 100개인 수	·	·	100만
10000이 1000개인 수	·	·	100000

꼭 나와!

06 십만의 자리 숫자가 다른 수를 찾아 기호를 쓰시오.

| ㉠ 8367140 | ㉡ 395200 |
| ㉢ 17350000 | ㉣ 54130000 |

(   )

서술형

07 450000원짜리 청소기를 구매하려면 만 원짜리 지폐가 모두 몇 장 필요한지 구하려고 합니다. 풀이 과정을 쓰고, 답을 구하시오.

풀이

❶ 450000은 만이 몇 개인 수인지 구하기

_____

_____

❷ 만 원짜리 지폐가 모두 몇 장 필요한지 구하기

_____

_____

답 _____

08 수를 보고 ☐ 안에 알맞은 수를 써넣으시오.

385178000000

억이 ☐ 개, 만이 ☐ 개인 수입니다.

09 보기와 같이 수로 나타내고, 읽어 보시오.

보기
23600400000000
➡ 23조 6004억
➡ 이십삼조 육천사억

81403000000000

➡ _____

➡ _____

10 밑줄 친 숫자가 나타내는 값을 쓰시오.

340295600000

(_____)

11 2976500000000에 대해 잘못 설명한 것을 찾아 기호를 쓰시오.

㉠ 천억의 자리 숫자는 9입니다.
㉡ 5는 십억의 자리 숫자입니다.
㉢ 숫자 7은 700억을 나타냅니다.

(_____)

12 다음을 수로 나타낼 때 0이 모두 몇 개인지 구하려고 합니다. 풀이 과정을 쓰고, 답을 구하시오.

칠천오억 삼천구십만

풀이
❶ 수로 나타내기

_____

_____

❷ 0이 모두 몇 개인지 구하기

_____

_____

답 _____

13 숫자 3이 나타내는 값이 더 큰 수의 기호를 쓰시오.

㉠ 153792000000000
㉡ 395628000000

(_____)

14 30억씩 뛰어 세어 보시오.

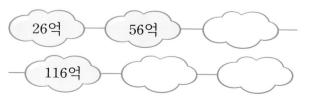

15 규칙에 따라 빈칸에 알맞은 수를 써넣고, 몇씩 뛰어 세었는지 쓰시오.

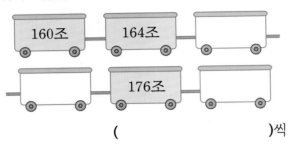

(   )씩

서술형

16 어떤 수에서 300억씩 5번 뛰어 세었더니 4500억이 되었습니다. 어떤 수는 얼마인지 풀이 과정을 쓰고, 답을 구하시오.

> **풀이**
> ❶ 어떤 수를 구하는 방법 설명하기
> _____
> _____
>
> ❷ 어떤 수는 얼마인지 구하기
> _____
> _____
>
> **답** _____

17 더 작은 수에 색칠하시오.

59612700	59630281

꼭 나와!

18 가장 큰 수에 ○표, 가장 작은 수에 △표 하시오.

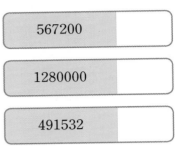

19 더 큰 수의 기호를 쓰시오.

> ㉠ 육천오백만
> ㉡ 만이 7020개인 수

(   )

20 5장의 수 카드를 한 번씩 모두 이용하여 만들 수 있는 다섯 자리 수 중에서 천의 자리 숫자가 5인 가장 작은 수를 구하시오.

6   5   2   4   8

(   )

01 10000에 대해 바르게 설명한 것의 기호를 쓰시오.

> ㉠ 9960보다 40만큼 더 큰 수
> ㉡ 100이 10개인 수

(   )

02 민호는 장난감 가게에서 10000원짜리 지폐 4장과 1000원짜리 지폐 10장을 내고 장난감을 샀습니다. 거스름돈이 없을 때 민호가 산 장난감의 가격은 얼마입니까?

(   )

서술형

03 숫자 7이 나타내는 값이 가장 큰 수를 찾아 쓰려고 합니다. 풀이 과정을 쓰고, 답을 구하시오.

39760	71924	57208

풀이

_____

_____

_____

답 _____

04 나타내는 수가 다른 것을 찾아 기호를 쓰시오.

> ㉠ 육만 구십팔
> ㉡ 10000이 6개, 100이 9개, 1이 8개인 수
> ㉢ 60000＋90＋8

(   )

05 사백십오만을 수로 바르게 쓴 것에 ○표 하시오.

41500000	4150000
( )	( )

어려워

06 2240만 원을 10만 원짜리 수표로 모두 바꾸려고 합니다. 10만 원짜리 수표 몇 장으로 바꿀 수 있습니까?

(   )

07 ㉠이 나타내는 값은 ㉡이 나타내는 값의 몇 배인지 구하시오.

> 35905486
>   ㉠   ㉡

(   )

08 설명하는 수에서 백억의 자리 숫자를 쓰시오.

> 1억이 8546개인 수

(   )

09 숫자 6이 나타내는 값이 60000000000인 것을 찾아 기호를 쓰시오.

> 6569676006000
> ㉠ ㉡ ㉢ ㉣ ㉤

(   )

10 861759023040에 대해 바르게 설명한 친구를 찾아 이름을 쓰시오.

> • 종민: 8은 백억의 자리 숫자야.
> • 수지: 숫자 7은 700000000을 나타내.
> • 세찬: 천만의 자리 숫자는 9야.

(   )

11 1억이 902개, 1만이 41개인 수는 0이 모두 몇 개입니까?

(   )

서술형

12 숫자 3이 나타내는 값이 더 작은 수의 기호를 쓰려고 합니다. 풀이 과정을 쓰고, 답을 구하시오.

> ㉠ 1조가 534개, 1억이 2068개인 수
> ㉡ 396578400000000

풀이 _____

_____

_____

_____

답 _____

어려워

13 신문 기사의 일부입니다. 올해 예상되는 게임 산업 수출액을 10000원짜리 지폐로 모두 바꾸면 몇 장인지 구하시오.

> 올해 게임 산업 수출액은 5조 7000억 원을 달성할 것으로 예상됩니다.

(   )

14 규칙에 따라 빈칸에 알맞은 수를 써넣으시오.

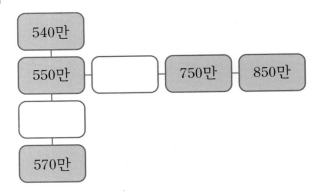

● 바른답·알찬풀이 16쪽

15 어느 사회 복지 단체가 매년 받은 후원금을 나타낸 표입니다. 매년 같은 금액만큼 후원금이 늘어난다면 2025년에 받게 되는 후원금은 얼마인지 구하시오.

2021년	2억 2700만 원
2022년	2억 7700만 원
2023년	3억 2700만 원

(   )

16 어떤 수에서 1000억씩 5번 뛰어 세어야 할 것을 잘못하여 100억씩 5번 뛰어 세었더니 2800억이 되었습니다. 바르게 뛰어 센 수는 얼마인지 구하시오.

(   )

17 두 공원의 방문객 수를 나타낸 표입니다. 방문객 수가 더 많은 공원을 쓰시오.

가 공원	나 공원
54200명	49700명

(   )

[서술형]

18 큰 수부터 차례대로 기호를 쓰려고 합니다. 풀이 과정을 쓰고, 답을 구하시오.

> ㉠ 205억 9472만
> ㉡ 천오백억 사백구십만
> ㉢ 20916287900

풀이

_____

_____

_____

답 _____

19 [조건]에 맞는 여섯 자리 수를 쓰시오.

[조건]
- 1부터 6까지의 수를 모두 한 번씩만 이용하여 만든 수입니다.
- 564300보다 큰 수입니다.
- 564400보다 작은 수입니다.
- 홀수입니다.

(   )

[어려워]

20 □ 안에 0부터 9까지의 수 중에서 어떤 수를 넣어도 될 때 더 큰 수의 기호를 쓰시오.

> ㉠ 137□4802□56
> ㉡ 137948□5620

(   )

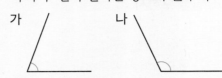
2. 각도

*개념 한눈에 보기

▶ 바른답·알찬풀이 18쪽

개념 ① 각의 크기 비교

각의 두 변이 벌어진 정도가 클수록 더 큰 각입니다.

가   나

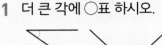

나의 각의 두 변이 가의 각의 두 변보다 더 많이 벌어졌습니다.
➡ 나의 각이 더 큽니다.

1 더 큰 각에 ○표 하시오.

(   ) (   )

개념 ② 각의 크기 재기

• 각도: 각의 크기
• 1도(1°): 직각의 크기를 똑같이 90으로 나눈 것 중 하나
• 90°: 직각의 크기
• 각도기를 이용하여 각도 재기

각도기의 중심   각도기의 밑금

① 각도기의 중심을 각의 꼭짓점에 맞춥니다.
② 각도기의 밑금을 각의 한 변에 맞춥니다.
③ 각의 다른 변이 만나는 각도기의 눈금을 읽습니다.
➡ 50°

2 각도를 바르게 읽은 것에 ○표 하시오.

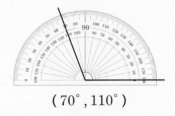

(70° , 110°)

개념 ③ 예각과 둔각

• 예각: 각도가 0°보다 크고 직각보다 작은 각
• 둔각: 각도가 직각보다 크고 180°보다 작은 각

예각   둔각

3 알맞은 것에 ○표 하시오.

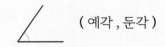

(예각 , 둔각)

개념 ④ 각도의 합과 차

자연수의 덧셈, 뺄셈과 같은 방법으로 계산한 후 단위(°)를 붙입니다.

30° 80°

$$80° + 30° = 110°$$
$$80 + 30 = 110$$

80° 30°

$$80° - 30° = 50°$$
$$80 - 30 = 50$$

4 ☐ 안에 알맞은 수를 써넣으시오.

(1) $60° + 40° = $ ☐°

(2) $90° - 60° = $ ☐°

개념 ⑤ 삼각형의 세 각의 크기의 합 / 사각형의 네 각의 크기의 합

• (삼각형의 세 각의 크기의 합)=180°

• (사각형의 네 각의 크기의 합)=360°

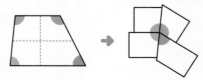

5 삼각형의 세 각의 크기의 합을 구하시오.

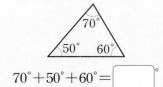

70°
50°   60°

$$70° + 50° + 60° = $$ ☐°

01 독서대에 표시된 각의 크기가 더 작은 것의 기호를 쓰시오.

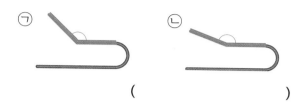

ㄱ   ㄴ

(   )

02 보기 의 각보다 더 큰 각에 ○표 하시오.

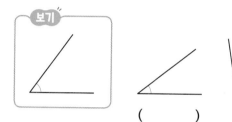

보기

(   )   (   )

꼭 나와!

03 각도를 읽어 보시오.

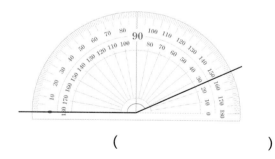

(   )

04 잘못 설명한 것을 찾아 기호를 쓰시오.

> ㉠ 각의 크기를 각도라고 합니다.
> ㉡ 1도는 1°라고 씁니다.
> ㉢ 직각의 크기는 180°입니다.

(   )

05 각도기를 사용하여 도형에 표시된 각도를 재어 보시오.

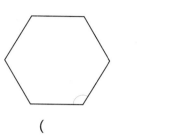

(   )

서술형

06 예각을 모두 찾아 쓰려고 합니다. 풀이 과정을 쓰고, 답을 구하시오.

| 25° | 100° | 80° | 140° | 115° |

> 풀이
>
> ❶ 예각은 어떤 각인지 설명하기
>
> _____
>
> _____
>
> ❷ 예각을 모두 찾아 쓰기
>
> _____
>
> _____
>
> 답 _____

07 바르게 설명한 것을 찾아 기호를 쓰시오.

> ㉠ 예각은 둔각보다 큽니다.
> ㉡ 직각은 둔각보다 작습니다.
> ㉢ 각도가 240°인 각은 둔각입니다.

(   )

08 시각을 시계에 나타내고, 긴바늘과 짧은바늘이 이루는 작은 쪽의 각이 예각과 둔각 중에서 어느 것인지 쓰시오.

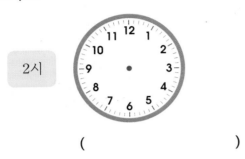

2시

(   )

09 가위에 표시된 각도를 어림하고, 각도기로 재어 확인하시오.

어림한 각도: 약 ☐°

잰 각도: ☐°

10 두 각도의 합을 구하려고 합니다. ☐ 안에 알맞은 수를 써넣으시오.

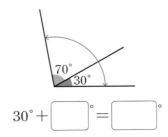

30° + ☐° = ☐°

11 두 각도의 합과 차를 각각 구하시오.

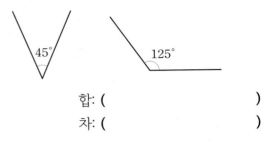

합: (   )

차: (   )

12 가장 큰 각도와 가장 작은 각도의 차를 구하려고 합니다. 풀이 과정을 쓰고, 답을 구하시오.

75°	165°	125°	50°

풀이

❶ 가장 큰 각도와 가장 작은 각도 각각 찾기

_____

❷ 가장 큰 각도와 가장 작은 각도의 차 구하기

_____

답 _____

13 ☐ 안에 알맞은 수를 써넣으시오.

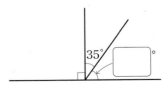

> 바른답·알찬풀이 18쪽

14 삼각형의 세 각의 크기의 합을 구하려고 합니다. ☐ 안에 알맞은 수를 써넣으시오.

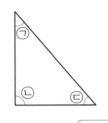

㉠＋㉡＋㉢＝ ☐ °

15 ㉠의 각도를 구하시오.

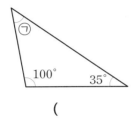

(   )

16 사각형의 네 각의 크기가 될 수 있는 것을 말한 친구의 이름을 쓰시오.

75°, 90°, 115°, 80°   120°, 85°, 100°, 60°

우진   경아

(   )

17 ㉠과 ㉡의 각도의 합을 구하시오.

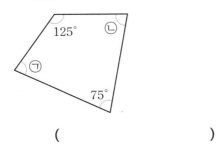

(   )

서술형

18 두 삼각형에서 ㉠과 ㉡의 각도의 차를 구하려고 합니다. 풀이 과정을 쓰고, 답을 구하시오.

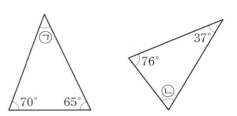

풀이

❶ ㉠과 ㉡의 각도 각각 구하기

❷ ㉠과 ㉡의 각도의 차 구하기

답

19 삼각형의 한 각의 크기가 30°일 때 나머지 두 각의 크기를 보기 에서 찾아 쓰시오.

보기

35°   60°   90°   125°

(   )

20 각 ㄱㄹㄷ의 크기를 구하시오.

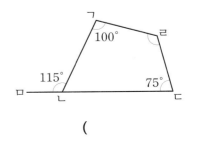

(   )

01 가장 작은 각을 찾아 기호를 쓰시오.

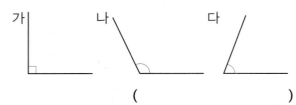

( )

02 가장 작은 각 한 개의 크기는 일정합니다. 두 각 중에서 더 큰 각의 기호를 쓰시오.

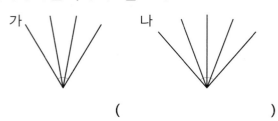

( )

꼭 나와!

03 각도기를 사용하여 각도를 재어 보시오.

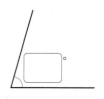

04 각도기를 사용하여 컴퍼스 사이의 각도를 재어 보시오.

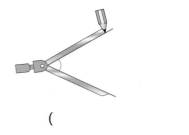

( )

서술형

05 각 ㄱㄴㅁ과 각 ㄹㄴㄷ의 크기를 각각 구하려고 합니다. 풀이 과정을 쓰고, 답을 구하시오.

풀이

❶ 각 ㄱㄴㅁ의 크기 구하기

_____

_____

❷ 각 ㄹㄴㄷ의 크기 구하기

_____

_____

답 각 ㄱㄴㅁ: _____

각 ㄹㄴㄷ: _____

06 ☐ 안에 예각은 '예', 직각은 '직', 둔각은 '둔'이라고 써넣으시오.

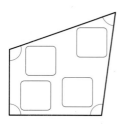

07 점을 이어 둔각을 그려 보시오.

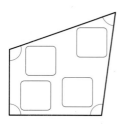

08 예각을 모두 찾아 ○표, 둔각을 모두 찾아 △표 하시오.

$$30° \quad 90° \quad 115° \quad 55° \quad 175° \quad 180°$$

09 자만 사용하여 주어진 각도를 어림하여 그리고, 각도기로 재어 확인하시오.

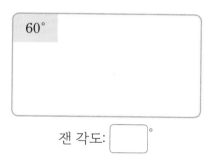

잰 각도: ⬚°

10 ○ 안에 >, =, < 중 알맞은 것을 써넣으시오.

$$50°+75° \bigcirc 170°-30°$$

11 가장 큰 각도와 가장 작은 각도의 차를 구하시오.

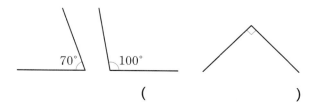

( )

서술형

12 계산한 각도가 예각인 것을 찾아 기호를 쓰려고 합니다. 풀이 과정을 쓰고, 답을 구하시오.

$$㉠ 140°-50° \quad ㉡ 15°+70° \quad ㉢ 130°-35°$$

풀이

❶ ㉠, ㉡, ㉢을 각각 계산하기

_____

_____

❷ 각도가 예각인 것을 찾아 기호 쓰기

_____

_____

답 _____

13 ㉠과 ㉡의 각도를 각각 구하시오.

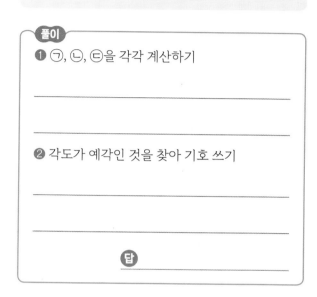

㉠: ( )
㉡: ( )

14 사각형을 다음과 같이 잘라 네 꼭짓점이 한 점에 모이도록 변끼리 이어 붙였습니다. 사각형의 네 각의 크기의 합은 몇 도입니까?

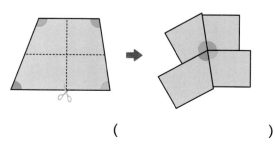

( )

▶ 바른답·알찬풀이 19쪽

15 ☐ 안에 알맞은 수를 써넣으시오.

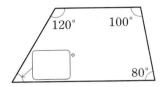

16 삼각형의 세 각의 크기가 될 수 있는 것의 기호를 쓰시오.

> ㉠ 40°, 115°, 25°
> ㉡ 80°, 45°, 65°

( )

17 삼각형 모양의 색종이의 일부분이 찢어졌습니다. 찢어진 부분의 각도를 구하시오.

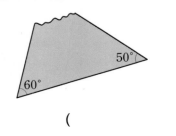

( )

18 ㉠과 ㉡의 각도의 합을 구하시오.

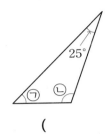

( )

서술형

19 각 ㄱㄴㄹ의 크기는 몇 도인지 구하려고 합니다. 풀이 과정을 쓰고, 답을 구하시오.

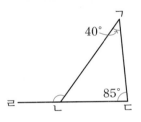

풀이

❶ 각 ㄱㄴㄷ의 크기 구하기

_____

_____

❷ 각 ㄱㄴㄹ의 크기 구하기

_____

_____

답 _____

20 ㉠과 ㉡의 각도를 각각 구하시오.

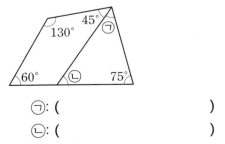

㉠: ( )

㉡: ( )

01 가장 많이 벌어진 부채를 찾아 ◯표 하시오.

(   ) (   ) (   )

02 각도가 가장 큰 각을 찾아 기호를 쓰시오.

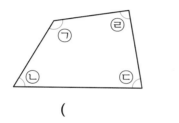

(   )

서술형

03 각도를 잘못 읽은 이유를 쓰고, 각도를 바르게 읽어 보시오.

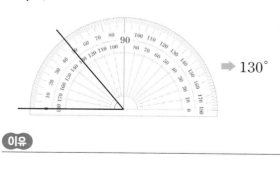

➡ 130°

이유 _____

_____

_____

답 _____

04 각도기를 사용하여 각도를 각각 재어 보고 각도를 비교하시오.

[   ]의 각도가 더 큽니다.

어려워

05 각도기를 사용하여 그림에서 가장 작은 각의 크기를 재어 보시오.

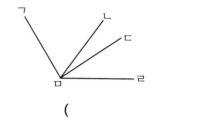

(   )

06 도형에서 예각과 둔각은 각각 몇 개인지 구하시오.

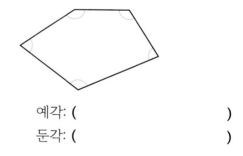

예각: (   )
둔각: (   )

07 예각과 둔각에 대해 잘못 설명한 것을 찾아 기호를 쓰시오.

> ㉠ 75°는 예각입니다.
> ㉡ 예각은 직각보다 큽니다.
> ㉢ 105°는 둔각입니다.

(   )

서술형

08 그림에서 찾을 수 있는 크고 작은 둔각은 모두 몇 개인지 구하려고 합니다. 풀이 과정을 쓰고, 답을 구하시오.

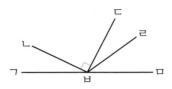

풀이 _____

_____

_____

_____

답 _____

09 혜미와 태현이가 각도를 어림했습니다. 각도기로 재어 보고, 각도기로 잰 각도와 더 가깝게 어림한 친구의 이름을 쓰시오.

- 혜미: 135°쯤 되는 것 같아.
- 태현: 150°쯤 되는 것 같아.

(   ), (   )

10 각도기를 사용하여 각도를 재어 두 각도의 합과 차를 각각 구하시오.

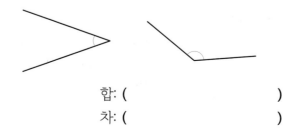

합: (   )

차: (   )

11 각도가 더 큰 것의 기호를 쓰시오.

┌─────────────────────────────┐
│ ㉠ 125°−40°   ㉡ 35°+45° │
└─────────────────────────────┘

(   )

12 다음은 피자 두 판을 각각 4조각과 6조각으로 똑같이 나눈 것 중 한 조각입니다. 두 피자 조각에 표시한 각도의 합을 구하시오.

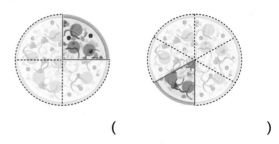

(   )

어려워

13 ㉠과 ㉡의 각도의 차를 구하시오.

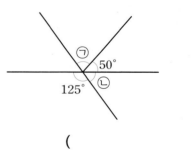

(   )

14 삼각형을 잘라서 세 꼭짓점이 한 점에 모이도록 겹치지 않게 이어 붙였습니다. ㉠의 각도를 구하시오.

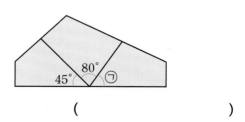

(   )

◆ 바른답·알찬풀이 20쪽

15 사각형의 네 각 중 세 각의 크기가 다음과 같을 때 나머지 한 각의 크기를 구하시오.

$$135° \qquad 80° \qquad 50°$$

( )

16 ㉠과 ㉡ 중에서 각도가 더 큰 것의 기호를 쓰시오.

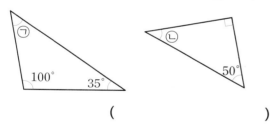

( )

17 ㉠의 각도를 구하시오.

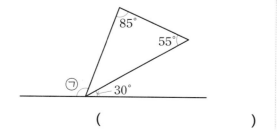

( )

18 각 ㄱㄹㅁ의 크기는 몇 도인지 구하려고 합니다. 풀이 과정을 쓰고, 답을 구하시오.

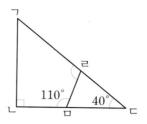

풀이 _____

_____

_____

_____

답 _____

19 도형에 표시된 각의 크기의 합을 구하시오.

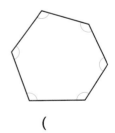

( )

20 직사각형 모양의 종이를 그림과 같이 접었을 때 ㉠의 각도를 구하시오.

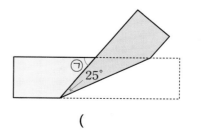

( )

3. 곱셈과 나눗셈

▶ 바른답·알찬풀이 22쪽

개념 ① (세 자리 수) × (몇십)

가로로 계산하기	세로로 계산하기
$213 \times 2 = 426$ ↓10배 ↓10배 $213 \times 20 = 4260$	$\begin{array}{r} 2\ 1\ 3 \\ \times\ \ \ \ \ \ 2 \\ \hline 4\ 2\ 6 \end{array}$ —10배→ $\begin{array}{r} 2\ 1\ 3 \\ \times\ \ \ \ 2\ 0 \\ \hline 4\ 2\ 6\ 0 \end{array}$ —10배→

1 □ 안에 알맞은 수를 써넣으시오.

$312 \times 30 = \boxed{}\,0$

개념 ② (세 자리 수) × (몇십몇)

가로로 계산하기	세로로 계산하기
314×20 314×3 ↓ ↓ $314 \times 23 = 6280 + 942$ $\qquad\qquad = 7222$	$\begin{array}{r} 3\ 1\ 4 \\ \times\ \ \ 2\ 3 \\ \hline 9\ 4\ 2 \\ 6\ 2\ 8\ 0 \\ \hline 7\ 2\ 2\ 2 \end{array}$ ← 314×3 ← 314×20

2 □ 안에 알맞은 수를 써넣으시오.

246×32

$= \underset{246 \times 30}{\boxed{}} + \underset{246 \times 2}{\boxed{}}$

$= \boxed{}$

개념 ③ 몇십으로 나누기 / (두 자리 수) ÷ (몇십몇)

• 몇십으로 나누기

$\begin{array}{r} 6 \\ 30\,\overline{)\,1\ 8\ 0} \\ 1\ 8\ 0 \\ \hline 0 \end{array}$ →몫
 →나머지

$180 \div 30 = 6$

확인 $30 \times 6 = 180$

• (두 자리 수) ÷ (몇십몇)

$\begin{array}{r} 3 \\ 16\,\overline{)\,5\ 3} \\ 4\ 8 \\ \hline 5 \end{array}$ →몫
 →나머지

$53 \div 16 = 3 \cdots 5$

확인 $16 \times 3 = 48$, $48 + 5 = 53$

3 계산해 보시오.

$20\,\overline{)\,8\ 3}$

개념 ④ 몫이 한 자리 수인 (세 자리 수) ÷ (몇십몇)

$\begin{array}{r} 3 \\ 36\,\overline{)\,1\ 4\ 7} \\ 1\ 0\ 8 \\ \hline 3\ 9 \end{array}$
나머지가 나누는 수보다 커요.
—몫을 1 크게→
$\begin{array}{r} 4 \\ 36\,\overline{)\,1\ 4\ 7} \\ 1\ 4\ 4 \\ \hline 3 \end{array}$
—몫을 1 작게→
$\begin{array}{r} 5 \\ 36\,\overline{)\,1\ 4\ 7} \\ 1\ 8\ 0 \end{array}$
뺄 수 없어요.

$147 \div 36 = 4 \cdots 3$

확인 $36 \times 4 = 144$, $144 + 3 = 147$

4 알맞은 말에 ○표 하시오.

나머지가 나누는 수보다 크면 몫을 1 (크게 , 작게) 하여 다시 계산합니다.

개념 ⑤ 몫이 두 자리 수인 (세 자리 수) ÷ (몇십몇)

$\begin{array}{r} 3\ 4 \\ 19\,\overline{)\,6\ 5\ 3} \\ 5\ 7\ 0 \\ \hline 8\ 3 \\ 7\ 6 \\ \hline 7 \end{array}$ →몫
 →일의 자리의 0은 생략할 수 있어요.
 →나머지

$653 \div 19 = 34 \cdots 7$

확인 $19 \times 34 = 646$, $646 + 7 = 653$

5 $428 \div 25 = 17 \cdots 3$을 바르게 계산했는지 확인하시오.

확인 $25 \times 17 = \boxed{}$,

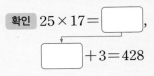

$\boxed{} + 3 = 428$

3. 곱셈과 나눗셈

01  와 같이 계산해 보시오.

보기
$$124 \times 4 = 496 \Rightarrow 124 \times 40 = 4960$$

$235 \times 2 = \boxed{} \Rightarrow 235 \times 20 = \boxed{}$

02 빈칸에 알맞은 수를 써넣으시오.

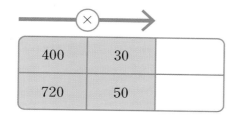

400	30	
720	50	

03 가장 큰 수와 가장 작은 수의 곱을 구하시오.

30	281	70	468

( )

04 계산해 보시오.

(1)
```
    3 5 1
  ×   4 6
```

(2)
```
    7 2 3
  ×   2 5
```

꼭 나와!

05 계산 결과를 비교하여 ○ 안에 >, =, < 중 알맞은 것을 써넣으시오.

$$452 \times 16 \bigcirc 379 \times 21$$

06 한 상자에 구슬이 108개씩 들어 있습니다. 72상자에 들어 있는 구슬은 모두 몇 개입니까?

( )

서술형

07 빵 한 개의 가격은 960원입니다. 진호가 빵 45개를 사고 50000원을 냈다면 거스름돈으로 얼마를 받아야 하는지 구하려고 합니다. 풀이 과정을 쓰고, 답을 구하시오.

풀이
❶ 빵 45개의 가격 구하기

_____

_____

❷ 거스름돈으로 얼마를 받아야 하는지 구하기

_____

_____

답 _____

08 나눗셈의 몫을 어림셈하여 구하려고 합니다. 어림셈하여 구한 몫으로 가장 적절한 것을 찾아 ○표 하시오.

94÷31			
2	3	20	30

 꼭 나와!

09 몫을 찾아 선으로 알맞게 이으시오.

92÷46 ·   · 5

70÷14 ·   · 2

81÷27 ·   · 3

10 몫이 다른 것을 찾아 기호를 쓰시오.

㉠ 80÷20   ㉡ 350÷70   ㉢ 362÷90

(   )

11 사과 280개를 한 상자에 40개씩 담으려고 합니다. 사과를 모두 몇 상자에 담을 수 있습니까?

(   )

12 192÷46을 계산하고 나눗셈을 바르게 계산했는지 확인하시오.

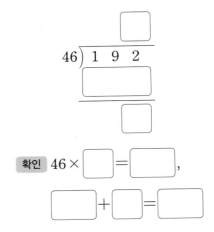

확인 46 × ☐ = ☐ ,

☐ + ☐ = ☐

13 나머지가 더 큰 것의 기호를 쓰시오.

㉠ 401÷76   ㉡ 369÷49

(   )

서술형

14 은지는 길이가 480 cm인 색 테이프를 52 cm씩 자르려고 합니다. 최대한 많이 자를 때 자르고 남은 색 테이프는 몇 cm인지 풀이 과정을 쓰고, 답을 구하시오.

풀이
❶ 문제에 알맞은 나눗셈을 만들고 계산하기

_____

_____

❷ 자르고 남은 색 테이프는 몇 cm인지 구하기

_____

_____

답

15 나눗셈식이 적혀 있는 종이의 일부분이 찢어졌습니다. 나눗셈식에서 나누어지는 수를 구하시오.

$$
\begin{array}{r}
7 \\
52\,\overline{)\,3} \\
\hline
3\ 6 \\
\hline
1\ 4
\end{array}
$$

(   )

16 잘못 계산한 것에 ×표 하시오.

$$
\begin{array}{r}
2\ 4 \\
31\,\overline{)\,7\ 4\ 9} \\
6\ 2 \\
\hline
1\ 2\ 9 \\
1\ 2\ 4 \\
\hline
5
\end{array}
$$

$$
\begin{array}{r}
1\ 5 \\
57\,\overline{)\,9\ 2\ 0} \\
5\ 7 \\
\hline
3\ 5\ 0 \\
2\ 8\ 5 \\
\hline
6\ 5
\end{array}
$$

(   )   (   )

꼭 나와!

17 몫이 두 자리 수인 나눗셈을 모두 찾아 기호를 쓰시오.

    ㉠ $361 \div 53$ ㉡ $691 \div 35$
    ㉢ $587 \div 76$ ㉣ $743 \div 62$

(   )

18 $628 \div 38$의 몫과 나머지에 대해 바르게 말한 친구의 이름을 쓰시오.

- 지현: 몫과 나머지의 합은 40이야.
- 선미: 몫과 나머지의 차는 4야.

(   )

19 몫이 작은 것부터 차례대로 ☐ 안에 1, 2, 3을 써넣으시오.

$830 \div 56$	☐
$519 \div 39$	☐
$751 \div 48$	☐

서술형

20 설명하는 수를 34로 나눈 몫을 구하려고 합니다. 풀이 과정을 쓰고, 답을 구하시오.

100이 7개, 10이 4개, 1이 8개인 수

풀이

❶ 설명하는 수 구하기

_____

_____

❷ 설명하는 수를 34로 나눈 몫 구하기

_____

_____

답 _____

01 $6 \times 7 = 42$입니다. 600×70의 계산에서 숫자 2는 어느 자리에 써야 하는지 기호를 쓰시오.

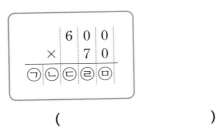

(   )

02 계산 결과를 찾아 선으로 알맞게 이으시오.

319×40 ·   · 11640

465×30 ·   · 12760

582×20 ·   · 13950

03 수호네 밭에서 수확한 감자를 한 상자에 145개씩 80상자에 담았습니다. 수호네 밭에서 수확한 감자는 모두 몇 개입니까?

(   )

04 두 수의 곱을 구하시오.

215   62

(   )

05 빈칸에 알맞은 수를 써넣으시오.

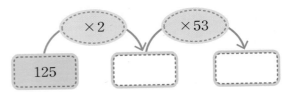

꼭 나와!

06 사각형에 적힌 수의 곱을 구하시오.

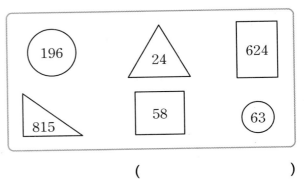

(   )

서술형

07 세미와 강희 중 산책을 더 많이 한 친구의 이름을 쓰려고 합니다. 풀이 과정을 쓰고, 답을 구하시오.

- 세미: 나는 매일 112분씩 46일 동안 산책했어.
- 강희: 나는 매일 130분씩 41일 동안 산책했어.

풀이

❶ 세미와 강희가 각각 산책한 시간 구하기

_____

_____

❷ 산책을 더 많이 한 친구의 이름 쓰기

_____

_____

답 _____

08 ☐ 안에 알맞은 수를 써넣으시오.

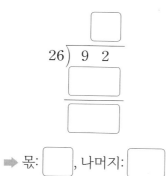

➡ 몫: ☐ , 나머지: ☐

09 나머지가 5인 것을 찾아 기호를 쓰시오.

ⓐ 78÷19　ⓑ 96÷45　ⓒ 81÷38

(　　　　　　)

10 몫이 가장 작은 것을 찾아 ○표 하시오.

163÷20　　358÷50　　560÷60

(　　　)　　(　　　)　　(　　　)

11 어떤 수를 32로 나누면 몫은 2이고, 나머지는 10
입니다. 어떤 수는 얼마인지 구하시오.

(　　　　　　)

12 잘못 계산한 곳을 찾아 바르게 계산해 보시오.

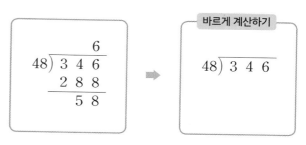

13 두 나눗셈의 나머지의 차를 구하시오.

488÷76　　　　826÷97

(　　　　　　　　　　　)

서술형

14 성민이네 학교 4학년 학생 324명이 버스를 타고
현장 체험 학습을 가려고 합니다. 버스 한 대에
학생이 42명씩 탈 수 있다면 버스는 적어도 몇 대
필요한지 풀이 과정을 쓰고, 답을 구하시오.

> **풀이**
>
> ❶ 문제에 알맞은 나눗셈식 만들고 계산하기
> _____
> _____
>
> ❷ 버스는 적어도 몇 대 필요한지 구하기
> _____
> _____
>
> **답**

꼭 나와!

15 어떤 수를 63으로 나누었을 때 나올 수 있는 나머지 중에서 가장 큰 자연수는 얼마인지 구하시오.

(   )

16 시원이는 수학 문제 405개를 하루에 15개씩 풀려고 합니다. 시원이가 수학 문제를 모두 풀려면 며칠이 걸리겠습니까?

(   )

17 몫의 크기를 비교하여 ○ 안에 >, =, < 중 알맞은 것을 써넣으시오.

$639 \div 24$ ◯ $825 \div 38$

18 가장 큰 수를 가장 작은 수로 나누었을 때의 몫과 나머지의 합을 구하시오.

| 38 | 568 | 53 | 825 |

(   )

서술형

19 길이가 324 m인 도로의 한쪽에 12 m 간격으로 가로등을 세우려고 합니다. 도로의 처음부터 끝까지 가로등을 세울 때 필요한 가로등은 모두 몇 개인지 풀이 과정을 쓰고, 답을 구하시오. (단, 가로등의 두께는 생각하지 않습니다.)

풀이

❶ 가로등과 가로등 사이의 간격 수 구하기

_____

_____

❷ 필요한 가로등 수 구하기

_____

_____

답 _____

20 수 카드 5장을 한 번씩만 이용하여 몫이 가장 큰 (세 자리 수)÷(두 자리 수)를 만들었을 때 몫과 나머지를 각각 구하시오.

| 5 | 4 | 7 | 3 | 9 |

몫: (   )

나머지: (   )

단원평가 실전

3. 곱셈과 나눗셈

01 ☐ 안에 들어갈 0은 모두 몇 개인지 구하시오.

$$500 \times 60 = 3 \square$$

( )

02 계산 결과가 18000보다 큰 것의 기호를 쓰시오.

㉠ 456×40 ㉡ 251×70

( )

03 밥 한 공기를 짓는 데 필요한 쌀은 110 g입니다. 연재가 밥을 매일 3공기씩 먹는다면 90일 동안 밥을 짓는 데 필요한 쌀은 모두 몇 g입니까?

( )

04 307×34를 어림하려고 합니다. ㉠에 알맞은 수를 구하시오.

307은 300보다 크고 34는 30보다 크므로 계산 결과는 ㉠보다 큽니다.

( )

05 설명하는 수와 52의 곱을 구하시오.

100이 8개, 10이 3개, 1이 6개인 수

( )

서술형

06 수 카드 5장을 한 번씩만 이용하여 가장 큰 세 자리 수와 가장 작은 두 자리 수를 만들었습니다. 만든 두 수의 곱은 얼마인지 풀이 과정을 쓰고, 답을 구하시오.

풀이

_____

_____

_____

답

어려워

07 5월 한 달 동안 우유를 혜지는 매일 220 mL씩 마셨고, 유미는 매일 245 mL씩 마셨습니다. 5월 한 달 동안 누가 우유를 몇 mL 더 많이 마셨습니까?

( ), ( )

08 어떤 수를 28로 나누었을 때 나머지가 될 수 <u>없는</u> 수는 어느 것입니까? (　　　)

① 1　　　　② 7　　　　③ 15
④ 20　　　⑤ 28

09 몫이 큰 것부터 차례대로 ○ 안에 1, 2, 3을 써넣으시오.

$85 \div 19$　　$84 \div 36$　　$69 \div 13$

어려워

10 □ 안에 들어갈 수 있는 수 중에서 가장 작은 자연수를 구하시오.

$$12 \times \square > 96$$

(　　　　　　　)

11 공책 194권을 한 명에게 20권씩 나누어 주려고 합니다. 공책을 나누어 줄 수 있는 사람은 몇 명이고, 남는 공책은 몇 권인지 구하시오.

(　　　　　), (　　　　　)

12 계산을 하고, 몫의 크기를 비교하여 ○ 안에 >, =, < 중 알맞은 것을 써넣으시오.

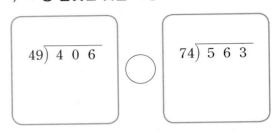

$49 \overline{)406}$　　○　　$74 \overline{)563}$

서술형

13 무게가 똑같은 공이 들어 있는 상자의 무게는 482 g입니다. 빈 상자의 무게가 50 g이고 공 한 개의 무게가 72 g일 때, 상자 속에 들어 있는 공은 몇 개인지 구하려고 합니다. 풀이 과정을 쓰고, 답을 구하시오.

풀이

답 _____

14 ●에 들어갈 수 있는 수 중에서 가장 큰 자연수를 구하시오.

$$● \div 39 = 7 \cdots ★$$

(　　　　　　　)

◐ 바른답·알찬풀이 24쪽

수학

15 367÷24의 몫과 나머지에 대해 <u>잘못</u> 말한 친구의 이름을 쓰시오.

은비: 몫은 두 자리 수야.

세호: 몫은 20보다 큰 수야.

경아: 나머지는 7이야.

(   )

16 나머지가 가장 작은 것을 찾아 기호를 쓰시오.

ㄱ 291÷18   ㄴ 836÷33   ㄷ 695÷42

(   )

(서술형)

17 사탕 415개를 24명에게 똑같이 나누어 주려고 합니다. 사탕을 남김없이 모두 나누어 주려면 사탕은 적어도 몇 개 더 필요한지 풀이 과정을 쓰고, 답을 구하시오.

(풀이)

_____

_____

_____

_____

(답) _____

18 ☐ 안에 알맞은 수를 써넣으시오.

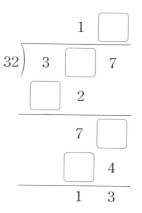

19 어떤 수를 13으로 나누어야 할 것을 잘못하여 곱했더니 884가 되었습니다. 바르게 계산했을 때의 몫과 나머지를 구하시오.

몫: (   )

나머지: (   )

(어려워)

20 나눗셈의 몫이 24일 때 0부터 9까지의 수 중에서 ☐ 안에 들어갈 수 있는 수를 모두 구하시오.

4☐2÷17

(   )

4. 평면도형의 이동

> 바른답·알찬풀이 25쪽

개념 ❶   점의 이동

점이 이동한 방향과 거리에 따라 점의 위치가 달라집니다.

점을 ◆의 위치로부터 ★의 위치까지 움직이려면
① 오른쪽으로 5칸, 위쪽으로 2칸 움직여야 합니다.
② 위쪽으로 2칸, 오른쪽으로 5칸 움직여야 합니다.

1 점을 아래쪽으로 2칸, 왼쪽으로 3칸 이동했을 때의 점을 그려 보시오.

개념 ❷   평면도형 밀기 / 평면도형 뒤집기

• 평면도형 밀기
도형을 밀면 도형의 모양은 변하지 않고 위치는 변합니다.

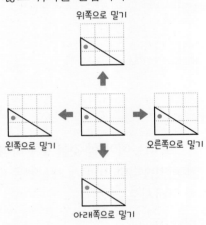

• 평면도형 뒤집기
뒤집는 방향에 따라 왼쪽과 오른쪽, 위쪽과 아래쪽이 서로 바뀝니다.

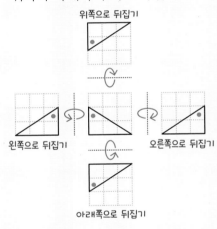

2 도형을 오른쪽으로 밀었을 때의 도형을 완성하시오.

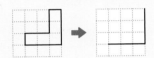

3 도형을 아래쪽으로 뒤집었을 때의 도형을 완성하시오.

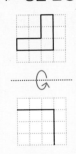

개념 ❸   평면도형 돌리기

도형을 돌리면 도형의 모양은 변하지 않고 방향은 변합니다.

• 시계 방향으로 돌리기

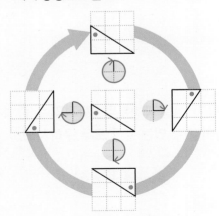

• 시계 반대 방향으로 돌리기

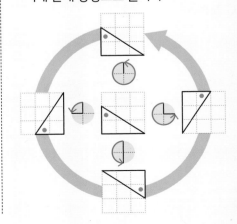

4 도형을 주어진 방향으로 90°만큼 돌렸을 때의 도형을 완성하시오.

(1)

(2)

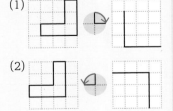

01 바둑돌 4개를 한 줄에 놓으려면 검은색 바둑돌을 어느 쪽으로 몇 칸 움직여야 하는지 알맞은 말에 ○표 하고, ☐ 안에 알맞은 수를 써넣으시오.

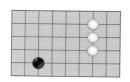

(위 , 아래 , 왼 , 오른)쪽으로

☐ 칸 움직이면 됩니다.

[02-03] 그림을 보고 물음에 답하시오.

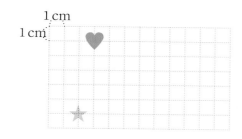

02 ★의 위치로부터 오른쪽으로 6 cm, 위쪽으로 2 cm 움직인 위치에 ◆를 표시하시오.

서술형
03 ◆의 위치로부터 ♥의 위치로 움직이려면 왼쪽으로 ㉠ cm, 위쪽으로 ㉡ cm 움직여야 합니다. ㉠과 ㉡에 알맞은 수의 합은 얼마인지 풀이 과정을 쓰고, 답을 구하시오.

> 풀이
> ❶ ㉠과 ㉡에 알맞은 수 각각 구하기
> _____
> _____
> ❷ ㉠과 ㉡에 알맞은 수의 합 구하기
> _____
> _____
> 답 _____

04 나비가 꽃에 가려면 어떻게 움직여야 하는지 ☐ 안에 알맞은 수를 써넣으시오.

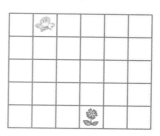

방법1 오른쪽으로 ☐ 칸, 아래쪽으로 ☐ 칸 움직입니다.

방법2 아래쪽으로 ☐ 칸, 오른쪽으로 ☐ 칸 움직입니다.

05 모양 조각을 왼쪽으로 밀었을 때의 모양에 ○표 하시오.

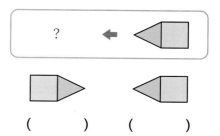

(   )   (   )

꼭나와!
06 보기의 도형을 위쪽으로 밀었을 때의 도형을 찾아 ○표 하시오.

보기

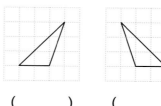

(   )   (   )   (   )

07 도형을 오른쪽으로 밀었을 때의 도형을 완성하시오.

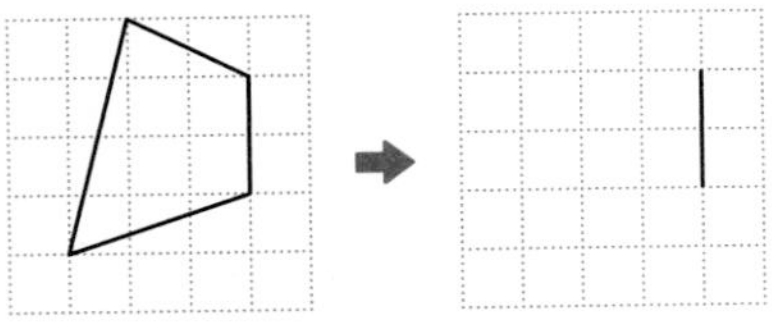

08 도형을 왼쪽으로 6 cm 밀었을 때의 도형을 그려 보시오.

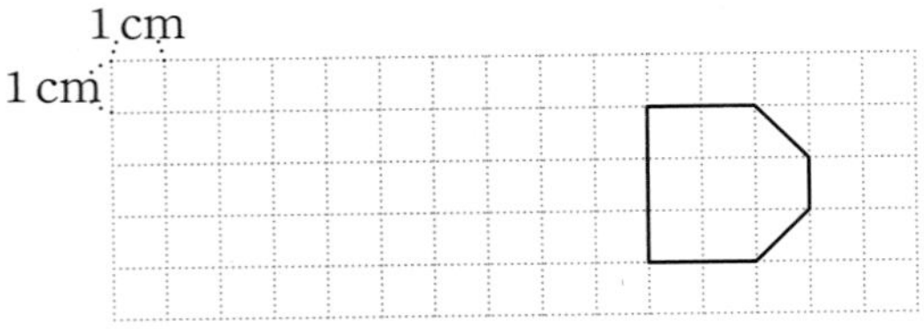

09 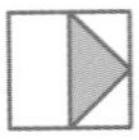 모양으로 규칙적인 무늬를 만들려고 합니다. 밀기를 이용하여 무늬를 완성하시오.

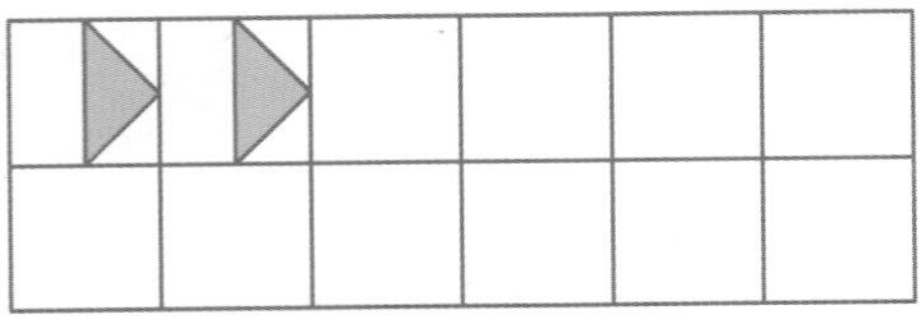

10 보기 의 도형을 어느 방향으로 뒤집으면 오른쪽 도형이 되는지 알맞은 방향을 모두 찾아 ○표 하시오.

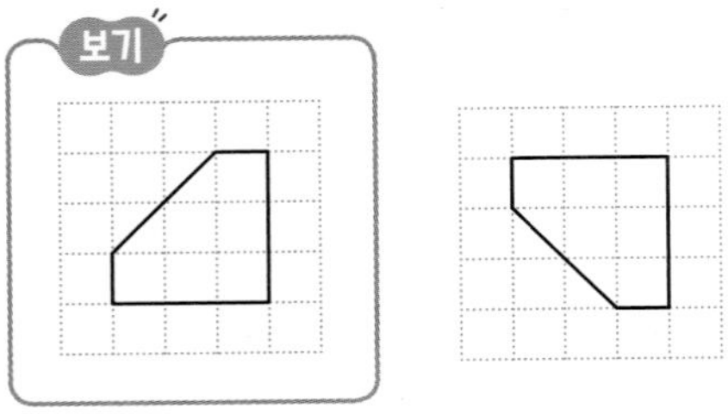

(왼쪽 , 위쪽 , 오른쪽 , 아래쪽)

꼭 나와!

11 도형을 왼쪽과 오른쪽으로 뒤집었을 때의 도형을 각각 그려 보시오.

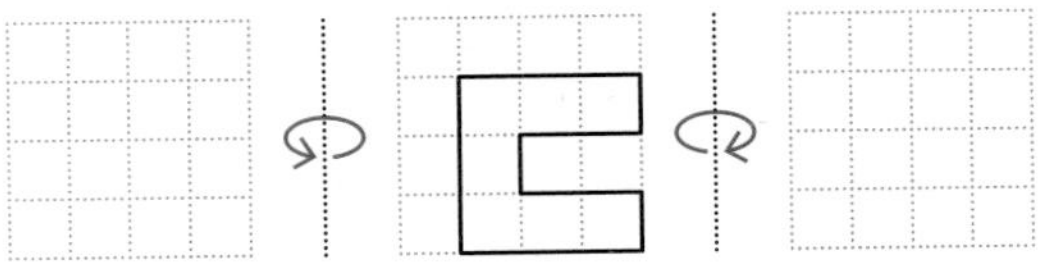

12 오른쪽은 투명 종이 위에 두 자리 수를 적은 것입니다. 투명 종이를 위쪽으로 뒤집었을 때 나오는 수를 구하시오.

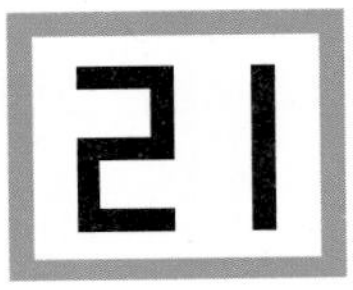

(　　　　　　　　)

서술형

13 오른쪽 도형을 다음과 같이 뒤집었을 때의 도형이 처음과 다른 것을 찾아 기호를 쓰려고 합니다. 풀이 과정을 쓰고, 답을 구하시오.

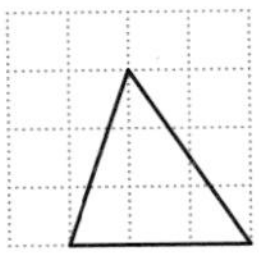

㉠ 왼쪽으로 4번 뒤집기
㉡ 아래쪽으로 3번 뒤집기
㉢ 오른쪽으로 6번 뒤집기

풀이

❶ 도형이 처음과 같은 것을 찾아 기호 쓰기

❷ 도형이 처음과 다른 것을 찾아 기호 쓰기

답

⊙ 바른답·알찬풀이 26쪽

14 도장에 왼쪽과 같은 모양을 새겨 종이에 찍었을 때 생기는 모양을 그려 보시오.

 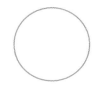

새겨진 모양　　　　찍은 모양

15 모양 조각을 시계 방향으로 $90°$만큼 돌렸을 때의 모양을 찾아 ○표 하시오.

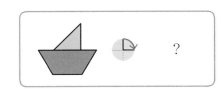

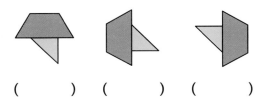

(　　　)　(　　　)　(　　　)

16 도형을 돌렸을 때 생기는 도형의 모양이 같은 것끼리 선으로 알맞게 이으시오.

꼭 나와!

17 도형을 시계 반대 방향으로 $90°$만큼 돌렸을 때의 도형을 그려 보시오.

18 도형을 시계 방향으로 $180°$만큼 돌렸을 때의 도형을 그려 보시오.

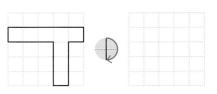

19 오른쪽 알파벳을 여러 방향으로 돌렸을 때 나올 수 <u>없는</u> 모양을 두 가지 고르시오. (　　　,　　　)

① 　② 　③

④ 　⑤

서술형

20 왼쪽 도형을 돌렸더니 오른쪽 도형이 되었습니다. 도형을 시계 반대 방향으로 적어도 몇 도만큼 돌린 것인지 풀이 과정을 쓰고, 답을 구하시오.

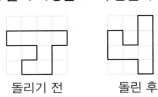

돌리기 전　　　　돌린 후

풀이

❶ 도형을 시계 방향으로 적어도 몇 도만큼 돌린 것인지 구하기

_____

❷ 도형을 시계 반대 방향으로 적어도 몇 도만큼 돌린 것인지 구하기

_____

답

01 자동차를 도착점으로 이동하려고 합니다. 어떻게 이동해야 하는지 ☐ 안에 알맞은 말이나 수를 써넣으시오.

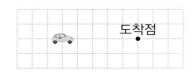

자동차를 ☐ 쪽으로 ☐ 칸 이동해야 합니다.

[02-03] 공연장 자리 배치도의 일부입니다. 물음에 답하시오.

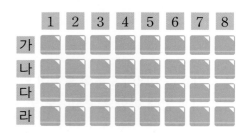

02 나의 4 자리를 찾아 ○표, 라의 7 자리를 찾아 △표 하시오.

03 ☐ 안에 알맞은 수를 써넣으시오.

나의 4 자리로부터 라의 7 자리까지 이동하려면 아래쪽으로 ☐ 칸, 오른쪽으로 ☐ 칸 움직여야 합니다.

서술형
04 ▲의 위치로부터 ♥의 위치까지 움직이려고 합니다. 어떻게 움직여야 하는지 두 가지 방법으로 설명하시오.

방법
❶ 움직이는 한 가지 방법 설명하기

_____

_____

❷ 움직이는 다른 한 가지 방법 설명하기

_____

_____

05 도형을 왼쪽으로 밀었습니다. ☐ 안에 알맞은 말을 보기에서 골라 써넣으시오.

보기

| 모양 | 크기 | 위치 |

도형을 왼쪽으로 밀면 ☐ 이/가 변합니다.

꼭 나와!
06 도형을 오른쪽으로 밀었을 때의 도형을 그려 보시오.

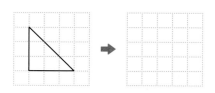

07 처음 도형을 위쪽으로 밀었을 때의 도형입니다. 처음 도형을 그려 보시오.

처음 도형   움직인 도형

08 도형을 주어진 방향으로 밀었을 때의 모양을 각각 그려 보시오.

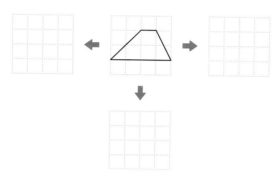

09 도형의 이동 방법을 설명한 것입니다. ☐ 안에 알맞은 말이나 수를 써넣으시오.

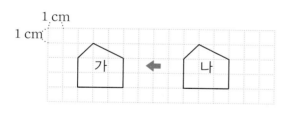

가 도형은 나 도형을 ☐ 쪽으로 ☐ cm만큼 밀어서 이동한 도형입니다.

10 도형을 오른쪽으로 뒤집었을 때의 도형을 그려 보시오.

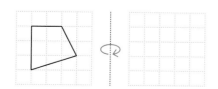

꼭 나와!

11 도형을 어느 방향으로 뒤집어도 처음 도형과 같은 것을 모두 찾아 ○표 하시오.

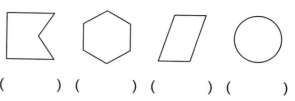

(   ) (   ) (   ) (   )

서술형

12 바르게 말한 친구의 이름을 쓰려고 합니다. 풀이 과정을 쓰고, 답을 구하시오.

경수: '12'를 아래쪽으로 3번 뒤집으면 '15'가 돼.

지수: '28'을 오른쪽으로 1번 뒤집으면 '82'가 돼.

풀이
❶ 경수와 지수의 대화 살펴보기

_____

_____

❷ 바르게 말한 친구의 이름 쓰기

_____

_____

답 _____

13 자음을 왼쪽으로 뒤집었을 때 모양이 변하지 않는 것을 모두 찾아 쓰시오.

ㄱ ㅁ ㄹ ㅂ ㅌ

(   )

14 모양으로 뒤집기만을 이용하여 만든 무늬를 찾아 기호를 쓰시오.

      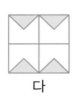

가   나   다

(   )

15 주어진 도형을 아래쪽으로 4번 뒤집었을 때의 도형을 그려 보시오.

처음 도형   움직인 도형

16 모양 조각을 보고 알맞은 것에 ◯표 하시오.

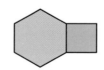

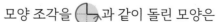

모양 조각을 과 같이 돌린 모양은
(,)과 같이 돌린 모양과 같습니다.

꼭나와!

17 도형을 시계 방향으로 180°만큼 돌렸을 때의 도형을 그려 보시오.

18 도형을 시계 반대 방향으로 270°만큼 돌렸을 때의 도형을 그려 보시오.

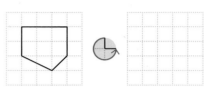

19 오른쪽 모양 조각을 시계 반대 방향으로 돌린 모양이 <u>아닌</u> 것은 어느 것입니까? (   )

①   ②   ③

④   ⑤

서술형

20 거꾸로 놓인 수 카드 2장을 각각 시계 방향으로 180°만큼 돌렸습니다. 이때 수 카드에 나타난 수 중에서 더 작은 수는 얼마인지 풀이 과정을 쓰고, 답을 구하시오.

풀이

❶ 시계 방향으로 180°만큼 돌린 수 각각 구하기

_____

_____

❷ 더 작은 수는 얼마인지 구하기

_____

답 _____

01 ★의 위치로부터 위쪽으로 2칸, 오른쪽으로 3칸 움직인 위치에 ■를 표시한 것을 찾아 기호를 쓰시오.

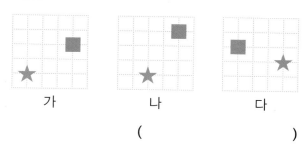

가   나   다

(   )

[02~03] 비행기 자리 배치도의 일부입니다. 물음에 답하시오.

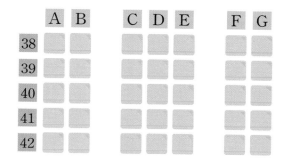

02 대화를 보고 형의 자리를 찾아 ○표 하시오.

> • 아버지: 내 자리는 38의 E야. 내 왼쪽 바로 옆이 은호 자리야.
> • 은호: 내 자리에서 아래쪽으로 3칸, 왼쪽으로 1칸 이동한 자리가 형의 자리야.

어려워
03 ◯ 안에 알맞은 수나 말을 써넣으시오.

> 형의 자리로부터 위쪽으로 ☐ 칸, ☐ 쪽으로 ☐ 칸 움직이면 아버지의 자리입니다.

서술형
04 입력된 명령에 따라 공을 움직이는 컴퓨터 프로그램입니다. 마의 5에 있는 공을 마의 7로 움직인 후 이어서 나의 8까지 움직이려고 합니다. ㉠, ㉡, ㉢에 알맞은 수는 각각 얼마인지 풀이 과정을 쓰고, 답을 구하시오.

가	나	다	라	마
5	5	5	5	5
6	6	6	6	6
7	7	7	7	7
8	8	8	8	8

> ① 공을 아래쪽으로 ㉠칸 움직이기
> ② 공을 아래쪽으로 ㉡칸, 왼쪽으로 ㉢칸 움직이기

풀이 _____

_____

_____

답 ㉠:   , ㉡:   , ㉢:

05 처음 도형을 오른쪽으로 밀었을 때의 도형입니다. 처음 도형을 그려 보시오.

처음 도형   움직인 도형

06 나 사각형을 밀어서 '탈출'에 도착하게 하려고 합니다. ◯ 안에 알맞은 말을 써넣으시오.

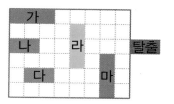

☐ 사각형을 아래쪽으로 밉니다.

➡ 나 사각형을 ☐ 쪽으로 밉니다.

07 밀었을 때 모양이 바뀌는 도형은 몇 개입니까?

(   )

① 1개   ② 2개   ③ 3개
④ 4개   ⑤ 없습니다.

08 도형을 오른쪽으로 8 cm 밀고 위쪽으로 2 cm 밀었을 때의 도형을 그려 보시오.

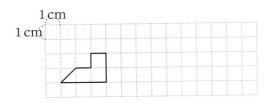

09 도형을 아래쪽으로 뒤집고 오른쪽으로 뒤집었을 때의 도형을 각각 그려 보시오.

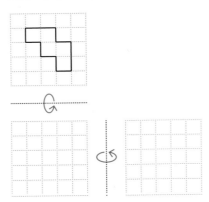

10 잘못 설명한 것의 기호를 쓰시오.

> ⊙ 도형을 오른쪽으로 두 번 뒤집으면 처음 도형과 같습니다.
> ⓒ 도형을 위쪽으로 한 번 뒤집었을 때의 모양과 왼쪽으로 한 번 뒤집었을 때의 모양은 서로 같습니다.

(   )

서술형

11 알파벳을 위쪽으로 뒤집었을 때 모양이 변하지 않는 것은 모두 몇 개인지 풀이 과정을 쓰고, 답을 구하시오.

풀이 _____

_____

_____

_____

답 _____

12 주어진 도형을 왼쪽으로 7번 뒤집었을 때의 도형을 그려 보시오.

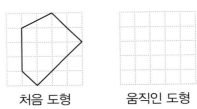

처음 도형   움직인 도형

어려워

13 3장의 수 카드를 한 번씩만 이용하여 가장 작은 세 자리 수를 만들었습니다. 만든 수를 아래쪽으로 뒤집었을 때 생기는 수는 얼마인지 구하시오.

(   )

바른답·알찬풀이 28쪽

14 도장에 새겨진 모양을 종이에 찍었더니 다음과 같았습니다. 도장에 새겨져 있는 모양을 그려 넣으시오.

새겨진 모양

찍은 모양

15 왼쪽 도형을 돌렸더니 오른쪽 도형이 되었습니다. 어떻게 돌렸는지 ? 에 알맞은 기호를 두 가지 고르시오. (,   )

 ?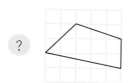

①   ②   ③

④   ⑤

16 도형을 시계 방향으로 90°만큼 적어도 몇 번 돌려야 처음 도형과 같아지는지 구하시오.

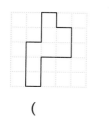

(   )

17 처음 도형을 시계 반대 방향으로 270°만큼 돌렸을 때의 도형입니다. 처음 도형을 그려 보시오.

처음 도형

움직인 도형

서술형
18 세 자리 수가 적힌 카드를 시계 방향으로 180°만큼 돌렸을 때 만들어지는 수와 처음 수의 차를 구하려고 합니다. 풀이 과정을 쓰고, 답을 구하시오.

풀이 _____

_____

_____

_____

답 _____

19 도형을 시계 반대 방향으로 180°만큼 3번 돌렸을 때의 도형을 그려 보시오.

처음 도형

움직인 도형

어려워
20 일정한 규칙에 따라 만들어진 무늬입니다. 빈 곳에 들어갈 모양을 그려 보시오.

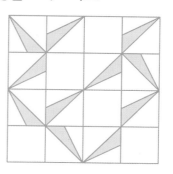

5. 막대그래프

▶ 바른답·알찬풀이 29쪽

개념① 막대그래프 알아보기

조사한 자료의 수량을 막대 모양으로 나타낸 그래프를 **막대그래프**라고 합니다.

막대그래프는 막대를 세로 또는 가로로 나타낼 수 있습니다.

└→ 가로: 색깔, 세로: 학생 수   └→ 가로: 학생 수, 세로: 색깔

- 막대의 길이: 좋아하는 색깔별 학생 수
- 막대그래프에서 세로(가로) 눈금 한 칸의 크기: 1명
  └→ 5÷5=1(명)
- 빨강을 좋아하는 학생 수: 7명
- 가장 많은 학생이 좋아하는 색깔: 빨강 → 막대의 길이가 가장 길어요.
- 가장 적은 학생이 좋아하는 색깔: 파랑 → 막대의 길이가 가장 짧아요.
- 빨강을 좋아하는 학생은 노랑을 좋아하는 학생보다 2명 더 많습니다.
  └→ 7-5=2(명)

1 막대그래프를 보고 ⃞ 안에 알맞은 말을 써넣으시오.

좋아하는 운동별 학생 수

(1) 가로: ⃞ ,

　　세로: 학생 수

(2) 가장 많은 학생들이 좋아하는 운동: ⃞

개념② 막대그래프로 나타내기

가고 싶어 하는 나라별 학생 수

나라	독일	미국	영국	합계
학생 수(명)	2	5	3	10

↓

⑤ ← 가고 싶어 하는 나라별 학생 수

[자료를 막대그래프로 나타내기]
① 막대그래프의 가로와 세로에 무엇을 나타낼지 정합니다.
② 눈금 한 칸의 크기를 정합니다.
③ 조사한 수 중 가장 큰 수를 나타낼 수 있게 눈금 수를 정합니다.
④ 조사한 수에 맞게 막대를 그립니다.
⑤ 알맞은 제목을 씁니다.
　└→ 제목을 가장 먼저 써도 돼요.

[02-03] 표를 보고 막대그래프로 나타내려고 합니다. 물음에 답하시오.

가고 싶어 하는 장소별 학생 수

장소	산	계곡	바다	합계
학생 수(명)	2	6	4	12

2 막대그래프의 가로에 장소를 나타낸다면 세로에는 ⃞ 을/를 나타내야 합니다.

개념③ 자료를 수집하여 막대그래프로 나타내기

① 조사할 내용을 정하여 자료를 조사합니다.
② 조사한 자료의 결과를 표로 정리합니다.
③ 표를 보고 막대그래프로 나타냅니다.

참고 표를 보고 막대그래프로 나타낼 때에는 자료의 합계와 막대가 나타내는 수량의 합이 같은지 확인합니다.

3 막대그래프를 완성하시오.

가고 싶어 하는 장소별 학생 수

단원평가 기본 |회

[01-05] 은영이네 반 학생들이 태어난 계절을 조사하여 나타낸 막대그래프입니다. 물음에 답하시오.

태어난 계절별 학생 수

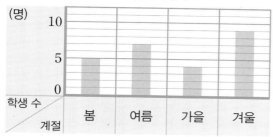

01 막대그래프에서 가로와 세로는 각각 무엇을 나타냅니까?

가로: (   )

세로: (   )

02 막대의 길이는 무엇을 나타냅니까?

(   )

03 막대그래프에서 세로 눈금 한 칸은 몇 명을 나타냅니까?

(   )

04 가을에 태어난 학생은 몇 명입니까?

(   )

05 막대의 길이가 가장 긴 계절은 언제입니까?

(   )

[06-08] 지수네 반 학생들이 좋아하는 과일을 조사하여 나타낸 막대그래프입니다. 물음에 답하시오.

좋아하는 과일별 학생 수

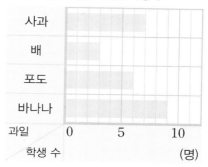

06 포도를 좋아하는 학생은 몇 명입니까?

(   )

07 가장 적은 학생이 좋아하는 과일은 무엇입니까?

(   )

서술형

08 바나나를 좋아하는 학생은 사과를 좋아하는 학생보다 몇 명 더 많은지 풀이 과정을 쓰고, 답을 구하시오.

풀이

❶ 바나나와 사과를 좋아하는 학생 수 각각 구하기

_____

❷ 바나나를 좋아하는 학생은 사과를 좋아하는 학생보다 몇 명 더 많은지 구하기

_____

답

[09-11] 태희네 학교 학생들의 장래 희망을 조사하여 나타낸 막대그래프입니다. 물음에 답하시오.

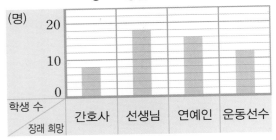

장래 희망별 학생 수

09 장래 희망이 운동선수인 학생은 몇 명입니까?

( )

10 가장 많은 학생의 장래 희망은 무엇입니까?

( )

서술형

11 장래 희망이 간호사인 학생 수의 2배인 장래 희망은 무엇인지 구하려고 합니다. 풀이 과정을 쓰고, 답을 구하시오.

풀이
❶ 장래 희망이 간호사인 학생 수 구하기

_____

_____

❷ 장래 희망이 간호사인 학생 수의 2배인 장래 희망 구하기

_____

답 _____

[12-14] 수진이네 반 학생들의 성씨를 조사하여 나타낸 표입니다. 물음에 답하시오.

성씨별 학생 수

성씨	최씨	이씨	김씨	박씨	합계
학생 수(명)	4	7	9	6	26

12 표를 보고 막대가 세로인 막대그래프로 나타내려고 합니다. 막대그래프의 가로와 세로에는 각각 무엇을 나타내야 합니까?

가로: ( )
세로: ( )

꼭 나와!

13 막대그래프에서 세로 눈금은 적어도 몇 명까지 나타낼 수 있어야 합니까?

( )

14 표를 보고 막대그래프로 나타내시오.

성씨별 학생 수

● 바른답·알찬풀이 29쪽

[15-17] 지훈이네 반 학생들이 키우고 싶어 하는 애완동물을 조사한 자료입니다. 물음에 답하시오.

키우고 싶어 하는 애완동물

강아지	고양이	병아리	햄스터

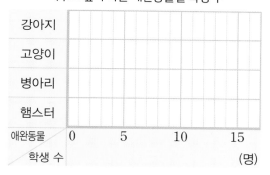

15 조사한 자료를 보고 표로 나타내시오.

키우고 싶어 하는 애완동물별 학생 수

애완동물	강아지	고양이	병아리	햄스터	합계
학생 수(명)					

꼭 나와!

16 15의 표를 보고 막대가 가로인 막대그래프로 나타내시오.

키우고 싶어 하는 애완동물별 학생 수

강아지	
고양이	
병아리	
햄스터	
애완동물 학생 수	0 5 10 15 (명)

17 햄스터를 키우고 싶어 하는 학생 수는 고양이를 키우고 싶어 하는 학생 수의 몇 배입니까?

( )

[18-20] 외국을 방문한 우리나라 관광객 수를 조사하여 나타낸 표와 막대그래프입니다. 물음에 답하시오.

외국을 방문한 우리나라 관광객 수

나라	미국	중국	일본	태국	합계
관광객 수(만 명)	50	80		30	220

18 표와 막대그래프를 완성하시오.

19 방문한 우리나라 관광객 수가 일본보다 더 많은 나라는 어디입니까?

( )

서술형

20 관광 안내 책을 한 가지만 만든다면 어느 나라 책을 만드는 것이 좋을지 예상하고, 그 이유를 쓰시오.

> **풀이**
> ❶ 관광 안내 책을 만들면 좋을 나라 예상하기
>
> _____
>
> _____
>
> ❷ 이유 쓰기
>
> _____
>
> _____

[01-04] 영주가 가지고 있는 책을 종류별로 조사하여 나타낸 표와 막대그래프입니다. 물음에 답하시오.

종류별 책 수

종류	동화책	위인전	과학책	만화책	합계
책 수(권)	110	80	120	140	450

종류별 책 수

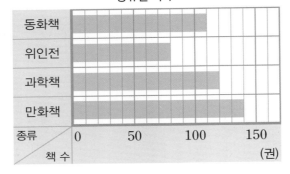

01 막대의 길이는 무엇을 나타냅니까?

( )

02 막대그래프에서 가로 눈금 한 칸은 몇 권을 나타냅니까?

( )

03 영주가 가지고 있는 전체 책의 수를 알아보려면 표와 막대그래프 중 어느 것이 더 편리합니까?

( )

꼭 나와!

04 영주가 가장 많이 가지고 있는 책의 종류를 알아보려면 표와 막대그래프 중 어느 것이 더 편리합니까?

( )

[05-07] 정훈이가 일주일 동안 여가 시간에 한 활동을 조사하여 나타낸 막대그래프입니다. 물음에 답하시오.

활동별 여가 시간

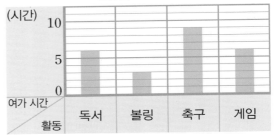

05 여가 시간이 같은 두 활동을 찾아 쓰시오.

( ), ( )

서술형

06 일주일 동안 볼링과 축구를 한 시간은 모두 몇 시간인지 풀이 과정을 쓰고, 답을 구하시오.

풀이

❶ 볼링과 축구를 한 시간 각각 구하기

_____

_____

❷ 볼링과 축구를 한 시간은 모두 몇 시간인지 구하기

_____

_____

답 _____

07 독서를 한 시간은 볼링을 한 시간의 몇 배입니까?

( )

[08-10] 은성이가 월별 비 온 날수를 조사하여 나타낸 막대그래프입니다. 물음에 답하시오.

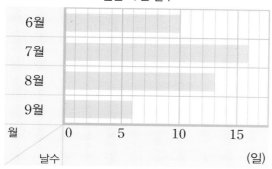

월별 비 온 날수

08 두 번째로 비가 많이 온 달은 언제입니까?

( )

09 비가 가장 많이 온 달은 가장 적게 온 달보다 며칠 더 많이 왔습니까?

( )

서술형

10 6월에 비가 오지 않은 날수를 구하려고 합니다. 풀이 과정을 쓰고, 답을 구하시오.

풀이

❶ 6월에 비가 온 날수 구하기

_____

_____

❷ 6월에 비가 오지 않은 날수 구하기

_____

_____

답 _____

[11-14] 승우네 학교 4학년 학생들 중에서 방과 후 수업을 신청한 학생을 조사하여 나타낸 표입니다. 물음에 답하시오.

방과 후 수업을 신청한 반별 학생 수

반	1반	2반	3반	4반	합계
학생 수(명)	20		12	16	62

11 2반에서 방과 후 수업을 신청한 학생은 몇 명입니까?

( )

12 표를 보고 막대그래프로 나타낼 때 막대그래프에서 세로 눈금 한 칸이 학생 2명을 나타낸다면 3반에서 방과 후 수업을 신청한 학생 수는 몇 칸으로 나타내야 합니까?

( )

꼭 나와!

13 표를 보고 막대그래프로 나타내시오.

방과 후 수업을 신청한 반별 학생 수

14 방과 후 수업을 신청한 학생이 많은 반부터 차례대로 쓰시오.

( )

[15-17] 동규네 반 학생들의 혈액형을 조사한 자료입니다. 물음에 답하시오.

혈액형

A형	B형	O형	AB형
ㅋㅋㅋ |||	ㅋㅋㅋ	ㅋㅋㅋ ㅋㅋㅋ ||	|||

15 조사한 자료를 표로 나타내시오.

혈액형별 학생 수

혈액형	A형	B형	O형	AB형	합계
학생 수(명)					

16 15의 표를 보고 막대가 가로인 막대그래프로 나타내시오.

혈액형별 학생 수

혈액형			
A형			
B형			
O형			
AB형			
학생 수	0	5	10 (명)

17 ☐ 안에 알맞게 써넣으시오.

· 혈액형이 ☐형인 학생이 가장 많습니다.

· 혈액형이 A형인 학생은 AB형인 학생보다 ☐명 더 많습니다.

[18-19] 현희네 반 학생들이 좋아하는 간식을 조사하여 나타낸 표와 막대그래프입니다. 물음에 답하시오.

좋아하는 간식별 학생 수

간식	피자	치킨	라면	떡볶이	합계
학생 수(명)	9		4	3	22

좋아하는 간식별 학생 수

18 표와 막대그래프를 완성하시오.

꼭 나와!

19 현희네 반 학생들에게 한 가지 간식을 주려고 합니다. 어떤 간식을 준비하는 것이 좋겠습니까?

( )

20 경훈이네 학교 4학년 학생들 중에서 안경을 쓴 학생을 조사하여 나타낸 막대그래프입니다. 안경을 쓴 남학생과 여학생 중 어느 쪽이 몇 명 더 많은지 구하시오.

반별 안경을 쓴 학생 수

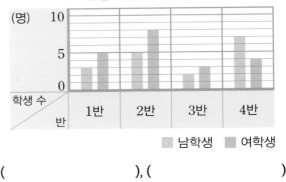

■ 남학생 ■ 여학생

( ), ( )

[01-04] 윤아네 마을의 농장별 감자 생산량을 조사하여 나타낸 막대그래프입니다. 물음에 답하시오.

농장별 감자 생산량

01 막대그래프에서 세로 눈금 한 칸은 몇 상자를 나타냅니까?

(   )

02 감자 생산량이 두 번째로 많은 농장은 어느 농장이고, 몇 상자입니까?

(   ), (   )

03 사랑 농장은 햇살 농장보다 감자를 몇 상자 더 많이 생산했습니까?

(   )

04 감자 생산량이 적은 농장부터 차례대로 쓰시오.

(   )

[05-07] 예준이가 5일 동안 저금통에 모은 돈을 조사하여 나타낸 표입니다. 물음에 답하시오.

요일별 저금통에 모은 돈

요일	월	화	수	목	금	합계
금액(원)	400	700	500	900	800	3300

05 표를 보고 막대그래프로 나타내시오.

요일별 저금통에 모은 돈

06 05의 그래프를 막대가 가로인 막대그래프로 나타내시오.

요일별 저금통에 모은 돈

서술형

07 돈을 가장 많이 모은 날은 가장 적게 모은 날보다 얼마 더 모았는지 풀이 과정을 쓰고, 답을 구하시오.

풀이 _____

_____

_____

답 _____

[08-11] 어느 떡집에서 하루 동안의 종류별 떡 판매량을 조사하여 나타낸 막대그래프입니다. 판매한 떡이 모두 310팩일 때 물음에 답하시오.

종류별 떡 판매량

(팩)
100
50
0
판매량
종류   송편   인절미   백설기   시루떡

08 하루 동안 팔린 송편, 백설기, 시루떡은 모두 몇 팩입니까?

(   )

09 위의 막대그래프를 완성하시오.

10 하루 동안 가장 많이 팔린 떡은 무엇입니까?

(   )

어려워
11 막대그래프를 세로 눈금 한 칸이 5팩을 나타내는 막대그래프로 바꾸어 그린다면 시루떡 판매량을 나타내는 막대는 몇 칸으로 나타내야 합니까?

(   )

[12-14] 미진이와 연수가 4개월 동안 수영한 시간을 조사하여 나타낸 막대그래프입니다. 물음에 답하시오.

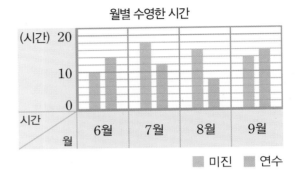

월별 수영한 시간

12 연수가 미진이보다 수영한 시간이 더 긴 달은 언제인지 모두 쓰시오.

(   )

13 미진이가 수영한 시간과 연수가 수영한 시간의 차가 가장 큰 달은 몇 월이고, 그 차는 몇 시간입니까?

(   ), (   )

서술형
14 미진이와 연수가 4개월 동안 수영한 시간의 차는 몇 시간인지 풀이 과정을 쓰고, 답을 구하시오.

풀이 _____

_____

_____

답

● 바른답·알찬풀이 31쪽

수학

[15-17] 민정이네 집에서 각 장소까지의 거리를 조사하여 나타낸 막대그래프입니다. 물음에 답하시오.

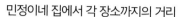
민정이네 집에서 각 장소까지의 거리

15 민정이네 집에서 박물관까지의 거리는 몇 m입니까?

( )

서술형

16 민정이네 집에서 약국까지의 거리는 민정이네 집에서 학교까지의 거리보다 몇 m 더 먼지 풀이 과정을 쓰고, 답을 구하시오.

풀이

답

17 민정이가 일정한 빠르기로 4분에 200 m씩 걷는다면 집에서 우체국까지 가는 데 걸리는 시간은 몇 분입니까?

( )

[18-19] 수정이네 학교 4학년 학생 300명이 좋아하는 운동을 조사하여 나타낸 막대그래프입니다. 야구를 좋아하는 학생이 농구를 좋아하는 학생보다 20명 더 많을 때 물음에 답하시오.

좋아하는 운동별 학생 수
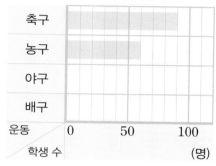

18 야구를 좋아하는 학생은 몇 명입니까?

( )

19 가장 많은 학생이 좋아하는 운동은 무엇입니까?

( )

어려워

20 은성이가 5일 동안 윗몸 말아 올리기를 한 횟수를 조사하여 나타낸 막대그래프입니다. 5일 동안 윗몸 말아 올리기를 한 횟수는 모두 150번입니다. 수요일에는 윗몸 말아 올리기를 몇 번 하였습니까?

요일별 윗몸 말아 올리기를 한 횟수
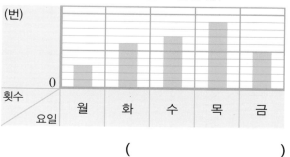

( )

바른답·알찬풀이 33쪽

개념 ❶ 수의 배열에서 규칙 찾기

204	205	206	207
304	305	306	307
404	405	406	407
504	505	506	507

• 204부터 → 방향으로 1씩 커집니다.
• 204부터 ↓ 방향으로 100씩 커집니다.
• 204부터 ↘ 방향으로 101씩 커집니다.
• 504부터 ↗ 방향으로 99씩 작아집니다.

1 규칙을 찾아 빈칸에 알맞은 수를 써넣으시오.

300	310	320
400	410	
500		520

개념 ❷ 모양의 배열에서 규칙 찾기

첫째   둘째   셋째   넷째

2   2+3   2+3+3   2+3+3+3

[규칙] 쌓기나무가 오른쪽으로 3개씩 늘어납니다.

2 왼쪽 모양의 배열에서 다섯째 모양을 만드는 데 필요한 쌓기나무는 몇 개인지 구하시오.

(   )

개념 ❸ 계산식의 배열에서 규칙 찾기

덧셈식의 배열에서 규칙 찾기

$$100+500=600$$
$$200+400=600$$
$$300+300=600$$

[규칙] 100씩 커지는 수와 100씩 작아지는 수를 더하면 계산 결과는 600으로 같습니다.

뺄셈식의 배열에서 규칙 찾기

$$900-500=400$$
$$800-400=400$$
$$700-300=400$$

[규칙] 100씩 작아지는 수에서 100씩 작아지는 수를 빼면 계산 결과는 400으로 같습니다.

곱셈식의 배열에서 규칙 찾기

$$100\times3=300$$
$$200\times3=600$$
$$300\times3=900$$

[규칙] 100씩 커지는 수에 3을 곱하면 계산 결과는 300씩 커집니다.

나눗셈식의 배열에서 규칙 찾기

$$200\div5=40$$
$$400\div5=80$$
$$600\div5=120$$

[규칙] 200씩 커지는 수를 5로 나누면 계산 결과는 40씩 커집니다.

3 덧셈식의 배열에서 규칙을 찾아보시오.

$$111+212=323$$
$$121+222=343$$
$$131+232=363$$

[규칙] ☐씩 커지는 수와 ☐씩 커지는 수를 더하면 계산 결과는 ☐씩 커집니다.

개념 ❹ 등호를 사용하여 식으로 나타내기

크기가 같은 두 양의 관계를 등호(=)를 사용하여 식으로 나타낼 수 있습니다.

$$\overset{+10}{\overline{20+60}}=\overset{-10}{\overline{30+50}}$$ $$\overset{-3}{\overline{48-13}}=\overset{-3}{\overline{45-10}}$$

[참고] 등호(=)를 기준으로 왼쪽과 오른쪽의 크기가 같으면 옳은 식입니다.

4 주어진 식이 옳으면 ○표, 옳지 않으면 ✕표 하시오.

$$20+5=17+8$$

(   )

[01-04] 수의 배열을 보고 물음에 답하시오.

1001	2001	3001	4001	5001
1101	2101	3101	4101	5101
1201	2201	3201	4201	5201
1301	2301	3301	4301	●
1401	2401	3401	4401	5401

01 ☐ 부분에서 규칙을 찾아보시오.

규칙 1001부터 → 방향으로 [   ]씩

(커집니다 , 작아집니다).

02 ☐ 부분에서 규칙을 찾아보시오.

규칙 1001부터 ↓ 방향으로 [   ]씩

(커집니다 , 작아집니다).

03 ▦ 부분에서 찾을 수 있는 규칙을 바르게 설명한 것의 기호를 쓰시오.

┌─────────────────────────────────┐
│ ㉠ 1001부터 ↘ 방향으로 1000씩 커집니다.   │
│ ㉡ 5401부터 ↖ 방향으로 1100씩 작아집니다.   │
└─────────────────────────────────┘

(   )

꼭나와!
04 ●에 알맞은 수를 구하시오.

(   )

서술형
05 수의 배열에서 규칙을 찾아 빈 곳에 알맞은 수를 구하려고 합니다. 풀이 과정을 쓰고, 답을 구하시오.

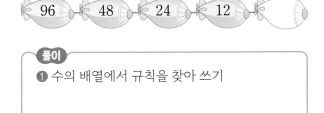

풀이
❶ 수의 배열에서 규칙을 찾아 쓰기

_____

_____

❷ 빈 곳에 알맞은 수 구하기

_____

_____

답 _____

[06-07] 모양의 배열을 보고 물음에 답하시오.

첫째   둘째   셋째   넷째

06 모양의 배열에서 규칙을 찾아보시오.

규칙 ☐이 2개부터 오른쪽과 [   ]쪽으로 각각

[   ]개씩 늘어납니다.

07 규칙에 따라 다섯째에 알맞은 모양을 그려 보시오.

다섯째

[08-09] 모양의 배열을 보고 물음에 답하시오.

첫째　　둘째　　셋째　　넷째

08 ▨의 수에 대한 규칙을 찾아 식으로 나타내시오.

순서	수
첫째	3
둘째	3+1
셋째	3+1+ ☐
넷째	3+1+ ☐ + ☐

서술형

09 일곱째에 알맞은 모양에 필요한 ▨은 몇 개인지 풀이 과정을 쓰고, 답을 구하시오.

풀이

❶ 모양의 배열에서 규칙을 찾아 쓰기

_____

❷ 일곱째에 알맞은 모양에 필요한 ▨은 몇 개인지 구하기

_____

답 _____

10 짝수와 홀수의 곱셈식에서 규칙을 찾아 알맞은 말에 ○표 하시오.

$2 \times 3 = 6$
$4 \times 5 = 20$
$6 \times 7 = 42$
$8 \times 9 = 72$

규칙　짝수와 홀수를 곱하면 (짝수 , 홀수)가 됩니다.

[11-12] 덧셈식의 배열을 보고 물음에 답하시오.

가

$253 + 125 = 378$
$243 + 135 = 378$
$233 + 145 = 378$
$223 + 155 = 378$

나

$210 + 120 = 330$
$220 + 220 = 440$
$230 + 320 = 550$
$240 + 420 = 660$

11 설명에 맞는 덧셈식의 기호를 쓰시오.

10씩 작아지는 수와 10씩 커지는 수를 더하면 계산 결과는 같습니다.

(　　　　　　　　)

12 나에서 규칙을 찾아 다음에 올 덧셈식으로 알맞은 것에 ○표 하시오.

$250 + 510 = 760$　　$250 + 520 = 770$

(　　　)　　　　　　(　　　)

꼭 나와!

13 뺄셈식의 배열에서 규칙을 찾아 ☐ 안에 알맞은 뺄셈식을 써넣으시오.

$3200 - 2100 = 1100$
$3400 - 2200 = 1200$
$3600 - 2300 = 1300$
☐
$4000 - 2500 = 1500$

▶ 바른답·알찬풀이 33쪽

14 곱셈식의 배열에서 규칙을 찾아 곱해지는 수가 200000006인 곱셈식은 몇째인지 구하시오.

순서	곱셈식
첫째	$206 \times 4 = 824$
둘째	$2006 \times 4 = 8024$
셋째	$20006 \times 4 = 80024$
넷째	$200006 \times 4 = 800024$

( )

꼭 나와!

15 나눗셈식의 배열에서 규칙을 찾아 계산 결과가 666667이 되는 나눗셈식을 쓰시오.

$$42 \div 6 = 7$$
$$4422 \div 66 = 67$$
$$444222 \div 666 = 667$$
$$44442222 \div 6666 = 6667$$

나눗셈식 _____

16 안에 ◯를 알맞게 그려 넣고 식을 완성하시오.

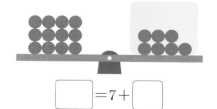

$\boxed{} = 7 + \boxed{}$

17 ◻ 안에 알맞은 수를 써넣어 옳은 식을 만들어 보시오.

$$10 \times 4 = 5 \times \boxed{}$$

서술형

18 주어진 식이 옳으면 ◯표, 옳지 <u>않으면</u> ✕표 하고, 그 이유를 쓰시오.

$$31 - 13 = 34 - 16$$

풀이

❶ 식이 옳은지, 옳지 않은지 알고 ◯, ✕ 쓰기

_____

❷ 이유 쓰기

_____

19 옳은 식을 모두 찾아 기호를 쓰시오.

㉠ $14 - 2 = 15 - 1$ ㉡ $7 + 13 = 10 + 10$
㉢ $15 \times 3 = 5 \times 9$ ㉣ $40 \div 4 = 80 \div 2$

( )

20 한 줄에 있는 세 수의 합은 모두 같습니다. 빈 곳에 알맞은 수를 써넣으시오.

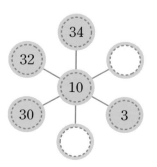

단원평가 기본 2회

[01-03] 수의 배열을 보고 물음에 답하시오.

32	34	36	38	40
132	134	136	138	140
232	234	236	238	
332	334	336	■	
▲	434			

01 ☐ 부분에서 규칙을 찾아보시오.

규칙 32부터 → 방향으로 ☐ 씩 커집니다.

02 ▨ 부분에서 규칙을 찾아보시오.

규칙 36부터 ↓ 방향으로 ☐ 씩 커집니다.

03 ■, ▲에 알맞은 수를 각각 구하시오.

■ : ( )

▲ : ( )

꼭 나와!

04 수의 배열에서 규칙을 찾아 빈칸에 알맞은 수를 써넣으시오.

408 — 428 — 448 — 468 — ☐

[05-06] 모양의 배열을 보고 물음에 답하시오.

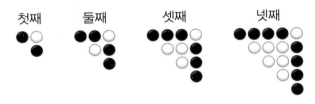

첫째   둘째   셋째   넷째

05 규칙을 찾아 다섯째에 알맞은 모양을 그려 보시오.

다섯째

서술형

06 검은색 바둑돌과 흰색 바둑돌의 수에 대한 규칙을 각각 찾아 쓰시오.

규칙

❶ 검은색 바둑돌의 수에 대한 규칙을 찾아 쓰기

_____

_____

❷ 흰색 바둑돌의 수에 대한 규칙을 찾아 쓰기

_____

_____

[07-09] 모양의 배열을 보고 물음에 답하시오.

첫째   둘째   셋째   넷째

07 ☐의 수에 대한 규칙을 찾아 식으로 나타내시오.

순서	수
첫째	1
둘째	1+3
셋째	1+3+☐
넷째	1+3+☐+☐

08 ☐의 수에 대한 다른 규칙을 찾아 식으로 나타내시오.

순서	수
첫째	1×1
둘째	2×2
셋째	☐×3
넷째	☐×☐

꼭 나와!

09 다섯째에 알맞은 모양에 필요한 ☐은 몇 개입니까?

(   )

10 그림과 같이 규칙에 따라 구슬을 놓을 때 구슬 45개가 놓이는 때는 몇째입니까?

첫째   둘째   셋째   넷째

(   )

11 뺄셈식의 배열에서 규칙을 찾아 쓰시오.

$$970-710=260$$
$$870-610=260$$
$$770-510=260$$
$$670-410=260$$

규칙 _____

_____

12 나눗셈식의 배열에서 규칙을 찾아 ☐ 안에 알맞은 나눗셈식을 써넣으시오.

$$500÷10=50$$
$$1000÷20=50$$
$$1500÷30=50$$
☐

13 수의 배열에서 규칙을 찾아 ☐ 안에 알맞은 식을 써넣으시오.

501	503	505	507	509
502	504	506	508	510

$$501+504=502+503$$
$$503+506=504+505$$
☐
$$507+510=508+509$$

[14-15] 곱셈식의 배열을 보고 물음에 답하시오.

순서	곱셈식
첫째	$1 \times 1 = 1$
둘째	$11 \times 11 = 121$
셋째	$111 \times 111 = 12321$
넷째	$1111 \times 1111 = 1234321$
다섯째	

14 규칙에 따라 다섯째 빈칸에 알맞은 곱셈식을 써 넣으시오.

서술형
15 규칙에 따라 계산 결과가 1234567654321이 되는 곱셈식을 쓰려고 합니다. 풀이 과정을 쓰고, 답을 구하시오.

> **풀이**
> ❶ 몇째 곱셈식인지 구하기
> _____
>
> ❷ 계산 결과가 1234567654321이 되는 곱셈식 쓰기
> _____
> _____
>
> **답** _____

16 나눗셈식의 배열에서 규칙을 찾아 24로 나누었을 때 몫이 37037이 되는 수를 구하시오.

$$111111 \div 3 = 37037$$
$$222222 \div 6 = 37037$$
$$333333 \div 9 = 37037$$
$$444444 \div 12 = 37037$$

( )

17 주어진 식이 옳으면 ○표, 옳지 않으면 ✕표 하시오.

$14 + 5 = 18 + 2$

꼭 나와!
18 등호(=)를 사용한 식으로 나타낼 수 있는 것끼리 선으로 이어 보시오.

$64 \div 8$ ·	· $8 \div 2$
$16 \div 4$ ·	· $24 \div 3$
$20 \div 2$ ·	· $30 \div 3$

19 주어진 카드를 이용하여 식을 완성하시오. (단, 같은 카드를 여러 번 이용할 수 있습니다.)

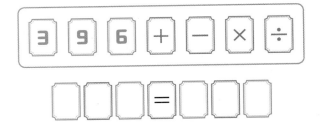

20 ☐ 안에 알맞은 수를 써넣어 옳은 식을 만들려고 합니다. ☐ 안에 알맞은 수 중에서 가장 큰 수를 찾아 기호를 쓰시오.

> ㉠ $3 = $ ☐
> ㉡ $10 = 10 + $ ☐
> ㉢ $18 \times 4 = $ ☐ $\times 8$

( )

단원평가 실전

6. 규칙 찾기

01 수의 배열에서 규칙을 찾아 빈 곳에 알맞은 수를 써넣으시오.

64 32 16 8

02 수의 배열에서 규칙을 찾아 ★에 알맞은 수를 구하시오.

50135	50145	50155	50165
51135	51145	51155	51165
52135	52145	52155	52165
53135	53145	53155	53165

★

(   )

어려워

03 달력을 보고 조건을 만족하는 수를 구하시오.

일	월	화	수	목	금	토
		1	2	3	4	5
6	7	8	9	10	11	12
13	14	15	16	17	18	19
20	21	22	23	24	25	26
27	28	29	30	31		

조건

• ▢ 안에 있는 9개의 수 중의 하나입니다.

• ▢ 안에 있는 9개의 수의 합을 9로 나눈 몫과 같습니다.

(   )

서술형

04 흰색 바둑돌과 검은색 바둑돌에 표시된 수의 배열을 보고 ㉠에 알맞은 수를 구하려고 합니다. 풀이 과정을 쓰고, 답을 구하시오.

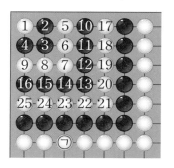

풀이

_____

_____

_____

_____

답

05 모양의 배열을 보고 규칙을 찾아 다섯째에 알맞은 모양을 그려 보시오.

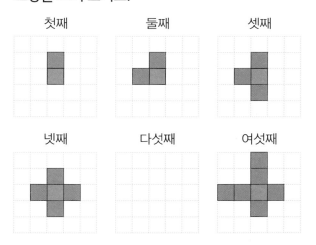

첫째   둘째   셋째

넷째   다섯째   여섯째

[06-07] 모양의 배열을 보고 물음에 답하시오.

첫째   둘째   셋째   넷째

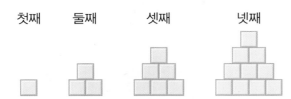

06 모양의 배열에서 규칙을 찾아보시오.

규칙 ◻이 ☐개, ☐개, ☐개, … 씩 늘어
납니다.

07 여섯째에 알맞은 모양에서 ◻은 몇 개입니까?

(   )

[08-09] 모양의 배열을 보고 물음에 답하시오.

첫째   둘째   셋째   넷째

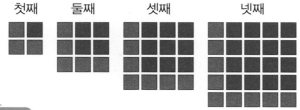

서술형
08 빨간색 사각형과 파란색 사각형의 수에 대한 규칙
을 각각 찾아 쓰시오.

규칙 _____

_____

_____

_____

09 일곱째 모양에 있는 빨간색 사각형과 파란색 사
각형의 수의 차를 구하시오.

(   )

10 덧셈식의 배열에서 규칙을 찾아 ☐ 안에 알맞은
덧셈식을 써넣으시오.

$$5000 + 15000 = 20000$$
$$5000 + 25000 = 30000$$
$$5000 + 35000 = 40000$$

어려워
11 뺄셈식의 배열에서 규칙을 찾아 계산 결과가
999999가 되는 뺄셈식을 쓰시오.

$$15 - 6 = 9$$
$$105 - 6 = 99$$
$$1005 - 6 = 999$$
$$10005 - 6 = 9999$$

뺄셈식 _____

[12-13] 계산식의 배열을 보고 물음에 답하시오.

순서	계산식
첫째	$2600 + 300 - 200 = 2700$
둘째	$2700 + 400 - 300 = 2800$
셋째	$2800 + 500 - 400 = 2900$
넷째	

12 규칙에 따라 넷째 빈칸에 알맞은 계산식을 써넣
으시오.

13 규칙에 따라 계산 결과가 3300이 되는 계산식을
쓰시오.

☐ + ☐ - ☐ = 3300

14 곱셈식의 배열에서 규칙을 찾아 123456789×72 의 값을 구하시오.

$$123456789 \times 9 = 1111111101$$
$$123456789 \times 18 = 2222222202$$
$$123456789 \times 27 = 3333333303$$
$$123456789 \times 36 = 4444444404$$

(   )

서술형

15 나눗셈식의 배열에서 규칙을 찾아 나누어지는 수가 700000021인 나눗셈식은 몇째인지 구하려고 합니다. 풀이 과정을 쓰고, 답을 구하시오.

순서	나눗셈식
첫째	$721 \div 7 = 103$
둘째	$7021 \div 7 = 1003$
셋째	$70021 \div 7 = 10003$
넷째	$700021 \div 7 = 100003$

풀이

답

16 ▨ 안의 수를 바르게 고쳐 옳은 식을 만들어 보시오.

$$45 - 18 = 39 - \boxed{18}$$

옳은 식

17 1부터 9까지의 자연수 중에서 ☐ 안에 들어갈 수 있는 수를 써넣어 옳은 식을 만들어 보시오.

$$22 + \boxed{} = 30 + \boxed{}$$

18 보기 에서 크기가 같은 두 양을 찾아 등호(=)를 사용한 식으로 나타내시오.

보기
$2+13$	$8+8$	4×4	$24 \div 6$

$$\boxed{} = \boxed{}$$

19 옳은 식이 쓰여 있는 종이의 일부가 찢어졌습니다. 찢어진 부분에 알맞은 수를 구하시오.

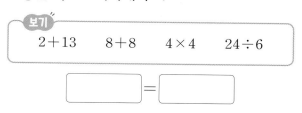

$$12 \div 6 = 36 \div$$

(   )

어려워

20 ●와 ▲에 알맞은 수의 차를 구하시오.

$$24 + ● = 20 + 16$$
$$36 \div 4 = 72 \div ▲$$

(   )

사회

지형

기온

지리 정보

인구

강수량

❶ 다양한 정보가 담긴 지도

개념 ① 지도

① **ㅈㄷ** : 위에서 내려다본 땅의 모습을 일정하게 줄여 정해진 약속에 따라 나타낸 그림입니다.

② 그림, 항공 사진, 지도 비교하기 — 지역의 모습을 한눈에 파악하고 장소의 위치와 특징을 알 수 있어요.

공통점	위에서 내려다본 모습임.
차이점	• 그림: 그리는 사람에 따라 다르게 표현함. • **ㅎㄱㅅㅈ** : 땅의 실제 모습을 볼 수 있고, 건물, 지역 등의 이름은 나타나 있지 않음. • 지도: 정해진 약속에 따라 그리고, 땅의 모습, 건물, 지역의 이름이 나타나 있음.

개념 ② 방위와 방위표

① **방위**: 방향의 위치로, 지도에 있는 동서남북의 방향을 나타냅니다.

② **방위표**

• 숫자 4 모양의 방위표를 사용합니다.

• 방위표가 없으면 지도의 위쪽이 **ㅂㅉ** 이 됩니다.

북
서 4 동
남
⬆ 방위표

③ **방위표가 필요한 까닭**: 지도에서 사람이나 건물이 향한 방향과 상관없이 위치를 나타낼 수 있습니다.

④ **방위표로 지도 읽기**: 지도에서 기준을 정하고 방위표에 따라 장소의 위치를 나타냅니다.

개념 ③ 기호와 범례

① 기호 — 기호를 사용하면 지도를 간편하고 보기 쉽게 만들 수 있어요.

의미	땅의 모습을 지도에 알기 쉽게 나타내기 위해 **ㅇㅅ** 한 표시
특징	• 장소의 모습을 본떠 만듦. • 약속을 정해 만듦.

 ➡   ➡

⬆ 모습을 본떠 만든 기호   ⬆ 약속을 정해 만든 기호

② **범례**

• 지도에 쓰인 **ㄱㅎ** 와 그 의미를 모아 나타낸 것입니다.

• 범례를 사용하면 지도에 사용한 기호의 의미를 쉽고 정확하게 알 수 있습니다.

개념 ④ 지도에서 땅의 높낮이를 표현하는 방법

① **등고선의 의미**: **ㄴㅇ** 가 같은 곳을 이어 땅의 높낮이를 나타낸 선입니다.

② **등고선의 특징**: 등고선의 간격이 좁을수록 경사가 급하고, 간격이 넓을수록 경사가 완만합니다.

③ **땅의 높낮이를 나타내는 방법**

등고선으로 나타내기	등고선에 적힌 숫자가 작을수록 땅의 높이가 낮고, 숫자가 클수록 땅의 높이가 높음.
색깔로 나타내기	땅의 높이가 낮은 곳에서 높은 곳으로 갈수록 '초록색 → 연두색 → 노란색 → 갈색 → 고동색' 순서로 나타냄.

개념 ⑤ 축척

① **ㅊㅊ** : 지도에서 실제 거리를 줄인 정도를 나타낸 것입니다.

② **축척이 필요한 까닭**: 땅 위의 모습을 실제 크기와 똑같이 지도에 나타낼 수 없기 때문입니다.

③ **축척 막대자**: 축척 막대자를 사용하면 지도상의 거리와 실제 거리를 확인할 수 있습니다.

④ **축척이 다른 지도**: 실제 거리를 많이 줄이면 넓은 지역을 간략하게 볼 수 있고, 실제 거리를 조금 줄이면 좁은 지역을 자세하게 볼 수 있습니다.

지도에서 나타난 거리예요.   0 ___ 1 km / 1 cm   땅에서의 실제 거리를 나타내요.

⬆ 축척

개념 ⑥ 생활 속 여러 가지 지도

관광 안내도	주요 관광지의 위치, 경로 등을 알려 줌.
ㅇㄷ	목적지에 가는 길에 필요한 정보를 간단하게 알려 줌.
날씨 지도	우리나라 여러 지역의 날씨를 알려 줌.
지하철 노선도	지하철역과 노선의 방향을 알려 줌.
길 도우미	자동차로 운전할 때 원하는 곳까지 빠르게 가는 길을 알려 줌.
비상 대피도	비상구의 위치와 비상 상황에 건물 밖으로 나가는 길을 알려 줌.

정답 ❶ 지도 ❷ 항공 사진 ❸ 북쪽 ❹ 약속 ❺ 기호 ❻ 높이 ❼ 축척 ❽ 약도

핵심 자료

⊙ 바른답·알찬풀이 36쪽

자료 ① 지도와 항공 사진 비교

Point

항공 사진은 땅의 실제 모습을 볼 수 있고, 지도는 정해진 약속에 따라 그린 땅의 모습을 볼 수 있습니다.

1-1 (지도 , 항공 사진)은/는 위에서 내려다본 땅의 실제 모습을 볼 수 있습니다.

1-2 땅의 모습을 일정하게 줄여 정해진 약속에 따라 나타낸 그림을 (　　　　　　　)(이)라고 합니다.

자료 ② 땅의 높낮이를 나타내는 방법

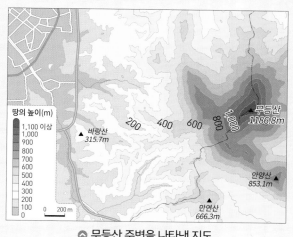

△ 무등산 주변을 나타낸 지도

Point

등고선은 지도에서 높이가 같은 곳을 이어 땅의 높낮이를 나타낸 선입니다. 등고선에 쓰여 있는 숫자는 땅의 실제 높이를 나타냅니다.

2-1 등고선에 적힌 (　　　　　　　)이/가 작을수록 땅의 높이가 낮습니다.

2-2 지도에서는 등고선과 함께 (기호 , 색깔)로도 땅의 높낮이를 표현합니다.

2-3 땅의 높이가 가장 높은 곳은 지도에서 초록색으로 나타내고, 가장 낮은 곳은 고동색으로 나타냅니다.

(　○ , × 　)

자료 ③ 생활 속 여러 가지 지도

△ 관광 안내도　　　△ 약도

△ 길 도우미　　　△ 비상 대피도

Point

우리는 생활 속에서 길을 찾아가거나 장소의 위치를 알고 싶을 때 여러 가지 지도를 이용합니다.

3-1 목적지까지 가는 길에 필요한 정보를 간단하게 알려 주는 지도를 무엇이라고 하는지 쓰시오.

(　　　　　　　　　)

3-2 길 도우미는 자동차로 운전할 때 원하는 곳까지 빠르게 가는 길을 알려 주는 지도입니다.

(　○ , × 　)

3-3 (　　　　　　　)은/는 비상 상황에 건물 밖으로 나가는 길을 알려 주는 지도입니다.

❶ 다양한 정보가 담긴 지도

01 지우가 말하는 밑줄 친 '이것'은 무엇인지 쓰시오.

> 지우: 이것은 위에서 내려다본 땅의 모습을 일정하게 줄여 정해진 약속에 따라 나타낸 그림이에요. 이것에는 땅의 모습, 건물, 지역의 이름이 나타나 있어요.

(   )

서술형

02 다음 자료를 이용할 때의 좋은 점을 쓰시오.

_____

_____

03 지도를 보고 알 수 있는 정보로 알맞지 <u>않은</u> 것은 어느 것입니까? (   )

① 산의 위치
② 건물의 이름
③ 하천의 깊이
④ 땅의 높낮이
⑤ 동서남북의 방향

04 방위에 대해 <u>잘못</u> 설명한 친구의 이름을 쓰시오.

> • 진우: 방위표로 방위를 나타낼 수 있어요.
> • 선효: 방위를 알면 두 지점 간의 실제 거리를 알 수 있어요.
> • 민서: 방위표를 이용해 지도에서 어떤 장소의 위치를 말할 때 먼저 기준을 정해야 해요.

(   )

05 다음 지도에 대한 설명으로 알맞은 것은 어느 것입니까? (   )

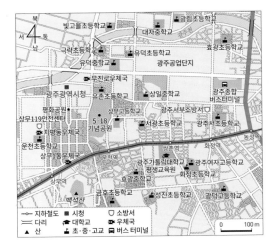

① 지도의 위쪽이 동쪽이다.
② 강을 건널 수 있는 다리가 두 개 있다.
③ 광주광역시청의 남쪽에 유촌초등학교가 있다.
④ 유촌초등학교의 서쪽에 5·18 기념공원이 있다.
⑤ 초등학교, 우체국, 산, 소방서 등의 위치가 나타나 있다.

06 다음 ㉠, ㉡에 들어갈 알맞은 말을 쓰시오.

> • █🏳 는 (㉠)을/를 본떠 만든 기호이다.
> • ◎ 은 (㉡)을/를 정해 만든 기호이다.

㉠: (   ), ㉡: (   )

바른답·알찬풀이 36쪽

07 다음 (   ) 안에 들어갈 알맞은 말을 쓰시오.

> (   )은/는 지도에서 높이가 같은 곳을 이어 땅의 높낮이를 나타낸 선으로, 선 사이의 간격을 보면 경사가 급한지 완만한지를 알 수 있다.

(   )

08 축척에 대한 설명으로 알맞지 <u>않은</u> 것은 어느 것입니까? (   )

① 지도에서 막대 모양으로 표시한다.
② 지도에서 실제 거리를 줄인 정도를 말한다.
③ 축척에 따라 지도에 보이는 지역의 범위가 달라진다.
④ 실제 거리를 많이 줄여서 나타낸 지도는 지역을 자세히 살펴볼 수 있다.
⑤ 축척 막대자를 이용하면 지도 위에 있는 두 장소 사이의 실제 거리를 알 수 있다.

09 다음 ⑦과 ⓒ 사이의 지도상의 거리가 4 cm일 때 실제 거리로 알맞은 것은 어느 것입니까?

(   )

① 1,000 m   ② 1,600 m   ③ 2,000 m
④ 2,600 m   ⑤ 3,000 m

10 다음 ⑦, ⓒ 지도에 대한 설명으로 알맞은 것은 어느 것입니까? (   )

⑦

ⓒ

① ⑦은 넓은 지역을 살펴보기에 편리하다.
② ⓒ은 지역의 전체 모습을 알아보기에 편리하다.
③ ⑦, ⓒ은 멀리 떨어져 있는 두 지역을 나타냈다.
④ ⑦은 ⓒ보다 실제 거리를 조금 줄여서 나타냈다.
⑤ ⑦, ⓒ은 실제 거리를 같은 비율로 줄여서 나타냈다.

서술형

11 다음 지도를 생활 속에서 언제 이용할 수 있는지 쓰시오.

_____

_____

핵심 개념 사회

1. 지도로 만나는 우리 지역

❷ 우리 지역의 위치와 특징

*개념 한눈에 보기

개념 ❶ 행정구역에서 지역의 위치 찾기

① [ㅎㅈㄱㅇ]❶의 의미: 나라를 효율적으로 관리하기 위해 나누어 놓은 지역을 말합니다.

② 우리나라의 행정구역

넓은 범위	북한 지역을 제외하면 특별시 1곳, 광역시 6곳, 특별자치시 1곳, 도 6곳, 특별자치도 3곳으로 이루어져 있음.
좁은 범위	각각의 행정구역에 시, 군, 구가 속해 있음.

③ 지역의 위치를 알아보는 방법: 행정구역 지도를 보면 우리 지역의 [ㅇㅊ]❷와 우리 지역 주변에 있는 지역을 알 수 있습니다. ㅡ주소를 떠올리면 우리 지역의 위치를 찾을 수 있어요.

개념 ❷ 지역의 면적과 인구

① 면적

의미	지역이 차지하는 넓이의 크기
면적이 달라지는 까닭	행정구역의 변화에 따라 조금씩 달라지기도 함.

② [ㅇㄱ]❸

의미	지역에 살고 있는 사람의 수
인구가 달라지는 까닭	출생, 사망, 이사 등에 따라 달라지기도 함.

개념 ❸ 지역의 다양한 지형

지형의 의미	여러 가지 땅의 생김새
지형의 특징	• 산, 평야, 강, [ㅂㄷ]❹, 섬 등 여러 가지 지형으로 이루어져 있음. • 지형은 지역마다 다양한 모습으로 나타남.

ㅡ지형은 지역마다 비슷하기도 하고, 다르기도 해요.

개념 ❹ 지역의 기온과 강수량

① 기온과 강수량

[ㄱㅇ]❺	• 우리 주위에 있는 공기의 온도 • 기온을 알면 여름이나 겨울에 지역이 얼마나 덥고 추운지 알 수 있음.
강수량	• 일정한 기간 동안 지역에 내린 물(비, 눈, 우박, 안개 등)의 양 • 강수량을 알면 일 년 또는 계절 동안 지역에 비나 눈, 우박 등이 얼마나 내렸는지 알 수 있음.

② 우리나라의 기온과 강수량의 특징
• 우리나라는 여름에는 기온이 높고 [ㄱㅅㄹ]❻이 많으며, 겨울에는 기온이 낮고 강수량이 적습니다.
• 기온과 강수량은 계절과 지역에 따라 다르게 나타납니다.

개념 ❺ 지리 정보 조사하기

ㅡ지리 정보에는 지역의 특징이 나타나 있어요.

① [ㅈㄹㅈㅂ]❼의 의미: 위치, 면적, 인구, 지형, 기온, 강수량 등 지역에 대한 여러 가지 정보를 말합니다.

② 지리 정보 조사 과정: 우리 지역과 비교하고 싶은 지역 정하기 → 다른 지역의 지리 정보 조사하기 → 우리 지역의 특징 정리하기

③ 지리 정보를 조사하는 방법

디지털 영상지도 살펴보기	인터넷 검색 누리집의 '지도' 서비스나 [ㄷㅈㅌ]❽ 영상지도에서 지역의 위치나 지형을 조사함.
기상청 누리집 살펴보기	기상 자료 개방 포털에서 지역의 기온과 강수량을 조사함.
지역 통계 자료 살펴보기	지역의 통계 자료를 알 수 있는 누리집을 방문함.
지역 홍보 자료 살펴보기	지역 누리집 게시판이나 지역에서 만든 홍보물을 살펴봄.

④ 지리 정보 비교하기
• 지역마다 지리 정보가 다르며, 사람들의 생활 모습도 다양하게 나타납니다.
• 지리 정보를 비교하면 우리 지역의 특징을 알 수 있습니다.

정답 ❶행정구역 ❷위치 ❸인구 ❹바다 ❺기온 ❻강수량 ❼지리 정보 ❽디지털

핵심 자료

⊙ 바른답·알찬풀이 36쪽

자료 ❶ 지역의 면적과 인구

충청북도의 면적

충청북도의 인구

♀ Point

지역마다 면적과 인구는 다양하며, 지역의 면적과 인구를 비교하면 지역의 특징을 알 수 있습니다.

1-1 우리가 살고 있는 지역이 차지하는 넓이의 크기를 무엇이라고 하는지 쓰시오.

(   )

1-2 지역의 인구는 출생이나 사망, 이사 등에 따라 늘어나기도 하고 줄어들기도 합니다. (○ , ×)

자료 ❷ 지역의 다양한 지형

⬆ 산   ⬆ 평야

⬆ 강   ⬆ 바다

♀ Point

우리 지역에는 산, 평야, 강, 바다, 섬 등 다양한 지형이 나타나는데, 지형은 지역에 따라 서로 비슷하기도 하고 다르기도 합니다.

2-1 산, 평야, 강, 섬, 바다 등 여러 가지 땅의 생김새를 무엇이라고 하는지 쓰시오.

(   )

2-2 평야는 주변보다 땅의 높이가 높은 곳을 말합니다.

(○ , ×)

2-3 (   )은/는 일정한 물길을 형성하며 땅 위에 흐르는 물줄기를 말합니다.

자료 ❸ 지역의 기온과 강수량

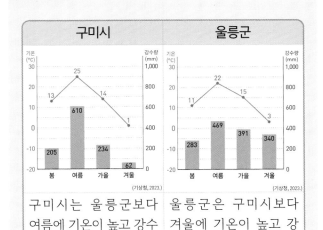

구미시는 울릉군보다 여름에 기온이 높고 강수량이 많음.

울릉군은 구미시보다 겨울에 기온이 높고 강수량이 많음.

♀ Point

우리나라는 대체로 여름에는 기온이 높고 강수량이 많으며, 겨울에는 기온이 낮고 강수량이 적습니다.

3-1 주위에 있는 공기의 온도를 무엇이라고 하는지 쓰시오.

(   )

3-2 (   )은/는 일정한 기간 동안 지역에 내린 비나 눈, 우박, 안개 등의 양을 말합니다.

3-3 기온과 강수량은 (지명 , 지역)에 따라 다릅니다.

3-4 기온과 강수량은 계절에 상관없이 같습니다.

(○ , ×)

사회

❷ 우리 지역의 위치와 특징

01 다음 ( ) 안에 들어갈 알맞은 말을 쓰시오.

> 나라를 효율적으로 관리하기 위해 나누어 놓은 지역을 ( )(이)라고 한다.

( )

02 우리나라의 행정구역에 대한 설명으로 알맞은 것은 어느 것입니까? ( )

① 도는 5곳 있다.
② 광역시는 3곳 있다.
③ 특별시는 2곳 있다.
④ 특별자치도는 3곳 있다.
⑤ 시, 군, 구는 넓은 범위의 행정구역이다.

서술형
03 다음과 같이 행정구역을 나타낸 지도를 보고 알 수 있는 것을 두 가지 쓰시오.

_____

_____

04 우리 지역의 위치를 찾는 방법으로 알맞은 것을 두 가지 고르시오. (,)

① 내가 사는 곳의 주소를 떠올려 본다.
② 세계 지도에서 우리나라를 찾아본다.
③ 행정구역 지도에서 우리 지역을 찾아본다.
④ 우리 지역의 위치가 어디인지 생각해 본다.
⑤ 우리 지역에서 멀리 떨어진 지역을 찾아본다.

05 다음 지도를 보고 알 수 있는 지리 정보로 알맞은 것은 어느 것입니까? ( )

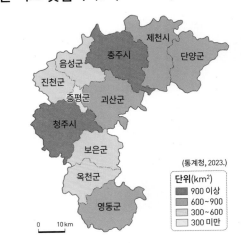

① 기온   ② 면적
③ 지형   ④ 인구
⑤ 강수량

06 지역의 인구가 달라지는 데 영향을 주는 것으로 알맞지 <u>않은</u> 것은 어느 것입니까? ( )

① 지역에서 새로 태어나는 아기의 수
② 다른 나라로 여행을 가는 사람의 수
③ 다른 지역으로 이사를 가는 사람의 수
④ 다른 지역에서 이사를 오는 사람의 수
⑤ 지역에서 병으로 세상을 떠난 사람의 수

◉ 바른답·알찬풀이 36쪽

07 다음 지도를 보고 알 수 있는 내용으로 알맞은 것은 어느 것입니까? (   )

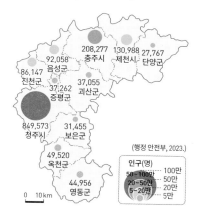

① 지역마다 인구가 비슷하다.
② 증평군의 인구가 가장 많다.
③ 단양군의 인구가 가장 적다.
④ 충주시의 인구는 제천시의 인구보다 적다.
⑤ 지역의 인구는 한 번 정해지면 변하지 않는다.

08 다음에서 설명하는 지형을 보기 에서 골라 기호를 쓰시오.

> **보기**
> ㉠ 산 ㉡ 강 ㉢ 섬 ㉣ 평야 ㉤ 바다

(1) 평평하고 넓게 트인 땅이다.   (   )
(2) 주변보다 땅의 높이가 높은 곳이다. (   )
(3) 땅과 맞닿아 있는 부분으로, 깊고 넓은 물이 고여 있는 곳이다.   (   )

09 다음 사진에 나타난 지형의 이름을 쓰시오.

(   )

10 우리 지역의 특징을 알아보는 방법을 잘못 말한 친구는 누구입니까? (   )

① 민서: 우리 지역의 위치를 찾아보아요.
② 리온: 우리 지역의 지형을 알아보아요.
③ 윤주: 우리 지역 사람들의 취미를 알아보아요.
④ 혜준: 우리 지역의 인구와 면적을 알아보아요.
⑤ 예람: 우리 지역의 기온과 강수량을 알아보아요.

11 다음 (   ) 안에 들어갈 자료로 알맞은 것은 어느 것입니까? (   )

> (   )을/를 살펴보면 우리 지역의 기온, 강수량 등의 지리 정보를 조사할 수 있다.

① 국어사전   ② 세계 지도
③ 관광 안내도   ④ 기상청 누리집
⑤ 디지털 영상지도

서술형

12 다음 구미시의 강수량을 나타낸 그래프에 나타난 지리 정보를 보고, 지역의 특징을 쓰시오.

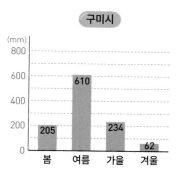

_____

_____

01 지도에 대한 설명으로 알맞은 것을 두 가지 고르시오. (,   )

① 정해진 약속에 따라 그린다.
② 장소의 이름은 나타나 있지 않다.
③ 땅 위에 있는 모든 것을 그대로 나타낸다.
④ 위에서 내려다본 땅의 모습이 나타나 있다.
⑤ 땅 위에 있는 건물의 높이 등의 정보를 알 수 있다.

02 다음 (   ) 안에 들어갈 말로 알맞지 <u>않은</u> 것은 어느 것입니까? (   )

> 지역의 모습을 지도로 표현하려면 정해진 약속에 따라 그려야 한다. 지도의 구성 요소에는 (   )이/가 있다.

① 기호   ② 범례   ③ 시간
④ 축척   ⑤ 방위표

서술형

03 다음 그림을 보고, 어떤 장소의 위치를 설명할 때 방위표가 필요한 까닭을 쓰시오.

꼭 들어가야 할 말   방위표, 방향, 위치

꼭 나와!

04 다음 지도에서 ㉠을 이용하여 '광주광역시청'의 위치를 바르게 말한 친구는 누구입니까? (   )

① 영민: 지역의 남쪽에 있어요.
② 지석: 백석산의 북쪽에 있어요.
③ 현지: 유촌초등학교의 남쪽에 있어요.
④ 민아: 광주종합버스터미널의 동쪽에 있어요.
⑤ 수아: 유촌초등학교와 5·18 기념공원 사이에 있어요.

05 다음 지도에서 ㉠~㉣은 무엇을 나타내는 기호인지 범례에서 찾아 쓰시오.

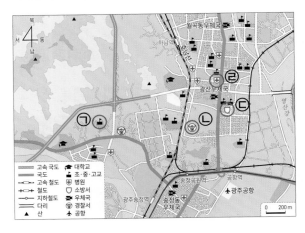

㉠: (   ), ㉡: (   )
㉢: (   ), ㉣: (   )

[06~07] 다음 지도를 보고, 물음에 답하시오.

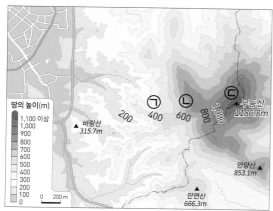

꼭 나와!

06 위 지도의 ㉠~㉢ 중에서 가장 높은 곳의 기호를 골라 쓰시오.

(   )

07 위 지도를 보고, 다음 (   ) 안에 들어갈 알맞은 숫자를 쓰시오.

> 위 지도를 보면 실제 거리 (   ) m를 지도에서 1 cm로 나타냈다는 것을 알 수 있다.

(   )

08 축척에 대한 설명으로 알맞지 <u>않은</u> 것은 어느 것입니까? (   )

① 축척에 따라 지도의 쓰임새가 다르다.
② 축척에 따라 지도의 자세한 정도가 달라진다.
③ 축척에 따라 지도에 나타난 지역의 범위가 달라진다.
④ 축척은 지도에서 실제 거리를 줄인 정도를 나타낸다.
⑤ 지도에 나타난 두 지점 사이의 거리는 축척에 영향을 받지 않는다.

서술형

09 다음 지도는 우리가 생활에서 언제 이용하는지 쓰시오.

> **꼭 들어가야 할 말**   여행, 관광지, 경로

_____

_____

10 다음 (   ) 안에 들어갈 행정구역을 쓰시오.

> 우리나라는 북한 지역을 제외하고 크게 특별시 1곳, 광역시 6곳, 특별자치시 1곳, 도 6곳, (   ) 3곳으로 이루어져 있다.

(   )

11 다음에서 설명하는 지역은 어디입니까?

(   )

> 이 지역은 가평군, 남양주시, 광주시, 여주시와 이웃해 있고, 고양시의 동쪽, 이천시의 북쪽에 위치해 있다.

① 부천시   ② 양평군   ③ 화성시
④ 동두천시   ⑤ 의정부시

12 다음 충청북도 지도에 대한 설명으로 알맞은 것을 보기 에서 두 가지 골라 기호를 쓰시오.

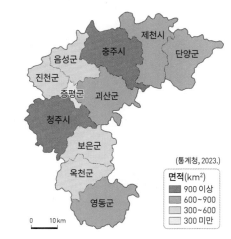

(통계청, 2023.)
면적(km²)
■ 900 이상
■ 600~900
□ 300~600
□ 300 미만
0   10 km

보기
㉠ 지역의 면적과 모양이 다양하다.
㉡ 면적이 좁은 지역은 인구도 적다.
㉢ 충청북도 여러 지역의 기온과 강수량을 알수 있다.
㉣ 충청북도 청주시와 진천군의 면적을 비교할 수 있다.

(　　　　　　)

13 다음 ㉠, ㉡에 들어갈 알맞은 말을 쓰시오.

지역마다 지형, 면적 등 (　㉠　)이/가 다르기 때문에 우리 지역의 (　㉡　)을/를 알기 위해서는 서로 다른 지역의 (　㉠　)을/를 비교해야 한다.

㉠: (　　　　　　), ㉡: (　　　　　　)

꼭 나와!
14 다음은 어떤 방법으로 지리 정보를 조사하는 모습입니까? (　　　　)

우리 지역의 위치를 찾아보자.

① 학교 안내도 살펴보기
② 기상청 누리집 찾아보기
③ 디지털 영상지도 조사하기
④ 지역 소개 홍보물 살펴보기
⑤ 지역 통계 자료 누리집 찾아보기

서술형
15 다음 자료를 보고, 구미시와 울릉군의 특징을 비교하여 쓰시오.

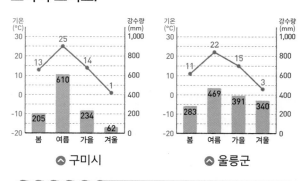

⌃ 구미시　　　⌃ 울릉군

꼭 들어가야 할 말　　기온, 강수량, 여름, 겨울

_____

_____

_____

[01~02] 다음 자료를 보고, 물음에 답하시오.

ㄱ

ㄴ

01 위 ㄱ, ㄴ의 이름으로 알맞게 짝 지어진 것은 어느 것입니까? ( )

	ㄱ	ㄴ
①	그림	항공 사진
②	지도	그림
③	지도	항공 사진
④	항공 사진	지도
⑤	항공 사진	그림

(서술형)

02 위 ㄱ, ㄴ의 공통점과 차이점을 쓰시오.

(1) 공통점: _____

_____

_____

(2) 차이점: _____

(어려워)

03 다음 밑줄 친 ㄱ에 들어갈 내용으로 알맞은 것은 어느 것입니까? ( )

> • 진서: 지도에 왜 방위표를 넣는 걸까?
> • 유준: ㄱ _____.

① 지도를 보기 좋게 장식하기 위해서야.
② 동서남북의 방향을 나타내기 위해서야.
③ 지도에서 땅의 높낮이를 표현하기 위해서야.
④ 땅 위에 있는 모든 것들을 나타내기 위해서야.
⑤ 오른쪽, 왼쪽, 아래쪽, 위쪽과 같은 표현을 쓰면 안 되기 때문이야.

04 다음 ( ) 안에 들어갈 장소로 알맞은 것은 어느 것입니까? ( )

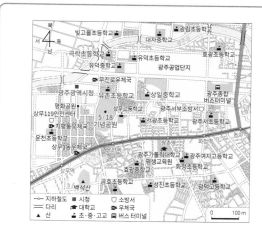

위 지도에서 유촌초등학교를 기준으로 서쪽에는 ( )이/가 있다.

① 백석산   ② 운천역
③ 상일중학교   ④ 극락초등학교
⑤ 광주광역시청

05 지도에 사용된 여러 가지 기호와 그 의미를 모아 나타낸 것은 무엇입니까? ( )

① 그림   ② 방위   ③ 범례
④ 축척   ⑤ 등고선

06 다음 자료에서 경사가 더 급한 곳을 골라 기호를 쓰시오.

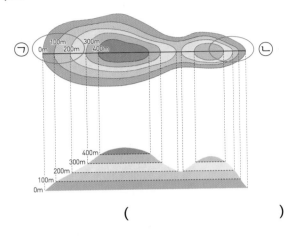

(   )

07 지도에서 축척을 사용하는 까닭으로 알맞은 것은 어느 것입니까? (   )

① 동서남북의 방향을 나타내기 위해서이다.
② 땅 위에 있는 모든 것을 나타내기 위해서이다.
③ 누구나 지도를 가지고 다닐 수 있게 하기 위해서이다.
④ 많은 사람이 지도를 활용할 수 있게 하기 위해서이다.
⑤ 땅 위의 모습을 실제 크기와 똑같이 나타낼 수 없기 때문이다.

어려워

08 실제 거리를 많이 줄인 지도에 대해 알맞게 말한 친구의 이름을 쓰시오.

- 준희: 좁은 지역을 자세히 살펴볼 수 있어요.
- 예지: 넓은 지역을 간략하게 살펴볼 수 있어요.
- 미소: 지역에 있는 건물들의 위치를 자세히 알 수 있어요.

(   )

09 다음 상황에서 이용할 수 있는 지도는 어느 것입니까? (   )

목적지까지 가는 길을 알고 싶을 때 필요한 정보만 쉽고 간단하게 파악할 수 있다.

① 약도
② 길 도우미
③ 관광 안내도
④ 비상 대피도
⑤ 지하철 안내도

서술형

10 다음 지도에 나타난 행정구역을 만든 까닭을 쓰시오.

_____

_____

바른답·알찬풀이 38쪽

11 경기도 화성시와 이웃해 있는 지역으로만 바르게 짝 지은 것은 어느 것입니까? (   )

① 안산시, 오산시, 평택시
② 평택시, 고양시, 군포시
③ 안성시, 평택시, 안산시
④ 고양시, 의정부시, 수원시
⑤ 오산시, 안산시, 의정부시

12 다음 ㉠, ㉡에 들어갈 알맞은 말을 쓰시오.

> 지역이 차지하는 넓이의 크기를 (㉠   ) (이)라고 하며, 이것은 (㉡   )의 변화에 따라 달라지기도 한다.

㉠: (   ), ㉡: (   )

13 우리 지역의 지리 정보를 조사할 때 가장 먼저 해야 할 일을 보기 에서 골라 기호를 쓰시오.

> 보기
> ㉠ 우리 지역의 특징을 정리한다.
> ㉡ 비교할 지역의 지리 정보를 조사한다.
> ㉢ 우리 지역과 비교할 다른 지역을 정한다.
> ㉣ 우리 지역의 정보와 다른 지역의 정보를 정리한다.

(   )

14 다음은 어떤 방법으로 지리 정보를 조사하는 모습입니까? (   )

① 3차원 지도 살펴보기
② 기상청 누리집 찾아보기
③ 디지털 영상지도 조사하기
④ 지역 소개 홍보물 살펴보기
⑤ 지역 통계 자료 누리집 찾아보기

15 다음 ㉠, ㉡ 지역의 지리 정보를 보고, 두 지역의 특징을 비교하여 쓰시오.

구분	㉠ 지역	㉡ 지역
면적	약 758 km^2	약 74 km^2
인구	약 22만 명	약 31만 명

_____

_____

_____

핵심 개념 사회

2. 우리 지역의 국가유산

❶ 지역의 국가유산

*개념 한눈에 보기

개념 ❶ 국가유산의 의미와 종류

① 국가유산: 옛날부터 전해 내려오는 것 중에서 다음 세대에게 물려줄 만한 [ㄱ ㅊ] 가 있는 것입니다.

② 국가유산의 종류

문화유산	건축물, 도구, 그림, 책 등과 같이 형태가 있는 것 ⑩ 고인돌,『훈민정음』「혜례본」 한글을 읽고 쓰는 방법이 담겨 있는 책이에요.
[ㅁ ㅎ ㅇ ㅅ]	노래, 춤, 놀이, 기술 등과 같이 형태가 없는 것 ⑩ 종묘 제례악, 고싸움놀이, 씨름, 강릉 단오제 돌아가신 왕과 왕비에게 제사를 지내며 연주하던 음악이에요.
자연유산	자연물이나 자연과의 상호 작용을 통해 만들어진 것 ⑩ 갯벌, 담양 소쇄원

개념 ❷ 국가유산의 가치

온돌	겨울철 추위를 이겨 낸 지혜와 과학 기술 용의 머리가 새겨져 있어요.
성덕 대왕 신종	조상들의 상상력과 예술적 감각
[ㅅ ㅂ ㄱ]	여름에도 얼음을 차갑게 보관할 수 있었던 뛰어난 과학 기술
김장 문화	채소를 구하기 어려운 추운 겨울에도 채소를 먹을 수 있었던 지혜
경주 첨성대	하늘의 별을 관측했던 조상들의 뛰어난 과학 수준

개념 ❸ 국가유산 조사하기

① 조사 계획 세우기: 조사 주제, 조사할 국가유산, 조사 방법, 역할, 준비물 등을 정합니다.

② 국가유산 조사 방법

누리집에서 검색하기	국가유산과 관련된 기관의 누리집에서 국가유산 정보를 쉽고 빠르게 검색함.
[ㅁ ㅎ] 찾아보기	도서관에서 국가유산과 관련된 다양한 자료를 찾아봄.
면담하기	국가유산에 대해 잘 알고 있는 어른이나 전문가에게 자세한 설명을 들음.
답사하기	국가유산을 직접 눈으로 살펴봄.

③ 조사 [ㅂ ㄱ ㅅ] 쓰기: 조사 목적, 조사 방법, 조사 내용, 알게 된 점, 느낀 점 등을 넣어서 씁니다.

개념 ❹ 국가유산 소개하기

① 국가유산 소개하기: 국가유산 소개 자료를 이용하거나, 문화 관광 해설사가 되어 국가유산을 소개합니다.

② 국가유산을 소개하는 방법

홍보 [ㅍ ㅅ ㅌ] 만들기	국가유산의 이름, 특징, 가치, 우수성 등을 홍보하는 짧은 글과 함께 사진이나 그림을 붙임.
안내 지도 만들기	백지도에 국가유산의 위치를 표시하고, 국가유산의 사진 또는 그림을 붙인 후 이름, 설명을 씀.
신문 만들기	국가유산을 소개하는 내용의 기사, 사진, 인터뷰 등을 넣음.
사진 전시하기	직접 찍거나 조사한 국가유산 사진을 설명과 함께 전시함.
기념품 만들기	일상생활에서 사용하는 물건을 활용하여 국가유산의 특징과 우수성을 드러내는 기념품을 만듦.

③ 국가유산 소개 자료를 만들 때 주의할 점

• 잘못된 정보가 없는지 살펴봅니다.
• 모둠 친구들과 협력해서 만듭니다.
• 국가유산의 특징, 우수성, 가치 등이 잘 드러나도록 합니다.

개념 ❺ 국가유산을 보호하기 위한 노력

① 국가유산을 보호해야 하는 까닭

• 국가유산에는 우리의 [ㅇ ㅅ] 가 담겨 있기 때문입니다.
• 국가유산에는 우리 조상들의 정신이 담겨 있기 때문입니다.
• 국가유산은 다음 세대에 물려주어야 할 것이기 때문입니다.

② 국가유산을 보호하는 방법

• 국가유산 주변을 깨끗이 청소합니다.
• 규칙을 지키며 국가유산을 관람합니다.
• 국가유산을 함부로 만지거나 훼손하지 않습니다.
• 훼손된 국가유산을 과학적인 방법으로 [ㅂ ㅇ] 합니다.
• 국가유산 지킴이 활동 등 국가유산 보호 또는 홍보 활동에 참여합니다.

정답 ❶ 가치 ❷ 무형유산 ❸ 석빙고 ❹ 문헌 ❺ 보고서 ❻ 포스터 ❼ 역사 ❽ 복원

핵심 자료

▶ 바른답·알찬풀이 39쪽

자료 ❶ 국가유산의 종류

문화유산	▲ 창덕궁	▲ 경주 첨성대
무형유산	▲ 봉산 탈춤	▲ 한산 모시 짜기
자연유산	▲ 제주화산섬·용암동굴	▲ 진도의 바닷길

♀ Point

국가유산은 문화유산, 무형유산, 자연유산으로 구분할 수 있습니다.

1-1 건축물, 그림, 책 등 형태가 있는 국가유산을 무엇이라고 하는지 쓰시오.

(   )

1-2 봉산 탈춤은 (문화유산 , 무형유산 , 자연유산)입니다.

1-3 한산 모시 짜기는 우리나라의 여름철 옷감을 짜는 전통 기술로, 무형유산입니다.

(○ , ✕)

1-4 진도의 바닷길은 썰물 때 좌우로 갈라지는 모습을 볼 수 있는 (무형유산 , 자연유산)입니다.

자료 ❷ 국가유산을 조사하는 방법

▲ 누리집에서 검색하기   ▲ 문헌 찾아보기

▲ 면담하기   ▲ 답사하기

♀ Point

국가유산을 조사하는 방법에는 누리집에서 검색하기, 문헌 찾아보기, 면담하기, 답사하기 등이 있습니다.

2-1 국가유산과 관련 있는 기관의 (   )에서 검색하면 정보를 쉽고 빠르게 찾아볼 수 있습니다.

2-2 도서관에서 국가유산과 관련된 다양한 문헌을 찾아볼 수 있습니다.

(○ , ✕)

2-3 (면담 , 답사)하기는 국가유산을 직접 살펴보고 생생한 정보를 얻을 수 있는 조사 방법입니다.

자료 ❸ 국가유산을 소개하는 방법

▲ 홍보 포스터 만들기   ▲ 신문 만들기

♀ Point

국가유산을 소개하는 자료에는 국가유산의 특징, 우수성, 가치 등이 잘 드러나야 합니다.

3-1 국가유산 (   )은/는 국가유산 사진 또는 그림과 함께 국가유산에 대한 기사를 써서 완성합니다.

3-2 국가유산을 홍보하는 글과 함께 사진이나 그림을 붙여 만드는 국가유산 소개 자료는 무엇인지 쓰시오.

국가유산 (   )

① 지역의 국가유산

01 다음에서 설명하는 밑줄 친 '이것'은 무엇인지 쓰시오.

> 이것은 옛날부터 전해 내려오는 것 중에서 다음 세대에게 물려줄 만한 가치가 있는 것이다. 이것을 통해 조상들의 생활 모습이나 슬기, 지혜를 알 수 있고, 옛날 사람들의 생활 모습도 엿볼 수 있다.

(   )

서술형

02 국가유산을 문화유산과 무형유산으로 구분하는 기준을 쓰시오.

_____

_____

_____

03 다음에서 설명하는 국가유산으로 알맞은 것은 어느 것입니까? (   )

> 한글을 만든 까닭과 한글을 읽고 쓰는 방법이 담겨 있다.

① 「서당」   ②「씨름」
③ 경복궁   ④ 고려청자
⑤『훈민정음』「해례본」

04 다음 사진과 같은 종류의 국가유산으로 알맞은 것은 어느 것입니까? (   )

⌃ 고인돌

① 봉산 탈춤   ② 고싸움놀이
③ 강릉 단오제   ④ 종묘 제례악
⑤ 경주 첨성대

05 다음에서 설명하는 국가유산으로 알맞지 않은 것은 어느 것입니까? (   )

> 자연물 또는 자연환경과의 상호 작용으로 만들어진 국가유산이다.

① 갯벌   ② 담양 소쇄원
③ 진도의 바닷길   ④ 한산 모시 짜기
⑤ 제주 화산섬과 용암 동굴

06 다음 (   ) 안에 들어갈 알맞은 말을 쓰시오.

(   ) 문화는 겨울 동안 먹을 김치를 한꺼번에 담가 보관했던 우리 고유의 문화로, 추운 겨울을 났던 조상들의 지혜를 알 수 있다.

(   )

바른답·알찬풀이 39쪽

07 다음 국가유산에 담겨 있는 가치로 가장 알맞은 것은 어느 것입니까? (   )

⌃ 석빙고

① 우리나라의 역사 기록이 담겨 있다.
② 자연과 함께 살아가는 지혜가 담겨 있다.
③ 우리 조상들의 예술적 감각을 느낄 수 있다.
④ 우리 조상들의 높은 과학 수준을 엿볼 수 있다.
⑤ 겨울철 추위를 이겨 낸 조상들의 지혜를 알 수 있다.

08 윤호가 설명하는 국가유산 조사 방법을 보기 에서 골라 기호를 쓰시오.

> 윤호: 국가유산에 대한 정보를 쉽고 빠르게 찾아볼 수 있어요.

보기
㉠ 답사하기   ㉡ 면담하기
㉢ 문헌 찾아보기 ㉣ 누리집에서 검색하기

(   )

09 국가유산 조사 보고서에 들어갈 내용으로 알맞지 않은 것은 어느 것입니까? (   )

① 준비물   ② 느낀 점
③ 조사 내용   ④ 조사 목적
⑤ 더 알고 싶은 점

10 국가유산 소개 자료에 들어갈 내용으로 알맞지 않은 것은 어느 것입니까? (   )

① 국가유산의 사진
② 국가유산의 가격
③ 국가유산의 가치
④ 국가유산의 특징
⑤ 국가유산의 우수성

서술형
11 국가유산을 보호해야 하는 까닭을 두 가지 쓰시오.

_____

_____

_____

12 국가유산을 보호하기 위한 노력으로 알맞지 않은 것은 어느 것입니까? (   )

① 국가유산 홍보 활동에 참여한다.
② 국가유산을 함부로 만지지 않는다.
③ 국가유산 주변을 깨끗이 청소한다.
④ 국가유산을 관람할 때 규칙을 잘 지킨다.
⑤ 훼손된 국가유산은 버리고 새로운 국가유산을 만든다.

개념 ① 지역의 역사를 알 수 있는 장소

① 지역의 역사를 알 수 있는 장소

❶ ㅂㅁㄱ	옛날 사람들이 만들거나 사용했던 여러 가지 국가유산을 수집·보관·전시하는 곳
기념관	지역의 역사적 사건이나 역사적 인물을 오래도록 기억하기 위한 자료를 전시하는 곳
유적지	옛날 사람들이 만든 무덤, 건축물 등의 유적이 있거나 역사적 사건이 벌어졌던 곳

② 박물관, 기념관, 유적지를 통해 알 수 있는 점: 지역의 ❷ ㅇㅅ 와 지역에 살았던 옛날 사람들의 생활 모습을 짐작할 수 있습니다.

화순 고인돌 유적지에는 옛날 사람들이 만든 무덤이 남아 있어요.

개념 ② 지역의 역사 조사하기

① 조사 계획 세우기: 조사 주제·장소·방법, 조사하고 싶은 내용, 역할, 준비물, 주의할 점 등을 넣습니다.
② 지역의 역사를 조사하는 방법

인터넷으로 조사하기	인터넷에서 박물관, 기념관, 유적지를 검색함. → ❸ ㄴㄹㅈ 에서 사진, 영상 자료 등을 조사함. → 알게 된 점을 정리함.
답사하기	답사 계획을 세움. → 답사 계획에 따라 자세히 관찰함. → 알게 된 점을 정리함.

③ 조사 보고서 쓰기: 조사 목적·장소·날짜·방법, 알게 된 점, 느낀 점, 더 알고 싶은 점 등을 씁니다.

답사를 할 때는 질서를 지키고, 사진 촬영이 금지된 곳인지 확인해야 해요.

소개 자료는 역사적인 사실을 바탕으로 만들어야 해요.

개념 ③ 지역의 역사 소개 자료 만들기

❹ ㄷㅇㅅ 만들기	컴퓨터, 휴대 전화 등을 이용하여 촬영한 사진이나 동영상을 편집함.
신문 만들기	지역의 역사적 특징이 드러나는 제목과 기사를 쓰고 그림, 사진 등을 넣음.
홍보 포스터 만들기	지역의 역사와 관련 있는 인물, 사건 등을 그림으로 그리고 홍보하는 설명을 씀.
안내 책자 만들기	책자에 지역의 역사와 관련된 그림을 그리거나 사진을 붙인 뒤 설명을 씀.

개념 ④ 지역의 역사 소개하기

① 지역의 역사를 소개할 때의 바람직한 태도
• 지역의 역사를 소개하는 활동에 적극적으로 참여합니다.
• 듣는 사람이 잘 이해할 수 있도록 소개합니다.
• ❺ ㅅㄱㅈㄹ 를 자신감 있게 발표합니다.
• 궁금한 점이 있으면 미리 써 두었다가 발표가 끝난 후 질문을 합니다.

발표를 듣는 학생들은 우리 지역의 역사에 관심을 가지는 태도를 지녀야 해요.

② 지역의 역사를 소개하며 알 수 있는 점
• 지역의 소중한 역사를 알 수 있습니다.
• 지역에 대한 자부심을 가지고 자랑스러움을 느낄 수 있습니다.
• 지역의 역사를 ❻ ㅂㅈ 해야 하는 까닭을 알 수 있습니다.
• 옛날에 지역에서 어떤 일이 있었는지 알 수 있습니다.

개념 ⑤ 지역의 역사를 보존하기 위한 노력

① 지역의 역사를 보존해야 하는 까닭: 지역의 역사를 보존하지 않으면 지역의 역사가 이어지지 못하고 사라질 수도 있습니다.
② 지역의 역사를 보존하기 위한 노력

국가유산 관리·보존	• 훼손된 국가유산을 복구함. • 국가유산 주변을 청소하여 관리하고 보존함.
지역의 역사 ❼ ㄱㅇ	지역의 역사, 국가유산 등을 알리는 교육 프로그램을 만들어 지역의 역사를 널리 알림.
축제·행사 개최	지역의 역사를 알리는 축제, 행사, 체험 프로그램 등을 개최하여 그 가치를 전하기 위해 노력함.
국가유산 지킴이 활동	스스로 국가유산을 가꾸고 지키기 위한 활동에 참여하도록 함.

③ 지역의 역사를 보존하기 위해 우리가 할 일
• 지역의 역사에 관심을 가지고 공부합니다.
• 지역의 박물관, 기념관, 유적지를 자주 방문합니다.
• 지역의 박물관, 기념관, 유적지를 찾아가서 관람할 때 ❽ ㄱㅊ 을 지킵니다.
• 지역의 역사를 널리 알리는 활동에 참여합니다.
• 소개 자료를 만들어 지역의 국가유산을 소개합니다.

정답 ❶ 박물관 ❷ 역사 ❸ 누리집 ❹ 동영상 ❺ 소개 자료 ❻ 보존 ❼ 교육 ❽ 질서

핵심 자료

바른답·알찬풀이 39쪽

자료 ❶ 지역의 역사를 알 수 있는 장소

⌃ 국립 중앙 박물관 ⌃ 군산 3·1 운동 100 ⌃ 화순 고인돌 유적지
　　　　　　　주년 기념관

𝒬 Point

지역에는 박물관, 기념관, 유적지 등 지역의 역사를 알 수 있는 다양한 장소가 있습니다.

1-1 (박물관 , 유적지)은/는 국가유산을 수집·보관·전시하는 곳입니다.

1-2 (　　　　　　)은/는 옛 유적이 남아 있는 곳입니다.

자료 ❷ 지역의 역사 소개 자료

⌃ 신문 　　　　　　⌃ 홍보 포스터

⌃ 안내 책자

𝒬 Point

지역의 역사 소개 자료는 역사적인 사실을 바탕으로 만들어야 하며, 지역과 관련된 역사적 인물이나 옛이야기, 옛날 사람들의 생활 모습 등이 잘 드러나야 합니다.

2-1 전자 기기를 이용하여 촬영한 내용을 (　　　　　)(으)로 만들 수 있습니다.

2-2 역사 (신문 , 홍보 포스터)은/는 기사, 그림, 사진 등을 넣어 만듭니다.

2-3 지역의 역사를 소개하는 안내 책자에는 지역의 역사와 관련된 그림이나 사진은 넣지 않습니다.

(〇 , ✕)

자료 ❸ 지역의 역사를 보존하기 위한 노력

𝒬 Point

지역의 역사를 보존하지 않으면 역사가 이어지지 못하고 사라질 수도 있기 때문에 각 지역은 지역의 역사를 보존하고 지키기 위해 노력합니다.

3-1 각 지역에서는 국가유산을 점검하여 훼손된 국가유산을 복구하는 노력을 합니다.

(〇 , ✕)

3-2 지역의 역사를 보존하기 위해서 지역의 역사, 국가유산 등을 알리는 (　　　　　) 프로그램을 만들어 실시할 수 있습니다.

3-3 국가유산 (　　　　　)이/가 되어 스스로 국가유산을 가꾸고 지킬 수 있습니다.

01 다음에서 설명하는 장소는 어디인지 쓰시오.

> 옛날 사람들이 만들거나 사용했던 여러 가지 국가유산을 수집하여 보관하고 전시하는 곳이다.

(   )

02 다음 사진에 나타난 장소에 대한 설명으로 알맞지 <u>않은</u> 것은 어느 것입니까? (   )

① 유적지이다.
② 옛날 사람들이 만든 무덤이다.
③ 우리 지역의 미래 모습을 알 수 있다.
④ 옛날 사람들의 생활 모습을 짐작할 수 있다.
⑤ 지역에서 어떤 일이 일어났는지 짐작할 수 있다.

서술형

03 다음 사진과 같은 기념관은 무엇을 하는 곳인지 쓰시오.

⬆ 군산 3·1 운동 100주년 기념관

_____

_____

04 다음은 인터넷으로 지역의 역사를 조사하는 방법입니다. 순서에 맞게 기호를 쓰시오.

> ㉠ 지역의 역사에 관해 알게 된 점을 정리한다.
> ㉡ 누리집에서 사진 자료, 영상 자료 등을 조사한다.
> ㉢ 인터넷에서 지역의 박물관, 기념관, 유적지를 검색한다.

(   ) → (   ) → (   )

05 지역의 역사 조사 보고서에 들어갈 내용으로 알맞지 <u>않은</u> 것은 어느 것입니까? (   )

① 주의할 점
② 조사 날짜
③ 조사 목적
④ 조사 방법
⑤ 국가유산 사진이나 그림

06 다음 내용이 들어갈 지역의 역사 보고서 항목으로 알맞은 것은 어느 것입니까? (   )

> • 백제 금동 대향로에는 사람, 연꽃, 상상의 동물 등이 그려져 있다.
> • 송국리식 토기는 그릇으로 사용하거나 무덤을 만들 때 사용했다.

① 느낀 점   ② 조사 방법
③ 조사 목적   ④ 알게 된 점
⑤ 더 알고 싶은 점

◇ 바른답·알찬풀이 39쪽

07 다음과 같은 방법으로 만드는 지역의 역사 소개 자료로 알맞은 것은 어느 것입니까? (   )

> 컴퓨터, 휴대 전화 등을 이용하여 촬영한 사진 등을 편집한다.

① 신문
② 동영상
③ 안내 책자
④ 그림 카드
⑤ 홍보 포스터

08 다음 (   ) 안에 들어갈 역사 소개 자료로 알맞은 것은 어느 것입니까? (   )

> 지역의 역사를 소개하는 (   )은/는 지역의 역사와 관련된 그림을 그리거나 사진을 붙인 뒤 설명을 써서 책처럼 만든다.

① 신문
② 기념품
③ 안내 지도
④ 안내 책자
⑤ 홍보 포스터

09 지역의 역사를 소개하는 활동을 할 때 바람직하지 <u>않은</u> 태도를 보인 친구의 이름을 쓰시오.

> • 문수: 소개 자료를 자신감 있게 발표했어요.
> • 해진: 궁금한 점이 있어서 바로 질문을 했어요.
> • 우정: 지역의 역사를 소개하는 활동에 적극적으로 참여했어요.
> • 진이: 소개하는 내용을 듣는 사람들이 잘 이해할 수 있도록 적절한 크기의 목소리로 말했어요.

(   )

10 지역의 역사를 소개하며 알 수 있는 점으로 알맞은 것을 두 가지 고르시오. (,   )

① 우리나라의 역사에 대해 자세히 알 수 있다.
② 우리 지역에서 어떤 일이 있었는지 알 수 있다.
③ 세계 여러 나라의 역사에 대해 관심을 갖게 된다.
④ 우리 지역의 역사를 보존해야 한다는 것을 느낄 수 있다.
⑤ 우리 지역의 역사가 다른 지역의 역사보다 가치가 있다는 것을 알 수 있다.

11 지역의 역사를 보존하기 위한 노력으로 알맞지 <u>않은</u> 것은 어느 것입니까? (   )

① 지역의 국가유산을 점검한다.
② 지역의 국가유산 주변을 깨끗이 청소한다.
③ 서로 다른 지역의 역사를 비교하여 평가한다.
④ 지역의 역사를 알리는 축제나 행사를 개최한다.
⑤ 교육 프로그램을 만들어 지역의 역사를 교육한다.

서술형

12 지역의 역사를 보존하기 위해 우리가 할 수 있는 일을 두 가지 쓰시오.

_____

_____

01 국가유산에 대한 설명으로 알맞지 <u>않은</u> 것은 어느 것입니까? (　　　)

① 형태에 따라 종류를 구분할 수 있다.
② 다른 나라와 교류할 때 사고팔 수 있다.
③ 우리 조상들의 생활 모습을 짐작해 볼 수 있다.
④ 역사적 가치, 과학적 가치 등 다양한 가치가 담겨 있다.
⑤ 옛날부터 전해 내려오는 것 중에서 다음 세대에게 물려줄 만한 가치가 있는 것이다.

꼭 나와!

02 다음 국가유산을 종류에 맞게 선으로 알맞게 이으시오.

(1)
△ 갯벌

(2)
△ 씨름

(3)
△ 남한산성

· ㉠ 문화 유산

· ㉡ 무형 유산

· ㉢ 자연 유산

03 국가유산에 대한 설명을 알맞게 연결한 것은 어느 것입니까? (　　　)

① 판소리 – 돌아가신 왕과 왕비에게 제사를 지내며 연주하던 음악이다.
② 종묘 제례악 – 소리꾼이 고수의 북장단에 맞추어 이야기를 노래로 부르는 음악이다.
③ 강릉 단오제 – 여러 사람이 손을 잡고 원을 만들어 노래를 부르며 춤을 추는 놀이이다.
④ 씨름 – 서로의 샅바를 잡고 힘과 기술을 겨루며 상대를 먼저 쓰러뜨리는 민속놀이이다.
⑤ 강강술래 – 마을 사람들이 모여 마을의 평안과 안녕을 바라는 제사와 놀이를 하는 축제이다.

[04~05] 다음 사진을 보고, 물음에 답하시오.

04 위 국가유산의 이름을 쓰시오.

(　　　　　　　　　　)

서술형

05 위 국가유산에 담겨 있는 가치를 쓰시오.

꼭 들어가야 할 말	별, 관측, 과학

_____

_____

_____

06 다음에서 설명하는 국가유산으로 알맞은 것은 어느 것입니까? (   )

> 용의 머리가 새겨져 있어 조상들의 상상력과 예술적 감각을 엿볼 수 있다.

① 온돌
② 처마
③ 석빙고
④ 첨성대
⑤ 성덕 대왕 신종

07 다음 그림과 같은 방법으로 국가유산을 조사할 때의 장점으로 알맞은 것은 어느 것입니까?
(   )

우리 지역의 대표적인 국가유산에는 무엇이 있나요?

① 국가유산을 직접 만져 볼 수 있다.
② 국가유산에 대한 자세한 설명을 들을 수 있다.
③ 국가유산을 직접 눈으로 보고 조사할 수 있다.
④ 국가유산에 대한 정보를 쉽고 빠르게 찾을 수 있다.
⑤ 국가유산과 관련된 믿을 수 있는 다양한 자료를 살펴볼 수 있다.

08 다음 준비물로 만들 수 있는 국가유산 소개 자료로 가장 알맞은 것은 어느 것입니까? (   )

> 백지도   국가유산 사진

① 신문
② 기념품
③ 안내 책자
④ 안내 지도
⑤ 홍보 포스터

09 다음 ㉠, ㉡에 들어갈 알맞은 말을 쓰시오.

> 국가유산에는 우리의 오랜 (㉠   )과/와 조상들의 정신이 담겨 있으며, 다음 (㉡   )에 물려주어야 할 것이기 때문에 소중하게 아끼고 보호해야 한다.

㉠: (   ), ㉡: (   )

서술형

10 다음 그림을 참고하여 국가유산을 보호하는 방법을 두 가지 쓰시오.

국가유산 지킴이 활동

꼭 들어가야 할 말   청소, 보호, 홍보

_____

_____

11 지역의 역사를 알 수 있는 장소에 대한 설명을 선으로 알맞게 이으시오.

(1)
　　▲ 박물관

　　• ㉠ 국가유산을 수집하여 보관한다.

(2)
　　▲ 기념관

　　• ㉡ 역사적 사건이 벌어졌던 곳이다.

(3)
　　▲ 유적지

　　• ㉢ 역사적 사건, 인물과 관련된 자료를 전시한다.

12 지역의 역사를 알 수 있는 장소를 답사할 때 주의할 점으로 알맞지 <u>않은</u> 것은 어느 것입니까?
　　（　　　）

① 관람 시간을 미리 알아본다.
② 답사 계획서에 따라 답사한다.
③ 모둠 친구들과 맡은 역할을 수행한다.
④ 뛰거나 큰 소리로 떠들지 않고 질서를 지킨다.
⑤ 사진 촬영이 금지된 곳이더라도 필요한 경우에는 사진을 찍는다.

13 지역의 역사를 조사하며 알게 된 점을 <u>잘못</u> 말한 친구의 이름을 쓰시오.

• 주은: 우리 지역에 살았던 조상들의 지혜와 슬기를 엿볼 수 있었어요.
• 민지: 우리 지역에서 무슨 일이 있었는지 직접 눈으로 볼 수 있었어요.
• 정훈: 옛날에 우리 지역에 살았던 사람들의 생활 모습을 짐작할 수 있었어요.

　　　　　　（　　　　　　）

14 지역의 역사를 소개하는 자료에 들어갈 내용으로 알맞지 <u>않은</u> 것은 어느 것입니까? （　　　）

① 옛날 사람들의 생각과 지혜
② 지역의 특징을 설명하는 내용
③ 지역의 역사를 설명하는 내용
④ 지역의 역사와 관련 있는 사건
⑤ 오늘날 같은 지역에 살고 있는 후손들의 생활 모습

서술형
15 지역의 역사를 소개하는 활동을 할 때 지녀야 할 태도를 두 가지 쓰시오.

꼭 들어가야 할 말　　　참여, 질문, 자신감

_____

_____

_____

서술형

01 다음 ㉠, ㉡을 구분하는 기준을 한 문장으로 쓰시오.

㉠
△ 창덕궁

㉡
△ 봉산 탈춤

_____

_____

_____

02 다음 중 무형유산으로 알맞은 것은 어느 것입니까?
( )

①
△ 갯벌

②
△ 첨성대

③
△ 강강술래

④
△ 고인돌

⑤
△ 『훈민정음』 「해례본」

어려워

03 다음 사진의 국가유산에 대한 설명으로 알맞은 것은 어느 것입니까? ( )

△ 종묘 제례악

① 서민들이 즐기던 음악이다.
② 궁중에서 하던 민속놀이이다.
③ 우리나라의 춤을 널리 알리는 축제이다.
④ 돌아가신 왕과 왕비에게 제사를 지내며 연주하던 음악이다.
⑤ 여러 사람이 손을 잡고 노래를 부르면서 춤을 추는 놀이이다.

04 다음에서 설명하는 국가유산을 쓰시오.

> 충청남도 서천 지역에서 여름철 옷감을 짜는 전통 기술이다.

( )

05 다음 설명에 해당하는 국가유산을 두 가지 고르시오. (,)

> 자연물 또는 자연환경과의 상호 작용으로 만들어진 국가유산이다.

① 종묘
② 판소리
③ 첨성대
④ 담양 소쇄원
⑤ 부안 적벽강

사회

어려워

06 다음 국가유산에 대한 설명으로 알맞지 <u>않은</u> 것은 어느 것입니까? (   )

① 온돌이라고 한다.
② 예술적 가치가 담겨 있다.
③ 우리 조상들의 지혜를 엿볼 수 있다.
④ 우리 조상들의 생활 모습을 엿볼 수 있다.
⑤ 우리나라의 한옥에서 볼 수 있는 난방 시설이다.

서술형

07 다음 국가유산에 담겨 있는 가치를 쓰시오.

_____

08 다음과 같은 방법으로 국가유산을 조사할 때의 장점으로 알맞은 것은 어느 것입니까? (   )

① 국가유산을 직접 눈으로 볼 수 있다.
② 국가유산에 대한 자세한 설명을 들을 수 있다.
③ 국가유산에 대해 궁금한 점에 대해 질문할 수 있다.
④ 국가유산에 대한 정보를 쉽고 빠르게 찾을 수 있다.
⑤ 국가유산과 관련된 믿을 수 있는 다양한 자료를 찾을 수 있다.

09 다음과 같은 방법으로 만들 수 있는 국가유산 소개 자료는 어느 것입니까? (   )

> 국가유산의 특징, 가치, 우수성 등을 홍보하는 짧은 글과 함께 사진이나 그림을 붙인다.

① 신문   ② 기념품
③ 안내 책자   ④ 안내 지도
⑤ 홍보 포스터

10 국가유산을 보호하는 방법으로 알맞지 <u>않은</u> 것을 두 가지 고르시오. (,   )

① 국가유산 지킴이 활동에 참여한다.
② 국가유산에 있는 낙서를 직접 지운다.
③ 국가유산을 오래 기억하기 위해서 만져 본다.
④ 국가유산이 훼손된 부분을 발견하면 국가유산을 관리하는 곳에 알린다.
⑤ 우리나라의 국가유산에 대한 잘못된 정보를 바로 잡기 위해 관련 단체에 신고한다.

◉ 바른답·알찬풀이 41쪽

11 다음에서 친구들이 이야기하는 장소를 쓰시오.

> • 나윤: 수호야, 어디에 가면 지역의 역사를 알아볼 수 있을까?
> • 수호: 옛날 사람들이 만들거나 사용했던 여러 가지 국가유산을 수집하여 보관하고 전시하는 곳에 가면 지역의 역사를 알아볼 수 있잖아.
> • 나윤: 맞다. 그런 곳이 있었지!

(   )

12 다음 내용이 들어갈 지역의 역사 조사 보고서 항목으로 알맞은 것은 어느 것입니까? (   )

> 우리 지역에 살았던 옛날 사람들의 생활 모습을 알 수 있어서 흥미로웠다.

① 느낀 점   ② 조사 방법
③ 조사 목적   ④ 알게 된 점
⑤ 더 알고 싶은 점

13 다음은 지역의 역사를 어떤 방법으로 소개하는 자료입니까? (   )

① 안내 책자   ② 역사 사전
③ 역사 신문   ③ 홍보 동영상
⑤ 홍보 포스터

서술형

14 다음 사진을 참고하여 지역의 역사를 보존하기 위해 할 수 있는 노력을 두 가지 쓰시오.

_____
_____
_____

어려워

15 지역의 역사를 보존하기 위해 우리가 할 수 있는 일로 알맞지 <u>않은</u> 것은 어느 것입니까?

(   )

① 지역의 역사를 공부한다.
② 지역의 역사에 관심을 갖는다.
③ 지역에 박물관이나 기념관을 만든다.
④ 지역의 역사를 알리는 활동에 참여한다.
⑤ 지역의 박물관을 관람할 때 규칙을 잘 지킨다.

① 경제활동과 합리적 선택

개념 ❶ 경제활동

① **ㄱㅈㅎㄷ** 의 의미: 사람들이 생활하는 데 필요한 여러 가지 것들을 만들고, 이것들을 사고팔거나 사용하는 것과 관련된 활동입니다. ─ 경제활동에는 서비스를 제공하거나 받는 것도 포함돼요.

② 경제활동에서 선택의 문제
- 가게에서 어떤 물건을 살지 선택합니다.
- 버스와 택시 중 어떤 교통수단을 이용할지 선택합니다.
- 가게의 주인이 어떤 생산품을 만들지 선택합니다.

개념 ❷ 선택의 문제가 일어나는 까닭

① **ㅎㅅㅅ** 의 의미: 사람들의 필요나 욕구에 비해 자원이 부족한 상태입니다.

② 경제활동에서 선택의 문제가 발생하는 까닭
- 경제활동에서 선택의 문제가 발생하는 까닭은 자원의 희소성 때문입니다.
- 희소성은 자원을 원하는 사람이 자원의 양에 비해 얼마나 많은지에 따라 달라집니다.
- 희소성은 장소나 시대에 따라 달라지기도 합니다.

③ 선택의 문제의 특징: 선택의 문제는 경제활동을 하는 모든 사람에게 일어날 수 있고, 어떤 선택을 하는지는 사람마다 다를 수 있습니다.

개념 ❸ 합리적 선택

① 합리적 선택의 의미: 적은 비용과 노력으로 가장 큰 **ㅁㅈㄱ** 을 얻을 수 있는 선택입니다.

② 합리적 선택을 하기 위해 고려할 점
- 나에게 꼭 필요한 물건인지 신중하게 생각합니다.
- 가격, 모양, 기능, 품질 등을 꼼꼼하게 비교합니다.
- 같은 가격에 더 나은 조건은 없는지 비교합니다.
- 선택으로 얻을 수 있는 즐거움이나 편리함에는 어떤 것들이 있는지 생각해 봅니다.

③ 합리적 선택의 중요성
- 나에게 가장 필요한 것을 고를 수 있습니다.
- 돈, 시간 등 **ㅈㅇ** 을 낭비하지 않고 효율적으로 사용할 수 있습니다.
- 불필요하거나 버려지는 것이 없어 환경을 보호할 수 있습니다.

개념 ❹ 합리적 선택 실천하기

① 합리적 선택의 과정 ─ 선택 기준은 사람마다 다르고 선택 기준에 따른 평가도 사람마다 달라요.

1 가진 돈과 필요한 물건 생각하기	내가 가진 돈이 얼마인지, 필요한 물건은 무엇인지 생각해 보기
2 **ㅅㅌㄱㅈ** 세우기	가격, 품질, 무게, 크기 등 물건을 선택하기 위한 기준을 세움.
3 정보 수집하기	물건의 가격, 품질 등에 대한 정보를 수집하고 분석함.
4 물건 평가하기	선택 기준에 따라 물건들을 살펴본 후에 평가함.
5 선택하기	평가 내용을 바탕으로 물건을 선택함.

② 물건의 정보를 얻는 방법

주변 사람들의 **ㄱㅎ** 듣기	물건을 사용해 본 주변 사람들에게 물건의 특징을 물어봄.
상점 방문하기	상점을 방문하여 물건을 직접 살펴보고 직원에게 정보를 물어봄.
인터넷 검색하기	인터넷 검색으로 여러 물건의 정보를 찾아서 비교함.
광고 보기	텔레비전 광고, 신문, 라디오 등에서 물건의 정보를 확인함.

③ 물건의 정보를 찾을 때 주의할 점
- 정보의 **ㅊㅊ** 가 믿을 만한지 확인합니다.
- 광고 속 내용이 정확한 정보인지 확인합니다.

개념 ❺ 합리적 소비 생활

① 합리적 소비 생활이 필요한 까닭: 가정의 소득이 한정되어 있기 때문입니다.

② 합리적 소비 생활을 하기 위한 방법
- 미리 계획을 세우고 꼭 필요한 곳에 소비합니다.
- 필요할 때를 대비하여 용돈의 일부를 **ㅈㅊ** 합니다.
- 다양한 정보를 활용하여 물건의 가격, 특징, 디자인, 품질 등을 비교합니다.
- 소비한 후에는 용돈 기입장이나 가계부를 사용합니다. ─ 용돈 기입장이나 가계부를 쓰면 나의 소비 생활을 점검할 수 있어요.

핵심 자료

▶ 바른답·알찬풀이 42쪽

자료 ① 상황에 따라 달라지는 희소성

추운 지역의 에어컨 | 더운 지역의 에어컨

에어컨을 원하는 사람이 적어 희소하지 않아요.

에어컨을 원하는 사람이 많아 희소해요.

Point

희소성은 자원을 원하는 사람이 자원의 양에 비해 얼마나 많은지에 따라 달라집니다.

1-1 사람들의 필요나 욕구에 비해 자원이 부족한 상태를 무엇이라고 하는지 쓰시오. (　　　　　　　　)

1-2 희소성은 시대와 장소에 따라 달라지기도 합니다.
(　○ , ✕　)

자료 ② 물건의 정보를 얻는 방법

그 머리띠 써 보니 어때?

⬥ 주변 사람들의 경험 듣기

⬥ 상점 방문하기

⬥ 인터넷 검색하기

⬥ 광고 보기

Point

합리적인 선택을 하기 위해 여러 가지 선택 기준을 세우고 이를 비교할 때 물건의 정보를 찾아 비교하는 것이 중요합니다.

2-1 (　　　　　　)을/를 직접 방문하면 직원에게 궁금한 점을 물어볼 수 있습니다.

2-2 텔레비전, 신문, 라디오의 (　　　　　)을/를 보고 물건의 정보를 확인할 수 있습니다.

2-3 물건의 정보를 수집할 때 정보의 출처를 확인하는 것은 중요하지 않습니다. (　○ , ✕　)

자료 ③ 합리적인 소비 생활 방법

가방을 사야겠어.

⬥ 소비 계획 세우기

⬥ 남은 돈 저축하기

⬥ 정보 활용하기

소비한 내용을 써야지.

⬥ 용돈 기입장 쓰기

Point

가정의 소득은 한정되어 있기 때문에 가족 구성원이 만족하기 위한 합리적 소비 생활이 필요합니다.

3-1 사고 싶은 것을 모두 사는 것이 합리적인 소비입니다.
(　○ , ✕　)

3-2 소비를 한 뒤에는 (일기 , 용돈 기입장)을/를 작성하여 소비 생활을 점검합니다.

3-3 예상하지 못한 일에 대비하여 용돈의 일부를 따로 모아 놓은 것을 무엇이라고 하는지 쓰시오.
(　　　　　　　　)

사회

❶ 경제활동과 합리적 선택

01 다음과 같은 선택의 문제를 겪고 있는 사람을 보기 에서 골라 기호를 쓰시오.

> "약속 시간에 늦었는데 버스를 탈까, 택시를 탈까?"

보기
ㄱ 물건이나 서비스를 파는 사람
ㄴ 물건이나 서비스를 사는 사람
ㄷ 물건이나 서비스를 만드는 사람
ㄹ 물건이나 서비스를 배달하는 사람

(   )

02 다음 ( ) 안에 들어갈 알맞은 말을 쓰시오.

> 경제활동을 할 때 사람들은 모두 선택의 문제를 겪게 된다. 이러한 선택의 문제는 자원의 ( ) 때문에 발생한다.

(   )

서술형
03 다음 ㉠, ㉡ 지역에서 에어컨의 희소성이 어떻게 다른지 비교하여 쓰시오.

㉠
🔺 추운 지역

㉡
🔺 더운 지역

_____

_____

04 다음 그림에서 선택을 후회하는 까닭으로 알맞은 것은 어느 것입니까? (   )

옷이 예뻐서 샀는데, 너무 얇아서 추워요!

① 유행하는 옷을 샀기 때문이다.
② 옷을 살 때 가격을 고려하지 않았기 때문이다.
③ 날씨를 고려하지 않고 디자인만 보고 샀기 때문이다.
④ 나에게 꼭 필요한 것인지를 고민하며 샀기 때문이다.
⑤ 예쁜 옷은 따뜻하지 않다는 점을 생각하지 못했기 때문이다.

05 다음 ㉠, ㉡에 들어갈 알맞은 말을 골라 ○표 하시오.

> 합리적인 선택은 ㉠ (많은 , 적은) 비용과 노력으로 만족감이 가장 ㉡ (큰 , 작은) 선택을 하는 것이다.

06 합리적 선택을 하기 위해 고려할 점으로 알맞지 않은 것은 어느 것입니까? (   )

① 품질이 좋은가?
② 크기가 적당한가?
③ 가격이 얼마인가?
④ 얼마나 많이 팔렸는가?
⑤ 디자인이 마음에 드는가?

◎ 바른답·알찬풀이 42쪽

07 합리적 선택이 중요한 까닭으로 알맞은 것을 보기 에서 모두 골라 기호를 쓰시오.

> **보기**
> ㉠ 가격이 비싼 물건을 더 많이 살 수 있다.
> ㉡ 버려지는 것이 없어 환경을 보호할 수 있다.
> ㉢ 나에게 가장 필요하고 알맞은 것을 고를 수 있다.
> ㉣ 자원을 낭비하지 않고 효율적으로 사용할 수 있다.

( )

08 합리적 선택을 하는 과정에서 가장 먼저 할 일로 알맞은 것은 어느 것입니까? ( )

① 선택하기
② 정보 수집하기
③ 물건 평가하기
④ 선택 기준 세우기
⑤ 가진 돈과 필요한 물건 확인하기

09 다음은 어떤 방법으로 물건에 대한 정보를 수집하는 모습인지 보기 에서 골라 기호를 쓰시오.

> **보기**
> ㉠ 광고 보기
> ㉡ 상점 방문하기
> ㉢ 인터넷 검색하기
> ㉣ 주변 사람들의 경험 듣기

( )

10 자전거를 살 때 가격과 서비스가 가장 중요한 선택 기준이라고 할 때 다음 자료를 보고, 선택해야 할 자전거를 쓰시오.

<자전거 선택 기준표>

구분	자전거 1	자전거 2	자전거 3	자전거 4
가격	8	8	7	9
디자인	7	6	6	7
서비스	6	7	4	8
합계	21	21	17	24

( )

서술형

11 다음 그림에서 가족들이 어떤 물건을 살지 함께 의논하는 까닭은 무엇인지 쓰시오.

_____

_____

12 가계부나 용돈 기입장을 쓸 때의 좋은 점으로 알맞은 것은 어느 것입니까? ( )

① 물건을 싸게 살 수 있다.
② 소비 생활을 점검할 수 있다.
③ 더 많은 용돈을 받을 수 있다.
④ 원하는 것을 모두 가질 수 있다.
⑤ 품질이 더 좋은 물건을 살 수 있다.

❷ 교류하며 발전하는 우리 지역

개념 ❶ 생산과 소비

① 생산과 소비의 의미

❶ ㅅ ㅅ	생활에 필요한 물건을 만들거나 생활을 편리하고 즐겁게 해 주는 것 ⑩ 분식집에서 떡볶이를 만들어서 파는 것
소비	생산한 것을 사거나 이용하는 것 ⑩ 분식집에서 떡볶이를 사는 것

② ❷ ㅅ ㅈ : 물건을 사고파는 시장에 가면 생산과 소비의 모습을 동시에 볼 수 있습니다.

개념 ❷ 다양한 생산 활동

┌ 사람들은 여러 가지 방법으로 생산 활동을 하면서 살아가요.

생활에 필요한 것을 자연에서 얻는 활동	생활에 필요한 것을 산, 들, 바다 등의 ❸ ㅈ ㅇ 에서 얻는 활동
생활에 필요한 것을 만드는 활동	자연에서 얻은 생산물이나 자연을 이용하여 생활에 필요한 것을 만드는 활동
생활을 편리하고 즐겁게 해 주는 활동	물건을 팔거나 서비스를 제공하여 생활을 편리하고 즐겁게 해 주는 활동

개념 ❸ 생산 활동과 소비 활동

① 생산 활동과 소비 활동의 관계
- 우리 생활에 필요한 여러 가지 것들은 다양한 생산 활동을 거칩니다.
- 사람들은 생산 활동을 통해 만들어진 물건과 서비스를 ❹ ㅅ ㅂ 합니다.
- 생산 활동과 소비 활동은 밀접한 관계에 있습니다.

② 물건이 만들어져 우리에게 오기까지의 과정

우유가 우리에게 오기까지의 과정	젖소의 젖 짜기(생산 활동) → 공장에서 우유를 만들어 포장하기(생산 활동) → 트럭으로 우유를 운반하기(생산 활동) → 마트에서 우유를 구매하기(소비 활동)
알 수 있는 점	물건이 우리에게 오기까지 다양한 생산 활동과 소비 활동을 거침.

개념 ❹ 물건의 생산지 조사하기

① 생산지의 의미: 물건을 만들어 내는 곳입니다.
② 물건의 생산지를 조사하는 방법: 물건 포장지의 상품 정보나 인증 마크 확인하기, 스마트폰으로 상품 포장지의 큐알(QR) 코드 찍어 보기, 상품 광고지 확인하기, ❺ ㄴ ㄹ ㅈ 에서 물건 소개 자료 검색하기, 상품 진열대의 안내판 확인하기 등이 있습니다.

개념 ❺ 지역 간 교류

① 지역 간 ❻ ㄱ ㄹ 의 의미: 지역 간에 서로 필요한 물자, 기술, 문화 등을 주고받는 모든 활동입니다.
② 지역 간 교류가 필요한 까닭: 지역마다 자연환경, 기술, 자원, 문화 등이 다르기 때문에 지역 간에 교류가 이루어집니다.
③ 경제적 교류로 인한 지역 간의 관계: 교류하는 지역은 서로에게 도움과 영향을 주고받는 ❼ ㅅ ㅎ ㅇ ㅈ 관계를 맺고 있습니다.
④ 지역 간 교류 모습 ┌ 지역 간 물자 교류는 대표 생산물을 중심으로 이루어져요.

❽ ㅁ ㅈ 교류	지역에서 생산하기 어려운 생산물을 다른 지역에서 구하고, 그 지역에서 많이 나는 생산물은 다른 지역으로 보냄.
기술 교류	다른 지역과 기술을 교류하여 우리 지역에 부족한 기술을 보완함.
문화 교류	우리 지역의 문화를 다른 지역에 알리거나 다른 지역의 문화를 경험함.
관광 교류	다른 지역의 자연환경, 역사, 문화를 경험하러 여행을 가거나 지역 축제에 참여함.

┌ 지역 간 교류 사례를 조사하면 우리 지역이 어떤 지역과 교류하는지, 우리 지역의 주요 생산물은 무엇인지 알 수 있어요.

개념 ❻ 지역 간의 교류 사례 조사 방법

지역의 시장 조사하기	지역의 시장에 가서 우리 지역과 다른 지역의 주요 생산물을 조사함.
지역 신문이나 뉴스 찾아보기	지역 신문이나 뉴스 등에서 우리 지역의 교류 사례를 살펴봄.
지역 누리집에서 검색하기	지역의 공공 기관 누리집에서 우리 지역의 교류 사례를 검색함.

정답 ❶ 생산 ❷ 시장 ❸ 자연 ❹ 소비 ❺ 누리집 ❻ 교류 ❼ 상호 의존 ❽ 물자

핵심 자료

◑ 바른답·알찬풀이 42쪽

자료 ① 다양한 생산 활동

생활에 필요한 것을 자연에서 얻는 활동	◔ 농사짓기 ◔ 물고기 잡기
생활에 필요한 것을 만드는 활동	◔ 빵 만들기 ◔ 건물 짓기
생활을 편리하고 즐겁게 해 주는 활동	◔ 공연하기 ◔ 환자 진료하기

☌ Point

사람들은 경제활동을 하면서 생활에 필요한 여러 가지 것들을 만드는 다양한 생산 활동을 하고 있습니다.

1-1 (농사짓기 , 건물 짓기)는 생활에 필요한 것을 자연에서 얻는 생산 활동입니다.

1-2 공장에서 물건 만들기, 건물 짓기 등은 생활에 필요한 물건을 (　　　　　) 생산 활동입니다.

1-3 제빵사가 밀가루로 빵을 만드는 것은 생활을 편리하고 즐겁게 해 주는 생산 활동입니다. 　　　(　○ , ✕ 　)

1-4 배우가 뮤지컬 공연을 하는 것은 어떤 생산 활동인지 쓰시오.
(　　　　　　　　　　　　　)

자료 ② 물건의 생산지를 조사하는 방법

친환경 농산물 표시 사항
유기농 (ORGANIC)
농림축산식품부
- 인증 품목 : 감귤
- 인증 번호 : XXX-XXXXX
- 생산자 : ○○○
- 생산지 : 제주시

◔ 물건 포장지의 상품 정보나 인증 마크 확인하기

◔ 스마트폰으로 상품 포장지의 큐알(QR) 코드 찍기

냉동 블루베리 1kg (생산지 : 칠레)
12,980원
30% 할인

◔ 상품 광고지 확인하기

○○ 노트북
- 제조국 : 중국
- 균일가 : 790,000원
- 제조사 : △△사
구매하기

◔ 누리집에서 검색하기

☌ Point

우리가 사용하는 물건은 여러 지역에서 생산되어서 우리에게 옵니다. 물건이 어디에서 생산되었는지 알기 위해서는 물건의 생산지를 확인해야 합니다.

2-1 물건을 만들어 내는 곳을 무엇이라고 하는지 쓰시오.
(　　　　　　　)

2-2 물건 (　　　　　　)의 상품 정보나 인증 마크를 확인하면 물건이 어디에서 생산되었는지 알 수 있습니다.

2-3 상품 소개 자료를 누리집에서 검색하면 상품의 생산지를 알 수 있습니다. 　　　(　○ , ✕ 　)

자료 ③ 지역 간 교류 모습

○○신문　　　　　　　20○○년 ○○월 ○○일

군산시 - 김천시 농특산물 판매 교류

전북특별자치도 군산시와 경상북도 김천시가 농특산물 직거래 장터를 열었다. 군산시는 우수 농특산물인 흰찰쌀보리, 한과 등을 판매하고, 김천시는 우수 농특산물인 자두, 포도 등을 판매하였다.

└ 군산시와 김천시의 물자 교류의 모습이 담겨 있어요.

☌ Point

지역 간에 생산물, 기술, 문화 등을 주고받으며 교류합니다.

3-1 지역 간 물자 교류는 지역의 대표 생산물을 중심으로 이루어집니다. 　　　(　○ , ✕ 　)

3-2 다른 지역의 자연환경, 역사, 문화를 경험하기 위해 여행을 가거나 지역 축제에 참여하는 것은 (기술 , 관광) 교류입니다.

사회

❷ 교류하며 발전하는 우리 지역

01 다음 ㉠, ㉡에 들어갈 알맞은 말을 골라 ○표 하시오.

> ㉠ (생산 , 소비)은/는 생활에 필요한 물건을 만들거나 생활을 편리하고 즐겁게 해 주는 것이고, ㉡ (생산 , 소비)은/는 생산한 것을 사거나 이용하는 것이다.

〔서술형〕

02 다음과 같은 장소에서 볼 수 있는 경제활동의 모습을 쓰시오.

◉ 전통 시장　　◉ 대형 마트

_____

_____

03 생활에 필요한 것을 자연에서 얻는 활동으로만 알맞게 짝 지은 것은 어느 것입니까? (　　　)

① 공연하기, 학생 가르치기, 빵 만들기
② 농사짓기, 가축 기르기, 물고기 잡기
③ 아파트 짓기, 환자 진료하기, 버섯 채취하기
④ 공장에서 옷 만들기, 소금 만들기, 과일 재배하기
⑤ 음식 판매하기, 물건 배달하기, 미용사가 머리 손질하기

04 우유가 만들어져서 우리에게 오기까지의 과정에서 일어나는 경제활동 모습이 다른 것은 어느 것입니까? (　　　)

①
◉ 젖소의 젖을 짜기

②
◉ 공장에서 우유를 만들어 포장하기

③
◉ 포장한 우유 운반하기

④
◉ 마트에서 우유 사기

05 생산지에 대해서 잘못 설명한 친구는 누구입니까? (　　　)

①
생산지는 물건을 사고파는 곳이야.

② 물건 포장지의 상품 정보나 인증 마크를 살펴보면 생산지를 알 수 있어.

③ 생산지를 조사하면 물건을 어디에서 만들었는지 알 수 있어.

④ 누리집에서 물건 소개 자료를 검색해도 생산지를 알 수 있어.

◆ 바른답·알찬풀이 42쪽

06 지역 간 교류에 대한 설명으로 옳은 것에 ○표, 옳지 않은 것에 ×표 하시오.

(1) 지역 간에 서로 필요한 물자, 기술, 문화 등을 주고받는 모든 활동이다. ( )

(2) 교류하는 두 지역 중 한 지역만 도움을 받고, 다른 지역은 피해를 받는다. ( )

07 지역 간에 교류가 이루어지는 까닭으로 알맞지 않은 것은 어느 것입니까? ( )

① 지역마다 문화가 다르기 때문이다.
② 지역마다 자연환경이 다르기 때문이다.
③ 지역마다 가지고 있는 기술이 다르기 때문이다.
④ 지역마다 가지고 있는 자원이 다르기 때문이다.
⑤ 지역에 살고 있는 사람들의 이름이 다르기 때문이다.

08 다음 신문 기사를 읽고 알 수 있는 내용으로 알맞지 않은 것은 어느 것입니까? ( )

○○신문	20○○년 ○○월 ○○일

군산시 – 김천시 농특산물 판매 교류

전북특별자치도 군산시와 경상북도 김천시가 농특산물 직거래 장터를 열었다. 군산시는 우수 농특산물인 흰찰쌀보리, 한과 등을 판매하고, 김천시는 우수 농특산물인 자두, 포도 등을 판매하였다.

① 군산시와 김천시의 교류 사례이다.
② 김천시는 자두, 포도 등을 판매한다.
③ 군산시와 김천시는 문화 교류를 하고 있다.
④ 군산시는 흰찰쌀보리, 한과 등을 판매한다.
⑤ 두 지역은 교류를 통해 상호 의존 관계를 맺고 있다.

09 다음 ( ) 안에 들어갈 알맞은 말을 쓰시오.

각 지역은 지역에서 생산하기 어려운 생산물을 다른 지역에서 구하고, 그 지역에서 많이 나는 생산물은 다른 지역으로 보내면서 ( ) 교류를 한다.

( )

10 다음 밑줄 친 두 지역이 교류하는 것으로 알맞은 것은 어느 것입니까? ( )

제주특별자치도의 무용단과 광주광역시의 음악단이 교류 공연을 연다. 제주 도립 무용단, 광주 시립 국악 관현악단이 참여하여 우수한 문화를 제주 도민과 광주 시민에게 선보일 예정이다.

① 문화   ② 기술   ③ 관광
④ 물자   ⑤ 정치

서술형

11 우리 지역이 다른 지역과 교류하는 사례를 조사하는 방법을 두 가지 쓰시오.

_____

_____

_____

01 경제활동 모습으로 알맞지 <u>않은</u> 것은 어느 것입니까? (   )

① 밤에 잠을 잔다.
② 치킨을 배달한다.
③ 과일 가게에서 과일을 산다.
④ 버스를 타고 약속 장소에 간다.
⑤ 빵 가게 주인이 단팥빵을 만든다.

02 다음 (   ) 안에 들어갈 알맞은 말을 골라 ○표 하시오.

위 그림은 물건을 (사는 , 만드는 , 운반하는) 사람이 겪는 선택의 상황이다.

서술형
03 경제활동을 하면서 선택의 문제를 겪는 까닭을 쓰시오.

꼭 들어가야 할 말	욕구, 자원, 희소성, 경제활동

_____

_____

꼭 나와!
04 다음 ㉠, ㉡에 들어갈 말을 알맞게 짝 지은 것은 어느 것입니까? (   )

가격이 싸서 샀는데 금방 고장났어.

위 그림에서 게임기를 산 것을 후회하는 까닭은 (㉠)을/를 고려하지 않고, (㉡)만 보고 시계를 샀기 때문이다.

	㉠	㉡
①	가격	품질
②	기능	품질
③	품질	가격
④	디자인	가격
⑤	품질	디자인

05 합리적 선택을 하기 위해 고려해야 할 것으로 알맞지 <u>않은</u> 것은 어느 것입니까? (   )

① 내가 원하는 모양인가?
② 나에게 꼭 필요한 것인가?
③ 가장 비싸고 좋은 것인가?
④ 내가 원하는 기능이 있는가?
⑤ 선택으로 얻는 즐거움이나 편리함에는 무엇이 있는가?

06 합리적 선택 과정에서 다음과 같은 일을 하는 단계로 알맞은 것은 어느 것입니까? (　　　　)

> 물건의 가격, 품질 등에 대한 내용을 수집하고 분석한다.

① 선택하기　　　　② 물건 평가하기
③ 정보 수집하기　　④ 선택 기준 세우기
⑤ 가진 돈과 필요한 물건 확인하기

 꼭 나와!

07 다음은 어떤 방법으로 물건에 대한 정보를 얻는 모습인지 보기 에서 골라 기호를 쓰시오.

이 신발의 특징은 무엇인가요?

보기
㉠ 광고지 찾아보기
㉡ 인터넷에서 검색하기
㉢ 상점을 직접 방문하기
㉣ 물건을 사용해 본 주변 사람들에게 물어보기

(　　　　　　　)

08 합리적 소비 생활을 하기 위한 방법으로 알맞지 않은 것은 어느 것입니까? (　　　　)

① 용돈의 일부를 저축한다.
② 용돈 기입장이나 가계부를 쓴다.
③ 다양한 정보를 활용하여 물건을 비교한다.
④ 미리 계획을 세우고 꼭 필요한 곳에 소비한다.
⑤ 원하는 소비 생활을 하기 위해 생산 활동에 열심히 참여한다.

서술형

09 다음 ㉠~㉣를 생산 활동의 종류에 따라 구분하여 쓰시오.

㉠
◈ 농사짓기

㉡
◈ 공연하기

㉢
◈ 빵 만들기

㉣
◈ 건물 짓기

꼭 들어가야 할 말　　자연, 편리, 만드는

_____
_____
_____

10 다음 자료와 관련된 물건의 생산지를 조사하는 방법은 어느 것입니까? (　　　　)

○○ 노트북
• 제조국 -중국
• 균일가 -790,000원
• 제조사 -△△사
구매하기

① 큐알(QR) 코드 확인하기
② 상품 홍보 광고지 확인하기
③ 상품 진열대의 안내판 확인하기
④ 누리집에서 물건 소개 자료 검색하기
⑤ 물건 포장지에 표시된 상품 정보 확인하기

꼭 나와!

11 다음 사례에서 지역 간에 교류하는 대상으로 알맞은 것은 어느 것입니까? (   )

> 녹차를 개발하여 상품을 만드는 경상남도 하동군의 녹차 연구소와 인삼을 개발하여 상품을 만드는 충청남도 금산군의 인삼 연구소가 공동 연구를 하기로 했다. 두 연구소는 서로의 기술을 교류하여 녹차와 인삼을 이용한 새로운 상품을 개발할 계획이다.

① 물자   ② 기술   ③ 의료
④ 문화   ⑤ 먹거리

12 다음 (   ) 안에 공통으로 들어갈 말을 쓰시오.

> 바닷가 지역인 울릉도는 오징어가 대표 (   )(이)고, 석회석이 풍부한 삼척은 시멘트가 대표 (   )(이)다. 지역 간 교류는 이러한 대표 (   )을/를 중심으로 이루어진다.

(   )

13 지역 간 교류에 대한 설명으로 알맞은 것은 어느 것입니까? (   )

① 교류를 통해 지역 발전을 이루기 어렵다.
② 교류를 통해 각 지역은 부족한 것을 보완한다.
③ 문화 교류는 지역 간 교류에 해당하지 않는다.
④ 지역 간 교류는 기술을 중심으로만 이루어진다.
⑤ 각 지역은 서로 경쟁하기 위한 목적으로만 교류를 한다.

서술형

14 다음 사례에서 교류를 하고 있는 두 지역을 찾아 쓰고, 두 지역이 어떤 분야에서 교류하고 있는지 쓰시오.

> 경기도 용인시와 전라남도 함평군은 두 지역의 관광 산업 발전을 위해 서로 협력하기로 약속하고, 각 지역의 대표 관광지와 축제의 입장료를 서로 면제하기로 하였다. 용인시 주민들은 함평군에서 열리는 나비 대축제의 입장료를 면제 받고, 함평군 주민들은 용인 자연 휴양림의 입장료를 면제 받게 되었다.

(1) 교류하는 두 지역:
   (   ), (   )

(2) 교류 분야: _____

_____

15 우리 지역이 다른 지역과 교류하는 사례를 조사하면서 알게 된 점으로 옳은 것에 ○표, 옳지 <u>않은</u> 것에 ×표 하시오.

(1) 우리 지역의 역사를 알 수 있다. (   )

(2) 우리 지역이 다양한 지역과 교류한다는 것을 알 수 있다. (   )

(3) 각 지역이 경제 교류를 통해 함께 성장하고 발전해 간다는 것을 알 수 있다. (   )

01 다음 친구들의 대화에서 밑줄 친 ㉠에 들어갈 내용으로 알맞은 것은 어느 것입니까? (   )

> • 서하: 오늘 학교에서 경제활동에 대해 배웠는데, 그동안 나도 경제활동을 하고 있었다는 걸 알았어.
> • 유진: 그래? 어떤 경제활동을 했는데?
> • 서하: 예를 들어, ㉠ _____ 등이야.

① 운동을 한 것
② 방 청소를 한 것
③ 학교 숙제를 한 것
④ 엄마 심부름을 한 것
⑤ 분식점에서 떡볶이를 사 먹은 것

서술형

02 다음은 어떤 선택의 문제를 겪고 있는 모습인지 쓰시오.

_____
_____

어려워

03 희소성에 대한 설명으로 알맞지 <u>않은</u> 것은 어느 것입니까? (   )

① 희소성은 장소나 시대에 따라서 달라지기도 한다.
② 자원의 양이 많으면 그 자원은 희소하다고 할 수 없다.
③ 사람들의 필요나 욕구에 비해 자원이 부족한 상태이다.
④ 희소성 때문에 경제활동에서 선택의 문제가 발생한다.
⑤ 희소성은 자원을 원하는 사람이 자원의 양에 비해 얼마나 많은지에 따라 달라진다.

04 선택을 한 뒤에 후회하지 않기 위해서 할 수 있는 일로 알맞지 <u>않은</u> 것은 어느 것입니까?

(   )

① 현명한 선택을 한다.
② 가장 많은 사람이 선택한 것을 선택한다.
③ 내가 중요하게 생각하는 것을 기준으로 선택한다.
④ 선택을 하기 전에 여러 가지 상황을 고려하여 신중하게 생각한다.
⑤ 적은 비용과 노력으로 가장 큰 만족감을 얻을 수 있는 선택을 한다.

05 다음 중에서 합리적인 선택을 한 친구를 두 명 고르시오. (,   )

① 연호: 가격이 가장 싼 것을 선택해요.
② 소하: 부모님이 골라 준 것을 선택해요.
③ 윤찬: 가격, 모양, 기능, 품질 등을 꼼꼼하게 비교해요.
④ 민석: 같은 조건이면 가격이 가장 비싼 것을 선택해요.
⑤ 준우: 선택으로 어떤 즐거움을 얻을 수 있는지 생각해요.

서술형

06 다음 그림과 같은 방법으로 물건에 대한 정보를 얻을 때 주의할 점을 쓰시오.

⏶ 광고 보기

⏶ 인터넷 검색하기

_____

_____

07 합리적 선택 과정에서 다음 그림과 관련 있는 과정으로 알맞은 것은 어느 것입니까? (   )

만 원으로 필통을 사야겠어.

① 가진 돈과 필요한 물건 확인하기 → ② 선택 기준 세우기 → ③ 정보 수집하기

→ ④ 물건 평가하기 → ⑤ 선택하기

어려워

08 다음 그림을 보고 잘못 말한 친구의 이름을 쓰시오.

채소가 신선할 때 빨리 배달해야지!

• 하얀: 경제활동을 하는 모습이에요.
• 민호: 생활에 필요한 것을 만드는 활동이에요.
• 진유: 학생을 가르치는 선생님, 환자를 진료하는 의사도 같은 생산 활동을 해요.

(   )

09 생산 활동과 소비 활동의 관계에 대한 설명으로 알맞은 것은 어느 것입니까? (   )

① 생산 활동과 소비 활동은 밀접한 관련이 있다.
② 생산 활동이 활발하면 소비 활동도 항상 활발하다.
③ 소비 활동이 없어도 생산 활동은 활발히 이루어진다.
④ 물건이 우리 손에 오는 과정에서는 소비 활동만 이루어진다.
⑤ 물건이 우리 손에 오는 과정에서는 생산 활동만 이루어진다.

10 물건의 생산지를 조사하는 방법으로 알맞지 않은 것은 어느 것입니까? (   )

① 물건을 사서 직접 사용한다.
② 물건 포장지의 인증 마크를 확인한다.
③ 누리집에서 물건 소개 자료를 검색한다.
④ 상품을 소개하는 광고지를 보고 확인한다.
⑤ 상품 포장지의 큐알(QR) 코드를 찍어서 확인한다.

서술형

11 다음 지도는 각 지역의 대표 생산물을 나타낸 것입니다. 지역 간에 이러한 생산물을 어떻게 교류하는지 쓰시오.

_____

_____

_____

12 다음 사례에서 지역 간에 교류하는 대상으로 알맞은 것은 어느 것입니까? (   )

> 충청남도 논산시의 한 서당에 가서 전통문화를 체험하고, 다른 지역의 친구와 교류를 한다.

① 물자   ② 기술
③ 의료   ④ 문화
⑤ 먹거리

어려워

13 다음 (   ) 안에 들어갈 알맞은 말은 어느 것입니까? (   )

> 녹차를 개발하여 상품을 만드는 경상남도 하동군의 녹차 연구소와 인삼을 개발하여 상품을 만드는 충청남도 금산군의 인삼 연구소가 공동 연구를 하기로 했다. 두 연구소는 서로의 (   )을/를 교류하여 녹차와 인삼을 이용한 새로운 상품을 개발할 계획이다.

① 물   ② 기술   ③ 의료
④ 문화   ⑤ 먹거리

14 다음은 어떤 방법으로 지역 간 교류 사례를 조사하는 모습인지 쓰시오.

지역의 (   ) 조사하기

15 우리 지역이 다른 지역과 교류하는 사례를 조사한 뒤에 알게 된 점을 알맞게 말한 친구의 이름을 모두 쓰시오.

> • 예준: 우리 지역의 주요 생산물이 무엇인지 알 수 있었어요.
> • 나연: 우리 지역이 어떤 지역과 교류하고 있는지 알 수 있었어요.
> • 미호: 교류가 활발해질수록 우리 지역의 경제가 나빠진다는 것을 알게 되었어요.

(   )

과학

① **자석의 이용** [164쪽]

자석 클립 통도
자석을 이용한 거야?

응, 자석이 철로 된 물체를
끌어당기는 성질을 이용했어.

컵 바깥면에
물방울이 맺혀.

물이 끓으니
기포가 생기고
뚜껑이 열리네?

내가 폭발하면 여러 가지
화산 분출물이 나와!

나를 이용해 김치를
만들 수 있어.

우리 세균들은 주변
어디에나 살고 있어.

개념 ① 자석과 철로 된 물체 사이에 작용하는 힘

① 자석에 붙는 물체의 공통점: [ㅊ] 로 만들어졌습니다.

② 자석을 철로 된 물체에 가까이 했을 때: 서로 끌어당기는 힘이 작용합니다.

철 클립

③ 자석과 철로 된 물체가 조금 떨어져 있을 때: 서로 끌어당기는 힘이 작용합니다.

④ 자석과 철로 된 물체 사이에 자석에 붙지 않는 물질이 있을 때: 자석과 철로 된 물체는 서로 끌어당깁니다.
— 유리, 나무, 알루미늄, 플라스틱 등

개념 ② 자석의 극

① 자석의 [ㄱ]: 자석에서 철로 된 물체를 끌어당기는 힘이 가장 센 부분으로, 철로 된 물체가 많이 붙습니다.

② 자석의 극의 위치: 자석의 종류에 따라 다릅니다.

⊙ 막대자석의 극: 양쪽 끝부분　　⊙ 말굽자석의 극: 양쪽 끝부분　　⊙ 고리 자석의 극: 앞면과 뒷면

③ 자석의 극은 항상 [ㄷ] 개이며, 각각 N극과 S극으로 나타냅니다. — 주로 N극은 빨간색으로 표시하고, S극은 파란색으로 표시해요.

개념 ③ 자석이 가리키는 방향

① 자석이 가리키는 방향: 물에 띄운 막대자석의 N극은 [ㅂ] 쪽, S극은 남쪽을 가리킵니다.

② 나침반 바늘이 가리키는 방향: 나침반 바늘도 자석이기 때문에 나침반 바늘의 N극은 북쪽을 가리키고, S극은 남쪽을 가리킵니다.

⊙ 물에 띄운 막대자석　　⊙ 나침반

개념 ④ 자석과 자석 사이에 작용하는 힘

① 자석과 자석을 가까이 했을 때 작용하는 힘

같은 극끼리 가까이 할 때	다른 극끼리 가까이 할 때

서로 밀어 내는 힘	서로 끌어당기는 힘

② 극을 알 수 없는 자석의 극을 찾는 방법: 막대자석의 극을 가까이 했을 때 서로 밀어 내면 [ㄱㅇ] 극이고 서로 끌어당기면 다른 극입니다.

개념 ⑤ 나침반에 자석을 가까이 할 때의 변화

① 나침반에 자석을 가까이 할 때: 나침반 바늘이 움직여 자석의 [ㄱ] 을 가리킵니다.

② 나침반에서 자석을 멀리 할 때: 나침반 바늘이 다시 움직여 원래 가리키던 방향으로 되돌아갑니다.

③ 자석 주변에서 나침반 바늘이 움직이는 까닭: 나침반 바늘도 [ㅈㅅ] 이기 때문에 자석의 극과 나침반 바늘 사이에 서로 밀어 내거나 끌어당기는 힘이 작용하기 때문입니다.

자석의 성질을 이용해 우리 생활을 편리하게 하는 물건을 만들 수 있어요.

개념 ⑥ 일상생활에서 자석을 이용한 예

① 자석이 철로 된 물체를 끌어당기는 성질을 이용한 예: 자석 클립 통, 자석 비누 걸이, 자석 칠판, 자석 드라이버 등이 있습니다.

자석

⊙ 자석 클립 통　　⊙ 자석 비누 걸이

② 자석과 자석이 서로 밀어 내거나 끌어당기는 성질을 이용한 예: 자석 신발 끈 매듭기, 자석 창문 닦이 등이 있습니다.

 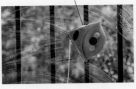

자석　　자석

⊙ 자석 신발 끈 매듭기　　⊙ 자석 창문 닦이

핵심 자료

▶ 바른답·알찬풀이 45쪽

자료 ❶ 자석과 철로 된 물체 사이에 작용하는 힘

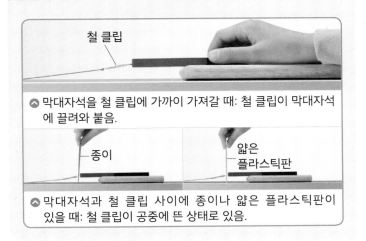

철 클립

⊙ 막대자석을 철 클립에 가까이 가져갈 때: 철 클립이 막대자석에 끌려와 붙음.

종이

얇은 플라스틱판

⊙ 막대자석과 철 클립 사이에 종이나 얇은 플라스틱판이 있을 때: 철 클립이 공중에 뜬 상태로 있음.

🔍 Point

자석과 철로 된 물체 사이에는 서로 끌어당기는 힘이 작용합니다.

1-1 자석을 철로 된 물체에 가까이 가져가면 철로 된 물체가 자석에 끌려옵니다. (○ , ✕)

1-2 자석과 철로 된 물체가 약간 떨어져 있어도 서로 끌어당기는 힘이 작용합니다. (○ , ✕)

1-3 자석과 철로 된 물체 사이에 종이나 얇은 플라스틱판과 같이 자석에 (붙는 , 붙지 않는) 물체가 있어도 자석과 철로 된 물체는 서로 끌어당깁니다.

자료 ❷ 자석과 자석 사이에 작용하는 힘

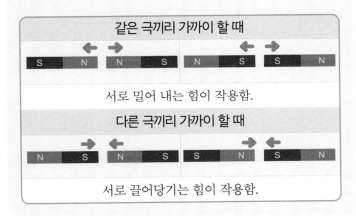

같은 극끼리 가까이 할 때

서로 밀어 내는 힘이 작용함.

다른 극끼리 가까이 할 때

서로 끌어당기는 힘이 작용함.

🔍 Point

자석의 같은 극끼리는 서로 밀어 내는 힘이 작용하고, 다른 극끼리는 서로 끌어당기는 힘이 작용합니다.

2-1 자석의 N극과 (N극 , S극)을 가까이 하면 서로 끌어당기는 힘이 작용합니다.

2-2 자석의 같은 극끼리는 서로 끌어당기는 힘이 작용하고, 다른 극끼리는 서로 밀어 내는 힘이 작용합니다. (○ , ✕)

자료 ❸ 나침반에 자석을 가까이 할 때의 변화

⊙ 막대자석의 N극을 가까이 할 때: 나침반 바늘의 S극이 자석의 극을 가리킴.

원래 가리키던 방향으로 되돌아가요.

⊙ 막대자석을 가까이 하기 전

⊙ 막대자석을 멀리 할 때

⊙ 막대자석의 S극을 가까이 할 때: 나침반 바늘의 N극이 자석의 극을 가리킴.

🔍 Point

나침반에 자석을 가까이 하면 나침반 바늘이 움직여 자석의 극을 가리킵니다.

3-1 나침반에 막대자석의 N극을 가까이 하면 나침반 바늘의 (N극 , S극)이 자석의 극을 가리킵니다.

3-2 나침반에서 자석을 멀리 하면 나침반 바늘이 다시 움직여 (   ) 방향으로 되돌아갑니다.

3-3 나침반 바늘도 (   )이기 때문에 자석의 극과 나침반 바늘 사이에는 서로 밀어 내거나 끌어당기는 힘이 작용합니다.

01 자석에 붙는 물체를 두 가지 고르시오.
(,)

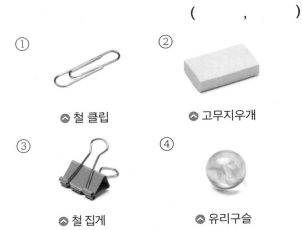

① 철 클립
② 고무지우개
③ 철 집게
④ 유리구슬

서술형

02 다음 책상과 가위의 각 부분에 자석을 대어 보았습니다.

책상
가위

(1) 위 ㉠~㉣ 중 자석에 붙는 부분을 모두 골라 기호를 쓰시오.
( )

(2) 위 (1)번 답과 같이 자석에 붙는 부분의 공통점을 쓰시오.

_____

_____

03 다음과 같이 막대자석을 철 클립에 가까이 했을 때의 결과로 옳은 것은 어느 것입니까?
( )

막대자석
철 클립

① 철 클립이 움직이지 않는다.
② 철 클립이 막대자석을 밀어 낸다.
③ 막대자석이 철 클립을 밀어 낸다.
④ 철 클립이 막대자석에 끌려와 붙는다.
⑤ 막대자석이 철 클립에 끌려가 붙는다.

04 오른쪽과 같이 막대자석과 철 클립 사이에 얇은 플라스틱판을 넣었을 때의 결과를 옳게 말한 친구의 이름을 쓰시오.

얇은 플라스틱판
철 클립

철 클립이 바닥으로 떨어져.
철 클립이 공중에 뜬 상태로 있어.
철 클립이 위로 솟아 올라.

지훈
루찬
다윤

( )

05 문제 04번의 실험 결과 알게 된 점입니다. ( ) 안에 들어갈 알맞은 말을 골라 ○표 하시오.

자석과 철로 된 물체 사이에 얇은 플라스틱판과 같이 자석에 붙지 않는 물체가 있을 때 자석과 철로 된 물체는 서로 (끌어당긴다 , 끌어당기지 못한다).

06 다음과 같이 플라스틱 집게로 집은 막대자석을 빵 끈이 든 종이 접시에 놓았다가 들어 올렸을 때의 결과에 대한 설명으로 옳은 것에 ○표 하시오.

막대자석의 (모든 , 가운데 , 양쪽 끝) 부분에 빵 끈이 많이 붙는다.

꼭 나와!

07 자석의 극에 대한 설명으로 옳지 <u>않은</u> 것은 어느 것입니까? (   )

① N극과 S극이 있다.

② 자석의 종류에 따라 극의 개수가 다르다.

③ 자석에서 철로 된 물체가 많이 붙는 부분이다.

④ 자석의 극의 위치는 철로 된 물체를 붙여 보면 찾을 수 있다.

⑤ 자석에서 철로 된 물체를 끌어당기는 힘이 가장 센 부분이다.

08 다음 막대자석의 ㉠, ㉡에 해당하는 극을 쓰시오.

㉠: (   ), ㉡: (   )

서술형

09 다음은 고리 자석을 철 클립이 든 종이 접시에 넣었다가 들어 올린 모습입니다.

(1) 위 ㉠~㉢ 중 고리 자석의 극을 모두 골라 기호를 쓰시오.

(   )

(2) 위 (1)번 답과 같이 생각한 까닭을 쓰시오.

_____

_____

10 다음과 같이 자석과 자석을 가까이 할 때 서로 밀어 내는 힘이 작용하는 것을 두 가지 고르시오.

(,   )

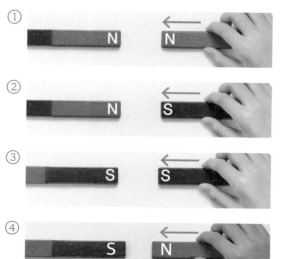

꼭나와!

11 자석과 자석 사이에 작용하는 힘에 대한 설명으로 옳지 않은 것은 어느 것입니까? (   )

① 자석의 같은 극끼리는 서로 밀어 낸다.

② 자석의 다른 극끼리는 서로 끌어당긴다.

③ 자석의 N극에 다른 자석의 N극을 가까이 하면 서로 끌어당긴다.

④ 자석의 N극에 다른 자석의 S극을 가까이 하면 서로 끌어당긴다.

⑤ 자석의 S극에 다른 자석의 N극을 가까이 하면 서로 끌어당긴다.

12 오른쪽과 같이 막대자석의 N극을 고리 자석에 가까이 하였더니 서로 끌어당기는 힘이 작용했습니다. 고리 자석의 ㉠은 무슨 극인지 쓰시오.

(   )

13 다음은 고리 자석으로 탑을 쌓은 모습입니다. ㉠ 고리 자석의 아랫면이 N극일 때 ㉡ 고리 자석의 윗면은 무슨 극인지 쓰시오.

(   )

[14~15] 다음은 막대자석의 N극을 나침반에 가까이 했다가 멀리 하는 모습입니다. 물음에 답하시오.

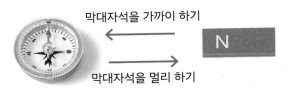

14 위 실험에서 막대자석의 N극을 나침반에 가까이 했을 때 나침반 바늘의 움직임에 대한 설명으로 옳은 것을 보기 에서 골라 기호를 쓰시오.

보기

㉠ 나침반 바늘이 계속 움직인다.

㉡ 나침반 바늘이 북쪽과 남쪽을 가리킨다.

㉢ 나침반 바늘의 N극이 자석 쪽으로 끌려온다.

㉣ 나침반 바늘의 S극이 자석 쪽으로 끌려온다.

(   )

15 위 실험에서 막대자석을 나침반에서 멀어지게 했을 때 나침반 바늘의 모습으로 옳은 것은 어느 것입니까? (   )

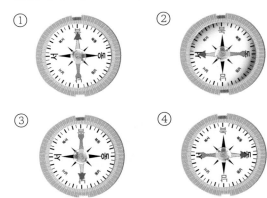

❯ 바른답·알찬풀이 45쪽

16 다음은 막대자석 주변에 나침반을 가까이 했을 때 나침반 바늘의 모습을 나타낸 것입니다. 막대자석의 ㉠, ㉡은 무슨 극인지 쓰시오.

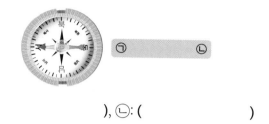

㉠: (   ), ㉡: (   )

17 자석 주변에서 나침반 바늘이 가리키는 방향이 달라지는 까닭으로 옳은 것은 어느 것입니까?
( )

① 나침반 바늘도 자석이기 때문이다.
② 나침반 바늘이 용수철과 같기 때문이다.
③ 나침반 바늘과 자석은 항상 밀어 내기 때문이다.
④ 나침반 바늘과 자석은 항상 끌어당기기 때문이다.
⑤ 나침반 바늘이 알루미늄으로 만들어졌기 때문이다.

18 자석을 이용한 물건이 <u>아닌</u> 것은 어느 것입니까?
( )

①

⚌ 자석 창문 닦이

②
⚌ 가방 자석 단추

③
⚌ 자석 신발 끈 매듭기

④
⚌ 가위

19 다음은 자석 비누 걸이의 모습입니다.

(1) 위 ㉠~㉢ 중 자석이 있는 부분을 골라 기호를 쓰시오.
(   )

(2) 위 자석 비누 걸이에 이용된 자석의 성질을 쓰시오.

_____

_____

20 다음 물건들에 공통으로 이용된 자석의 성질은 어느 것입니까? ( )

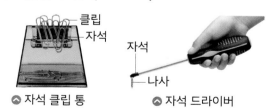

⚌ 자석 클립 통   ⚌ 자석 드라이버

① 자석은 일정한 방향을 가리킨다.
② 자석은 철로 된 물체를 끌어당긴다.
③ 자석은 같은 극끼리 서로 밀어 낸다.
④ 자석은 다른 극끼리 서로 끌어당긴다.
⑤ 자석은 알루미늄으로 된 물체를 끌어당긴다.

단원평가 실전

1. 자석의 이용

01 자석에 붙는 물체와 자석에 붙지 않는 물체를 알맞게 짝 지은 것은 어느 것입니까? (   )

	자석에 붙는 물체	자석에 붙지 않는 물체
①	색종이	용수철
②	고무풍선	고무지우개
③	알루미늄 접시	철 집게
④	철이 든 빵 끈	유리구슬
⑤	플라스틱 숟가락	철 클립

02 다음 책상에 자석을 대어 보았을 때의 결과에 대한 설명으로 옳은 것은 어느 것입니까? (   )

① ㉠ 부분만 자석에 붙는다.
② ㉡ 부분만 자석에 붙는다.
③ ㉠과 ㉡ 부분 모두 자석에 붙는다.
④ ㉠과 ㉡ 부분 모두 자석에 붙지 않는다.
⑤ 자석의 종류에 따라 붙는 부분이 다르다.

03 다음과 같이 막대자석을 철 클립에 가까이 가져 갔더니 철 클립이 자석에 끌려와 붙었습니다. 철 클립 대신 사용했을 때 그 결과가 나머지와 <u>다른</u> 것은 어느 것입니까? (   )

① 철 못
② 철 머리핀
③ 나무젓가락
④ 철 나사못
⑤ 철이 든 빵 끈

서술형

04 다음은 철 클립에 끼운 실을 책상에 붙이고 막대 자석을 철 클립에 가까이 가져간 뒤 조금 떨어 뜨린 모습입니다. 이러한 결과가 나타난 까닭을 쓰시오.

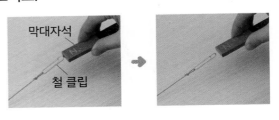

_____

_____

어려워

05 다음은 자석을 이용하여 유리컵 안에 든 빵 끈을 끌어올린 모습입니다. 이를 통해 알 수 있는 내용을 옳게 말한 친구의 이름을 쓰시오.

 자석과 빵 끈은 그 사이에 자석에 붙지 않는 물체가 있으면 서로 끌어당기지 않아.

 자석과 빵 끈은 그 사이에 자석에 붙지 않는 물체가 있어도 서로 끌어당기는 힘이 작용해.

다윤   지훈

(   )

06 자석과 물체 사이에 작용하는 힘에 대한 설명으로 옳은 것은 어느 것입니까? (   )

① 자석은 모든 물체를 끌어당긴다.
② 자석과 철로 된 물체 사이에는 서로 밀어 내는 힘이 작용한다.
③ 자석과 금속으로 된 물체 사이에는 서로 끌어 당기는 힘이 작용한다.
④ 자석과 철로 된 물체가 약간 떨어져 있어도 서로 끌어당기는 힘이 작용한다.
⑤ 자석과 철로 된 물체 사이에 자석에 붙지 않는 물체가 있으면 서로 끌어당기지 못한다.

07 다음 막대자석에서 빵 끈이 많이 붙어 있는 부분에 대한 설명으로 옳지 **않은** 것은 어느 것입니까?

(   )

① 자석의 극이라고 한다.
② 자석의 극은 항상 두 개이다.
③ 막대자석의 극은 가운데 부분에 있다.
④ 자석에서 철로 된 물체가 많이 붙는 부분이다.
⑤ 자석에서 철로 된 물체를 끌어당기는 힘이 가장 센 부분이다.

08 오른쪽은 말굽자석에 빵 끈 이 붙은 모습입니다. ㉠~㉢ 중 말굽자석의 극을 모두 찾아 기호를 쓰시오.

(   )

09 다음과 같이 막대자석 두 개를 같은 극끼리 마주 보게 하여 가까이 할 때의 결과에 대한 설명으로 옳은 것을 보기 에서 골라 기호를 쓰시오.

보기

㉠ 두 자석이 서로 밀어 낸다.
㉡ 두 자석이 서로 끌어당긴다.
㉢ 두 자석이 서로 밀어 내다가 끌어당긴다.
㉣ 두 자석이 서로 끌어당기다가 밀어 낸다.

(   )

10 다음은 알루미늄 포일로 감싼 막대자석의 양쪽 극에 다른 막대자석을 가까이 했을 때의 모습입니다. 이에 대한 설명으로 옳은 것을 두 가지 고르시오. (,   )

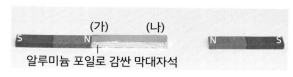

알루미늄 포일로 감싼 막대자석

① (가), (나)의 극은 알 수 없다.
② (가)는 N극이고, (나)는 S극이다.
③ (가)는 S극이고, (나)는 N극이다.
④ (가)는 마주 보는 막대자석과 같은 극이다.
⑤ (나)는 마주 보는 막대자석과 같은 극이다.

서술형

11 다음과 같이 고리 자석으로 탑을 쌓고 고리 자석의 윗면에 막대자석의 N극을 가까이 가져갔더니 서로 끌어당기는 힘이 작용했습니다. 고리 자석의 ㉠은 무슨 극인지 쓰고, 그렇게 답한 까닭을 쓰시오.

_____

_____

12 막대자석의 S극을 나침반에 가까이 하였을 때 나침반 바늘의 움직임을 옳게 나타낸 것은 어느 것입니까? (   )

13 문제 12번에서 막대자석을 나침반에서 멀리 할 때 나침반 바늘의 변화로 옳은 것을 **보기** 에서 골라 기호를 쓰시오.

보기

㉠ 나침반 바늘이 계속 움직인다.
㉡ 나침반 바늘이 움직이지 않는다.
㉢ 나침반 바늘이 동쪽과 서쪽을 가리킨다.
㉣ 나침반 바늘이 다시 움직여 원래 가리키던 방향으로 되돌아간다.

(   )

어려워

14 다음과 같이 막대자석 주변에 나침반을 놓았을 때 나침반 바늘이 가리키는 방향으로 옳지 <u>않은</u> 것은 어느 것입니까? (   )

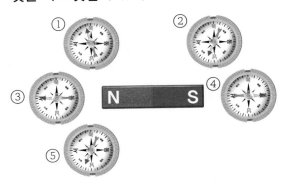

15 다음은 나침반에 자석을 가까이 할 때 나침반 바늘이 움직이는 까닭에 대한 설명입니다. (   ) 안에 들어갈 알맞은 말을 쓰시오.

나침반 바늘도 (   )이기 때문에 자석의 극과 나침반 바늘 사이에 서로 밀어 내거나 끌어당기는 힘이 작용하여 나침반 바늘이 움직인다.

(   )

◎ 바른답·알찬풀이 46쪽

16 오른쪽 나침반에 대한 설명으로 옳지 <u>않은</u> 것은 어느 것입니까?
(   )

① 나침반 바늘은 자석으로 되어 있다.
② 방향을 찾을 수 있도록 만든 도구이다.
③ 나침반 바늘의 빨간색 부분은 자석의 N극과 같다.
④ 자석이 일정한 방향을 가리키는 성질을 이용한 것이다.
⑤ 나침반을 평평한 곳에 놓으면 나침반 바늘은 동쪽과 서쪽을 가리킨다.

17 다음 (   ) 안에 들어갈 알맞은 말을 쓰시오.

자석 칠판은 (   )(으)로 된 칠판에 자석을 이용해 종이나 쪽지 등을 붙일 수 있다.

(   )

어려워

18 자석이 있는 부분을 ○로 옳게 표시한 것은 어느 것입니까? (   )

①
 자석 병따개

②
⌃ 가방 자석 단추

③
⌃ 자석 커튼 집게

④
⌃ 자석 다트

19 다음 자석 신발 끈 매듭기에 이용된 자석의 성질로 옳은 것을 보기 에서 골라 기호를 쓰시오.

보기
㉠ 자석이 일정한 방향을 가리키는 성질
㉡ 자석이 철로 된 물체를 끌어당기는 성질
㉢ 자석과 자석이 서로 밀어 내거나 끌어당기는 성질

(   )

서술형

20 다음은 자석 클립 통의 모습입니다. ㉠과 ㉡ 중 자석이 있는 부분을 골라 기호를 쓰고, 자석 클립 통에 이용된 자석의 성질을 쓰시오.

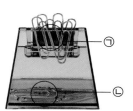

_____

_____

2. 물의 상태 변화

개념 ① 물의 상태 변화

① 물의 세 가지 상태: 물의 고체 상태는 [① ㅇㅇ], 액체 상태는 물, 기체 상태는 수증기라고 합니다.

② 물의 세 가지 상태의 특징

얼음(고체)	물(액체)	수증기(기체)
• 차갑고 단단함. • 일정한 모양이 있음.	• 흐를 수 있음. • 모양이 일정하지 않음.	• 보이지 않음.—공기 중에 있어요. • 일정한 모양이 없음.

③ 물의 상태 변화: 물이 서로 다른 상태로 변하는 것

④ 물의 상태 변화의 예
• 얼음 → 물: 빙수의 얼음이 녹음, 냇가의 얼음이 녹음.
• 물 → 얼음: 주스를 얼려 얼음과자를 만듦, 겨울철에 도로의 물이 얼어 얼음판으로 변함.
• 물 → 수증기: 비가 온 뒤 도로의 물이 마름, 스팀 다리미에서 나온 수증기로 옷을 다림.

개념 ② 물이 얼 때와 얼음이 녹을 때의 변화

① 물이 얼 때와 얼음이 녹을 때의 부피와 무게 변화
• 부피 변화: 물이 얼 때는 부피가 [② ㄴㅇㄴㄱ], 얼음이 녹을 때는 부피가 줄어듭니다.—줄어든 부피는 물이 얼 때 늘어난 부피와 같아요.
• 무게 변화: 물이 얼거나 얼음이 녹을 때 무게는 변하지 않습니다.

② 물의 [③ ㅂㅍ] 변화와 관련된 예

물이 얼 때	• 페트병에 물을 가득 넣어 얼리면 물의 부피가 늘어나 페트병이 커짐. • 추운 겨울 바위틈에 있던 물이 얼면서 바위가 쪼개짐. • 추운 겨울에 수도관에 설치된 계량기가 얼어서 터짐.
얼음이 녹을 때	• 언 생수병이 녹으면 부피가 줄어듦. • 얼음과자가 녹으면 부피가 줄어들어 빈 공간이 생김. • 얼음 틀 위로 튀어 나와 있던 얼음이 녹아 물의 높이가 [④ ㄴㅇㅈ].

개념 ③ 물의 증발과 끓음

① 증발

뜻	물 표면에서 액체인 물이 기체인 수증기로 변하는 현상
예	• 젖은 빨래가 마름. • 감이나 오징어와 같은 음식 재료를 말림.

② 끓음 — 물이 끓을 때 물속에 생긴 기포는 물이 수증기로 변한 기체 방울이에요.

뜻	물 표면과 [⑤ ㅁㅅ]에서 액체인 물이 기체인 수증기로 변하는 현상
예	• 주전자 속 물을 가열하면 증발하다가 끓음. • 찌개를 끓임.

③ 증발과 끓음의 공통점과 차이점

구분	증발	끓음
공통점	액체인 물이 기체인 수증기로 변하는 현상임.	
차이점	• 물 표면에서 일어남. • 물의 양이 천천히 줄어듦.	• 물 표면과 물속에서 일어남. • 증발할 때보다 물의 양이 빠르게 줄어듦.

개념 ④ 수증기의 응결

① 응결: 기체인 [⑥ ㅅㅈㄱ]가 액체인 물로 상태가 변하는 현상

② 응결의 예
• 거미줄에 물방울이 맺힙니다.
• 뜨거운 차를 마실 때 안경알에 김이 서립니다.
• 겨울철 유리창 안쪽에 물방울이 맺혀 흐릅니다.
• 맑은 날 이른 아침 풀잎 표면에 이슬이 맺힙니다.
• 물을 끓이면 냄비 뚜껑 안쪽에 물방울이 맺힙니다.

개념 ⑤ 물의 중요성과 이용

① 우리 생활에서 물을 이용하는 경우: 청소를 할 때, 손을 씻을 때, 화분에 물을 줄 때, 갈증을 해소할 때, 전기를 만들 때, 농작물을 키울 때, 물건을 만들 때 등

② 물이 중요한 까닭: 물은 동식물이 살아가는 데 필요하고, 우리 생활에서 다양하게 이용되기 때문입니다.

③ 물의 상태 변화를 이용해 물을 얻는 장치: 솔라볼, 워터콘, 와카워터, 안개 수집기, 에코돔 등 — 공기 중의 수증기를 응결시켜 물을 얻어요.

▶ 바른답·알찬풀이 47쪽

자료 ❶ 물이 얼 때와 얼음이 녹을 때 부피와 무게 변화

구분	물이 얼기 전	물이 언 후	얼음이 녹은 후
부피 (물과 얼음의 부피)	물의 높이 / 물	얼음의 높이 / 얼음	물의 높이 / 물
무게(g)	13.2	13.2	13.2

♀Point

물이 얼 때와 얼음이 녹을 때 부피는 변하지만 무게는 변하지 않습니다.

1-1 물이 얼면 부피가 (줄어들기 , 늘어나기) 때문에 얼음의 높이가 높아집니다.

1-2 물이 얼 때 늘어난 부피는 얼음이 녹을 때 줄어든 부피와 같습니다. (○ , ×)

1-3 물이 얼 때와 얼음이 녹을 때 무게는 변하지 않습니다. (○ , ×)

자료 ❷ 물이 끓을 때의 변화

처음부터 물이 끓기 전까지	물이 끓을 때	물이 끓고 난 후
처음 물의 높이 / 기포	큰 기포	
매우 작은 기포 가 조금씩 생김.	큰 기포가 연속 해서 많이 생김.	물의 높이가 처음 보다 낮아짐.

♀Point

물 표면과 물속에서 물이 수증기로 변하는 현상을 끓음이라고 합니다.

2-1 끓음은 물 표면과 물속에서 물이 ( )(으)로 변하는 현상입니다.

2-2 물이 끓을 때 물이 수증기로 변해 공기 중으로 날아가기 때문에 물의 높이가 (낮아집니다 , 높아집니다).

2-3 물을 끓이면 물이 증발할 때보다 물의 양이 천천히 줄어듭니다. (○ , ×)

자료 ❸ 수증기의 응결

① 주스와 얼음 조각이 든 플라스틱병의 변화

물방울 / 물

⊙ 플라스틱병에 주스와 얼음 조각을 넣고 시간이 지나면 플라스틱병 표면에 물방울이 맺히고, 페트리 접시에 물이 고임.

② 시간이 지난 뒤 플라스틱병의 무게 변화

시간이 지난 뒤 →

⊙ 처음보다 플라스틱병의 무게가 늘어남.

♀Point

기체인 수증기가 액체인 물로 상태가 변하는 현상을 응결이라고 합니다.

3-1 플라스틱병에 주스와 얼음 조각을 넣고 시간이 지나면 플라스틱병 표면에 ( )이/가 맺힙니다.

3-2 주스와 얼음 조각을 넣은 플라스틱병 표면의 물방울 색깔은 주스 색깔과 같습니다. (○ , ×)

3-3 주스와 얼음 조각을 넣은 플라스틱병의 무게는 시간이 지날수록 (가벼워집니다 , 무거워집니다).

3-4 플라스틱병 표면에 맺힌 물방울은 ( )에 있던 수증기가 물로 변한 것입니다.

3-5 기체인 수증기가 액체인 물로 상태가 변하는 현상을 무엇 이라고 하는지 쓰시오. ( )

2. 물의 상태 변화

01 물의 세 가지 상태를 선으로 알맞게 이으시오.

(1) 얼음 •   • ㉠ 기체

(2) 물 •   • ㉡ 액체

(3) 수증기 •   • ㉢ 고체

02 다음과 같이 물을 묻힌 색한지 끝부분의 색깔이 시간이 지남에 따라 연해지는 까닭으로 알맞은 말에 각각 ○표 하시오.

색한지의 색깔을 진하게 만든 (물 , 수증기) 이/가 시간이 지나면서 (물 , 수증기)로 변하기 때문에 색한지 끝부분의 색깔이 연해진다.

꼭나와!

03 얼음, 물, 수증기에 대한 설명으로 옳은 것은 어느 것입니까? (   )

① 물은 눈에 보이지 않는다.
② 얼음은 손으로 잡을 수 있다.
③ 수증기는 일정한 모양이 있다.
④ 얼음은 담는 용기에 따라 모양이 변한다.
⑤ 물은 담는 용기가 달라져도 모양이 변하지 않는다.

서술형

04 다음은 물의 상태 변화에 대한 친구들의 대화입니다. 잘못 말한 친구의 이름을 쓰고, 옳게 고쳐 쓰시오.

얼음은 물로 변할 수 있지만, 물은 얼음으로 변할 수 없어.
지훈

물은 수증기로 변할 수 있고, 수증기는 물로 변할 수 있어.
루찬

물은 다른 상태로 변할 수 있어.
다윤

(1) 잘못 말한 친구의 이름: (   )

(2) 옳게 고쳐 쓴 내용:

_____

_____

05 다음과 같이 얼음이 물로 변하는 예를 보기 에서 골라 기호를 쓰시오.

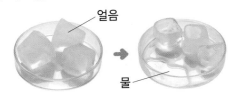
얼음
물

보기
㉠ 비가 온 뒤 도로의 물이 마른다.
㉡ 얼음을 갈아 만든 빙수가 녹는다.
㉢ 스팀다리미에서 나온 수증기로 옷을 다린다.
㉣ 겨울철에 도로의 물이 얼어 얼음판으로 변한다.

(   )

[06~07] 다음과 같이 시험관에 물을 반 정도 넣고 물의 높이를 표시한 다음 얼린 후에 얼음의 높이를 표시하고, 다시 녹인 후에 물의 높이를 표시하였습니다. 물음에 답하시오.

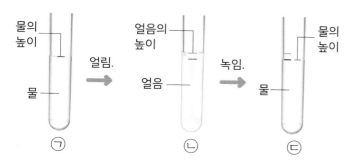

서술형

06 위 실험 결과 알 수 있는 물이 얼 때와 얼음이 녹을 때의 부피 변화를 쓰시오.

> **꼭 들어가야 할 말**   늘어나고, 줄어듭니다.

_____

_____

꼭 나와!

07 위의 ㉠~㉢ 시험관의 무게를 각각 측정한 결과입니다. (   ) 안에 들어갈 무게로 알맞은 것은 어느 것입니까? (   )

구분	㉠	㉡	㉢
무게(g)	22.4	22.4	( )

① 22.0
② 22.2
③ 22.4
④ 22.6
⑤ 22.8

08 오른쪽과 같이 물이 가득 담긴 페트병을 얼린 후의 모습에 대한 설명으로 옳은 것은 어느 것입니까? (   )

① 페트병의 부피가 줄어든다.
② 페트병의 부피가 늘어난다.
③ 페트병의 무게가 줄어든다.
④ 페트병의 무게가 늘어난다.
⑤ 페트병의 부피와 무게는 변하지 않는다.

09 다음은 냉동실에서 꺼내 놓은 얼음과자가 녹을 때 튜브 위쪽에 빈 공간이 생기는 까닭입니다. (   ) 안의 알맞은 말에 ○표 하시오.

녹은
얼음과자

> 얼음과자가 녹으면 부피가 (줄어들기 , 늘어나기) 때문이다.

10 다음 ㉠, ㉡에 들어갈 알맞은 말을 쓰시오.

> 물을 가만히 두었을 때 물 표면에서 물이 수증기로 변하는 현상을 (㉠)(이)라고 하고, 물을 가열했을 때 물 표면과 물속에서 물이 수증기로 변하는 현상을 (㉡)(이)라고 한다.

㉠: (   ), ㉡: (   )

11 다음과 같이 젖은 빨래가 마를 때 물의 상태 변화로 옳은 것은 어느 것입니까? (   )

① 물 → 얼음
② 얼음 → 물
③ 물 → 수증기
④ 수증기 → 물
⑤ 얼음 → 수증기

꼭 나와!

12 물의 증발과 관련된 현상이 아닌 것은 어느 것입니까? (   )

①
△ 젖은 빨래 말리기

②
△ 찌개 끓이기

③
△ 젖은 머리카락 말리기

④
△ 감 말리기

13 물이 끓을 때 나타나는 변화에 대한 설명으로 옳지 않은 것은 어느 것입니까? (   )

① 물이 수증기로 변한다.
② 물 표면이 울퉁불퉁해진다.
③ 물속에 크고 작은 기포가 생긴다.
④ 큰 기포가 위로 올라와 물 표면에서 터진다.
⑤ 끓고 난 후 물의 높이는 처음보다 높아진다.

14 다음과 같이 비커에 얼음 조각과 식용 색소를 탄 물을 넣은 뒤 유리판을 덮고 관찰한 결과에 대한 설명으로 옳지 않은 것을 보기 에서 골라 기호를 쓰시오.

식용 색소를 탄 물
얼음 조각

보기
㉠ 비커 바깥면에 물방울이 맺힌다.
㉡ 비커 바깥면을 닦은 화장지에 초록색이 묻어 난다.
㉢ 비커 바깥면에 맺힌 물방울이 흘러내려 페트리 접시에 고인다.
㉣ 비커 바깥면에 생긴 물질은 공기 중에 있던 수증기가 물로 상태가 변한 것이다.

(   )

서술형

15 다음에서 공통적으로 나타나는 물의 상태 변화를 쓰시오.

△ 맑은 날 아침 풀잎에 이슬이 맺힘.

△ 차가운 거울 표면에 물방울이 맺힘.

꼭 들어가야 할 말   물, 수증기, 상태 변화

◎ 바른답·알찬풀이 47쪽

16 다음 중 응결의 예로 옳은 것을 모두 골라 기호를 쓰시오.

ⓒ 어항 속의 물의 높이가 낮아진다.

㉠ 고드름이 녹는다.

㉣ 젖은 빨래가 마른다.

ⓒ 안경에 김이 서린다.

㉤ 냄비 뚜껑 안쪽에 물방울이 맺힌다.

(   )

17 우리 생활에서 물을 이용하는 경우가 <u>아닌</u> 것은 어느 것입니까? (   )

①
◎ 전기를 만들 때

②
◎ 젖은 머리카락을 말릴 때

③
◎ 농작물을 키울 때

④
◎ 물건을 만들 때

18 물이 우리에게 중요한 까닭을 보기 에서 모두 골라 기호를 쓰시오.

> 보기
>
> ㉠ 물은 한 번만 사용할 수 있기 때문이다.
> ⓒ 동식물이 살아가는 데 필요하기 때문이다.
> ⓒ 우리 생활에서 다양하게 이용되기 때문이다.
> ㉣ 우리가 사용할 수 있는 물의 양이 충분하기 때문이다.

(   )

19 다음 (   ) 안에 들어갈 알맞은 말을 쓰시오.

> 인구가 증가하고 산업이 발달하면서 물 이용량이 늘어나 이용할 수 있는 물이 부족하거나 물을 얻기 어려운 환경에 처한 것을 (   ) 현상이라고 한다.

(   )

20 다음은 물이 부족한 지역에서 물을 얻는 장치 중 어느 것에 대한 설명입니까? (   )

> 오염된 물에서 물이 증발하여 수증기가 되고, 수증기가 다시 응결하여 깨끗한 물을 얻는다.

①
◎ 하마 닮은 물통

②
◎ 빗물 저장 장치

③
◎ 안개 수집기

④
◎ 솔라볼

2. 물의 상태 변화

[01~02] 다음은 페트리 접시에 얼음을 담고 시간이 지난 후 관찰한 모습입니다. 물음에 답하시오.

01 위의 관찰 결과에 대한 설명으로 옳은 것을 두 가지 고르시오. (,   )

① 얼음이 녹아 물이 된다.
② 물이 얼어 얼음이 된다.
③ 얼음이 녹지 않고 그대로 있다.
④ 고체 상태의 얼음이 액체 상태의 물이 된다.
⑤ 고체 상태의 물이 액체 상태의 얼음이 된다.

02 위에서 얼음과 물을 관찰하여 비교한 내용으로 옳지 <u>않은</u> 것은 어느 것입니까? (   )

	<u>얼음</u>	<u>물</u>
①	차가움.	얼음보다 덜 차가움.
②	단단함.	단단하지 않음.
③	일정한 모양이 없음.	일정한 모양이 없음.
④	손으로 잡을 수 있음.	손으로 잡을 수 없음.
⑤	눈에 보임.	눈에 보임.

03 다음은 손바닥에 올려놓은 얼음이 시간이 지나면서 변하는 모습입니다. (   ) 안에 들어갈 알맞은 말을 쓰시오.

얼음은 물로 변할 수 있고 물은 수증기로 변할 수 있다. 이와 같이 물이 서로 다른 상태로 변하는 것을 물의 (   )(이)라고 한다.

(   )

서술형

04 다음은 겨울에 얼어 있던 강물이 따뜻한 봄이 되어 녹은 모습입니다. 이때 일어난 물의 상태 변화를 쓰시오.

_____

_____

어려워

05 물의 상태 변화가 나머지와 <u>다른</u> 하나는 어느 것입니까? (   )

①
△ 가습기로 습도를 조절함.

②
△ 젖은 머리카락이 마름.

③
△ 스팀다리미로 다림질을 함.

④
△ 빙수의 얼음이 녹음.

[06~08] 다음은 시험관에 물을 반 정도 넣고 물의 높이를 표시하고 무게를 측정한 다음, 물을 얼린 후 얼음의 높이와 무게를 측정한 결과입니다. 물음에 답하시오.

구분	물이 얼기 전	물이 언 후
부피 (물과 얼음의 높이)	물의 높이 / 물	㉠
무게(g)	22.4	22.4

서술형

06 위 ㉠에서 시험관의 얼음의 높이 변화를 쓰고, 그렇게 답한 까닭을 쓰시오.

_____

_____

07 위의 실험을 통해 알 수 있는 물이 얼 때의 부피와 무게 변화를 알맞게 짝 지은 것은 어느 것입니까?
(   )

	부피 변화	무게 변화
①	줄어든다.	늘어난다.
②	늘어난다.	줄어든다.
③	늘어난다.	변하지 않는다.
④	줄어든다.	변하지 않는다.
⑤	변하지 않는다.	변하지 않는다.

08 앞의 실험에서 ㉠ 시험관을 따뜻한 물이 담긴 비커에 넣어 얼음을 녹였을 때 물의 높이 변화에 대한 친구들의 대화입니다. 옳게 말한 친구의 이름을 쓰시오.

다윤: 얼음이 녹으면 물의 높이가 낮아져.

지훈: 얼음이 녹으면 물의 높이가 높아져.

루찬: 얼음이 녹아도 물의 높이는 변하지 않아.

(   )

09 얼음이 녹을 때 부피 변화로 인해 나타나는 현상으로 옳은 것을 **보기**에서 골라 기호를 쓰시오.

보기

㉠ 겨울에 물을 가득 채운 장독이 깨진다.
㉡ 겨울에 수도관이 얼어 수도관에 금이 간다.
㉢ 튜브에 든 얼음과자가 녹으면 튜브 윗부분에 빈 공간이 생긴다.
㉣ 추운 겨울에 바위에 구멍을 여러 개 뚫어 그 속에 물을 부으면 물이 얼면서 바위가 쪼개진다.

(   )

어려워

10 물의 증발과 관련된 예로 옳지 <u>않은</u> 것은 어느 것입니까? (   )

① 냄비에 브로콜리를 삶는다.
② 비가 온 뒤에 젖은 땅이 마른다.
③ 과일을 말려 말린 과일을 만든다.
④ 젖은 빨래를 건조대에 넣어 말린다.
⑤ 감이나 오징어와 같은 음식 재료를 말린다.

11 다음과 같이 비커에 물을 넣고 물의 높이를 표시한 다음 가열하였습니다. 물이 끓고 난 후의 변화에 대한 설명으로 옳은 것을 보기 에서 모두 골라 기호를 쓰시오.

처음 물의 높이

보기
ㄱ 물의 양이 줄어든다.
ㄴ 물의 양이 늘어난다.
ㄷ 물의 높이가 낮아진다.
ㄹ 물의 높이가 높아진다.

(   )

서술형
12 다음에서 공통적으로 나타나는 물의 상태 변화를 쓰시오.

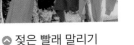

◎ 젖은 빨래 말리기   ◎ 물 끓이기

_____

13 증발과 끓음에 대한 설명으로 옳지 않은 것은 어느 것입니까? (   )

① 물이 증발할 때는 물의 양이 줄어들지 않는다.
② 물이 증발할 때는 물의 양이 매우 천천히 줄어든다.
③ 물이 증발할 때는 물 표면에서만 물이 수증기로 변한다.
④ 물이 끓을 때는 물 표면과 물속에서 물이 수증기로 변한다.
⑤ 물이 끓을 때는 증발할 때보다 물의 양이 빠르게 줄어든다.

14 오른쪽과 같이 비커에 얼음 조각과 식용 색소를 탄 물을 넣은 뒤 비커를 페트리 접시에 올려놓고 변화를 관찰한 결과로 옳은 것을 두 가지 고르시오.

(,   )

① 페트리 접시에 물이 고인다.
② 비커 표면에 물방울이 맺힌다.
③ 비커 안 물의 색깔이 진해진다.
④ 아무 변화가 나타나지 않는다.
⑤ 식용 색소가 비커 밖으로 새어 나온다.

15 오른쪽과 같이 주스와 얼음 조각을 넣은 플라스틱병 표면에 물방울이 맺히는 까닭으로 옳은 것에 ○표 하시오.

주스와 얼음 조각

페트리 접시

(유리컵 안의 물 , 공기 중의 수증기)이/가 차가운 플라스틱병 표면에 닿아 물방울로 변했기 때문이다.

◎ 바른답·알찬풀이 48쪽

16 물의 상태가 기체에서 액체로 변하는 예로 옳지 않은 것은 어느 것입니까? (   )

①
◎ 개수대에 묻은 물이 시간이 지나면 마름.

②
◎ 맑은 날 아침 풀잎에 이슬이 맺힘.

③
◎ 차가운 거울 표면에 물방울이 맺힘.

④
◎ 맑은 날 아침 거미줄에 물방울이 맺힘.

17 생명 유지에 물이 이용된 경우는 어느 것입니까?
(   )

①
◎ 가축을 기를 때

②
◎ 손을 씻을 때

③
◎ 연을 날릴 때

④
◎ 물건을 만들 때

18 물이 부족할 때 나타날 수 있는 현상이 <u>아닌</u> 것은 어느 것입니까? (   )

① 마실 물을 구하기 힘들다.
② 식량이 부족해질 수 있다.
③ 강이나 호수의 바닥이 드러난다.
④ 농작물을 수확하는 것이 힘들다.
⑤ 지진이 발생하여 도로가 갈라지거나 건물이 무너진다.

19 다음은 물 부족 현상이 나타나는 까닭에 대한 설명입니다. ㉠, ㉡에 들어갈 말을 알맞게 짝 지은 것은 어느 것입니까? (   )

> 인구가 (㉠)하고 산업이 발달하면서 물 이용량이 늘어나 이용할 수 있는 물의 양이 (㉡) 때문이다.

	㉠	㉡
①	증가	줄어들기
②	증가	늘어나기
③	증가	변함없기
④	감소	줄어들기
⑤	감소	늘어나기

어려워

20 다음은 물 부족 현상을 해결하기 위한 장치들의 공통점에 대한 설명입니다. (   ) 안에 들어갈 알맞은 말을 쓰시오.

◎ 솔라볼

◎ 안개 수집기

> 물이 부족한 지역에서는 물의 (   ) 을/를 이용해 오염된 물이나 공기 중의 수증기에서 물을 얻을 수 있다.

(   )

3. 땅의 변화

개념 ❶ 흐르는 물에 의한 지표의 변화

① 흐르는 물이 지표를 변화시키는 과정: 흐르는 물은 땅의 돌, 모래, 흙 등을 깎아서 낮은 곳으로 옮겨 쌓이게 합니다.

② 흐르는 물의 작용 — 흐르는 물의 침식 작용, 운반 작용, 퇴적 작용에 의해 땅의 모습이 서서히 변해요.

❶ ㅊㅅ 작용	흐르는 물이 땅의 바위, 돌, 모래, 흙 등을 깎는 것
운반 작용	돌, 모래, 흙 등을 다른 곳으로 옮기는 것
퇴적 작용	돌, 모래, 흙 등을 쌓이게 하는 것

개념 ❷ 강 주변 지형의 특징

① 강 주변 지형의 특징

구분	강 상류	강 하류
모습		
강폭	강 하류보다 좁음.	강 상류보다 넓음.
강의 경사	강 하류보다 급함.	강 상류보다 완만함.
많이 볼 수 있는 것	바위나 큰 돌	모래나 고운 흙
강물의 작용	침식 작용이 활발하게 일어남.	❷ ㅌㅈ 작용이 활발하게 일어남.

② 강 상류와 강 하류에서 주변 지형의 특징이 다른 까닭: 강 상류와 강 하류에서 주로 일어나는 강물의 작용이 다르기 때문입니다.

개념 ❸ 화산과 화산 분출물

① 화산: 마그마가 분출하여 만들어진 지형으로, 화산 활동의 흔적으로 화산 꼭대기에는 대부분 움푹 파여 있는 ❸ ㅂㅎㄱ 가 있습니다.

② 화산 분출물: 화산이 분출할 때 나오는 물질

⬆ 화산 가스와 화산재 — 대부분 수증기예요.
⬆ ❹ ㅇㅇ
⬆ 화산 암석 조각

개념 ❹ 화강암과 현무암

① 화성암: ❺ ㅁㄱㅁ 가 굳어서 만들어진 암석으로, 대표적인 화성암에는 화강암과 현무암이 있습니다.

② 화강암과 현무암의 특징

구분	화강암	현무암
모습		
특징	알갱이의 크기가 크고, 색깔이 밝음.	알갱이의 크기가 작고, 색깔이 어두움.
생성 위치	땅속 깊은 곳	지표 근처

개념 ❺ 화산 활동이 우리 생활에 주는 영향

화산 활동의 피해	화산 활동의 이로움
• 용암으로 인해 산불이 발생함. • 화산재와 화산 가스가 호흡기 질병을 일으킴. • 화산재가 마을이나 논밭을 뒤덮어 피해를 주거나, 비행기 운항을 어렵게 함.	• 화산 주변 지역을 관광지로 개발함. • 화산 주변 땅속의 열을 이용해 온천을 개발하거나 ❻ ㅈㄱ 를 생산함. • 화산재는 오랜 시간이 지나면 땅을 기름지게 함.

개념 ❻ 지진 대처 방법

① 지진: 땅이 흔들리는 현상

② 지진의 피해: 건물이 무너지고 도로가 끊어짐, 지진 해일이나 산사태가 발생하기도 함.

③ 지진 대처 방법

집에 있을 때	튼튼한 탁자 아래로 들어가 몸을 보호하며 탁자 다리를 잡음.
건물 밖에 있을 때	떨어지는 물건에 다치지 않도록 가방 등으로 머리와 몸을 보호하며 건물에서 멀리 떨어짐.
승강기 안에 있을 때	모든 층의 버튼을 누르고 가장 먼저 문이 열리는 층에서 내린 뒤 ❼ ㄱㄷ 을 이용해 대피함. — 지진이 발생하면 승강기를 타지 않아요.

정답 ❶ 침식 ❷ 퇴적 ❸ 분화구 ❹ 용암 ❺ 마그마 ❻ 전기 ❼ 계단

핵심 자료

바른답·알찬풀이 49쪽

자료 ① 흙 언덕에 물을 흘려 보낼 때의 변화

커피 찌꺼기
흙이 이동하는 모습을 쉽게 관찰하기 위해 사용해요.

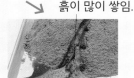
홈이 파인 종이컵

⊙ 물을 흘려 보내기 전

흙이 많이 깎임. ←  → 흙이 많이 쌓임.

⊙ 물을 흘려 보낸 후

♀ Point

흐르는 물은 흙 언덕 위쪽의 흙을 깎아서 아래쪽으로 운반하여 쌓아 놓습니다.

1-1 흙 언덕 위쪽에서 물을 흘려 보낼 때 흙이 많이 깎이는 곳은 흙 언덕의 (위쪽 , 아래쪽)입니다.

1-2 흐르는 물이 땅의 바위나 돌, 모래, 흙 등을 깎는 것을 (   ) 작용이라고 합니다.

1-3 (   )의 침식 작용, 운반 작용, 퇴적 작용에 의해 땅의 모습이 서서히 변화됩니다.

자료 ② 화산 활동 모형과 실제 화산 활동 비교

화산 활동 모형실험	실제 화산 활동

• 모형 윗부분에서 연기가 남. • 마시멜로가 녹아서 흘러나옴.	• 붉은색 용암이 나옴. • 큰 소리가 나기도 함. • 화산 가스와 화산재가 나옴.

♀ Point

화산 활동 모형실험에서 화산이 분출하는 모습은 실제 화산 활동과 비슷하지만 다른 점도 있습니다.

2-1 화산 활동 모형실험에서 나오는 연기는 (   )과/와 같고, 녹은 마시멜로가 흐르는 것은 (   )과/와 같습니다.

2-2 실제 화산 활동이 일어날 때에는 화산 활동 모형실험보다 더 다양한 물질이 분출되며 큰 소리가 나기도 합니다.

(○ , ×)

자료 ③ 화산 활동의 피해와 이로움

① 피해: 용암으로 인한 산불, 화산 가스와 화산재로 인한 호흡기 질병 및 마을과 동식물에 피해

⊙ 용암에 의한 산불

⊙ 화산재로 덮인 마을

② 이로움: 관광지로 이용, 땅속의 열을 이용해 온천 개발 및 전기 생산, 비옥해진 땅, 화산 분출물 이용

관광지 이용 / 온천 개발

♀ Point

화산 활동은 우리 생활에 피해를 주기도 하고 이로움을 주기도 합니다.

3-1 화산 활동이 일어나면 (   )(으)로 인해 산불이 발생하고, 화산재와 화산 가스로 인해 호흡기 질병이 생기기도 합니다.

3-2 (   )은/는 마을과 농경지를 뒤덮어 우리 생활에 피해를 주기도 하지만, 오랜 시간이 지나면 땅을 기름지게 만듭니다.

3-3 화산 활동으로 만들어진 독특한 지형을 (   )(으)로 이용합니다.

3-4 화산 주변 땅속의 (   )을/를 이용해 온천을 개발하거나 전기를 생산합니다.

단원평가 기본

[01~02] 다음과 같이 흙 언덕을 만들고 흙 언덕 위쪽에서 물을 흘려 보냈습니다. 물음에 답하시오.

01 위 실험에서 흙의 이동 방향으로 옳은 것을 골라 기호를 쓰시오.

( )

02 위 실험 결과 흙 언덕의 모습 변화에 대한 설명입니다. ( ) 안에 들어갈 알맞은 말에 각각 ○표 하시오.

> 흙 언덕 위쪽은 흙이 많이 (쌓였고 , 깎였고),
> 흙 언덕 아래쪽은 흙이 많이 (쌓였다 , 깎였다).

03 다음 ㉠, ㉡에 들어갈 알맞은 말을 쓰시오.

> 흐르는 물이 땅의 바위나 돌, 모래, 흙 등을 깎는 것을 (㉠) 작용이라고 하고, 깎여서 운반된 돌이나 모래, 흙 등이 쌓이는 것을 (㉡) 작용이라고 한다.

㉠: ( ), ㉡: ( )

서술형

04 다음은 강 주변의 지형을 나타낸 것입니다.

(1) 위의 ㉠과 ㉡ 중 강 상류에 해당하는 곳의 기호를 쓰시오.

( )

(2) 강 상류는 강 하류와 비교하여 강폭과 강의 경사가 어떠한지 각각 쓰시오.

_____

_____

꼭 나와!

05 강 상류 주변에서 볼 수 있는 모습으로 옳은 것은 어느 것입니까? ( )

①

②

③

④

06 다음 강 주변의 모습과 그곳에서 활발하게 일어나는 흐르는 물의 작용을 선으로 알맞게 이으시오.

(1)    (2)

•   •

•   •

ㄱ   ㄴ

| 침식 작용 | | 퇴적 작용 |

07 다음 ㉠, ㉡에 들어갈 알맞은 말을 쓰시오.

> 화산은 (㉠)이/가 분출하여 만들어진 지형으로, 화산 꼭대기에는 대부분 움푹 파여 있는 (㉡)이/가 있다.

㉠: (   ), ㉡: (   )

꼭 나와!

08 화산의 특징에 대한 설명으로 옳지 <u>않은</u> 것은 어느 것입니까? (   )

① 크기와 생김새가 비슷하다.
② 대부분 산꼭대기가 움푹 파여 있다.
③ 과거 또는 현재에 화산 활동이 일어난 곳이다.
④ 산꼭대기의 움푹 파인 곳에서 연기가 나기도 한다.
⑤ 분화구에 물이 고여 물웅덩이나 호수가 생기기도 한다.

서술형

09 다음은 두 산의 모습입니다.

㉠ 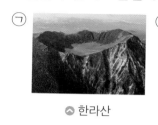   ㉡

⌃ 한라산   ⌃ 설악산

(1) 위에서 화산인 것을 골라 기호를 쓰시오.

(   )

(2) 위 (1)번의 답이 화산이라고 생각한 까닭을 쓰시오.

_____

_____

[10~11] 다음은 화산이 분출할 때 나오는 화산 분출물의 모습입니다. 물음에 답하시오.

⌃ 용암   ⌃ 화산재   ⌃ 화산 암석 조각

10 위의 화산 분출물에 대한 설명으로 옳은 것은 어느 것입니까? (   )

① 용암은 매우 차갑다.
② 용암은 마그마가 땅속에서 굳은 것이다.
③ 화산재는 크기가 매우 작다.
④ 화산재는 대부분 수증기로 이루어져 있다.
⑤ 화산 암석 조각은 모두 크기가 매우 작다.

11 앞의 화산 분출물을 상태에 따라 옳게 구분한 것은 어느 것입니까? ( )

	용암	화산재	화산 암석 조각
①	기체	액체	고체
②	기체	고체	액체
③	액체	기체	고체
④	액체	고체	고체
⑤	고체	액체	고체

[12~13] 다음과 같이 쿠킹 컵 안에 마시멜로를 넣고 식용 색소를 뿌려 화산 활동 모형을 만든 후 가열 장치로 가열하였습니다. 물음에 답하시오.

12 위 모형실험에 대한 설명으로 옳은 것은 어느 것입니까? ( )

① 큰 소리가 나기도 한다.
② 윗부분에서 연기가 난다.
③ 액체 물질은 나오지 않는다.
④ 마시멜로가 굳어서 튀어 나온다.
⑤ 실제 화산 활동보다 다양한 물질이 나온다.

13 다음은 위의 실험 결과와 실제 화산 활동을 비교한 것입니다. ㉠, ㉡에 들어갈 알맞은 말을 쓰시오.

> 화산 활동 모형 윗부분에서 나오는 연기는 실제 화산 활동에서 (㉠)에 해당하고, 녹아서 흘러나온 마시멜로는 (㉡)에 해당한다.

㉠: ( ), ㉡: ( )

서술형

14 다음은 현무암과 화강암의 모습을 순서 없이 나타낸 것입니다.

㉠ 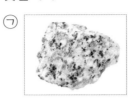 ㉡

(1) 위의 ㉠과 ㉡은 현무암과 화강암 중 어느 암석에 해당하는지 쓰시오.
㉠: ( ), ㉡: ( )

(2) 위의 (1)번 답과 같이 생각한 까닭을 암석의 색깔과 관련지어 쓰시오.

_____

_____

15 다음 (가)에서 만들어진 암석에 대한 설명으로 옳은 것을 보기 에서 골라 기호를 쓰시오.

(가)

보기
㉠ 현무암이다.
㉡ 암석의 색깔이 어둡다.
㉢ 암석 알갱이의 크기가 크다.
㉣ 암석의 표면에 구멍이 있다.

( )

◎ 바른답·알찬풀이 49쪽

16 다음 맷돌과 첨성대는 현무암과 화강암 중 각각 어떤 암석으로 만들어졌는지 쓰시오.

ㄱ

◎ 맷돌

ㄴ

◎ 첨성대

ㄱ: (   ), ㄴ: (   )

17 화산 활동이 우리 생활에 주는 피해로 옳은 것은 어느 것입니까? (   )

①
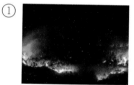
◎ 용암에 의해 산불이 발생함.

②

◎ 화산 주변에 온천을 개발함.

③

◎ 화산 주변에서 전기를 생산함.

④

◎ 화산 지형을 관광지로 이용함.

18 다음 (   ) 안에 공통으로 들어갈 화산 분출물을 쓰시오.

> (   )은/는 농경지를 뒤덮어 농사에 피해를 주고 비행기 운항을 어렵게 하기도 하지만, (   )이/가 쌓인 땅은 오랜 시간이 지나면 농작물이 잘 자라는 땅으로 변한다.

(   )

19 다음은 승강기 안에 있을 때 지진이 발생한 경우 대처 방법을 설명한 것입니다. (   ) 안에 들어갈 알맞은 말에 각각 ○표 하시오.

> 모든 층의 버튼을 눌러 가장 (먼저 , 나중에) 문이 열리는 층에서 내린 뒤 (계단 , 발코니) 을/를 이용해 대피한다.

20 지진이 발생했을 때 대처 방법으로 옳지 <u>않은</u> 것은 어느 것입니까? (   )

① 버스 안에서는 버스의 기둥 등을 꼭 잡아 넘어지지 않도록 한다.
② 집 안에서 지진으로 흔들릴 때는 탁자 아래로 들어가서 몸을 보호한다.
③ 건물 밖에서는 가방 등으로 머리와 몸을 보호하며 건물에 붙어서 이동한다.
④ 학교에서는 책상 아래로 들어가 웅크리고 몸을 보호하며 책상 다리를 잡는다.
⑤ 지진으로 인한 흔들림이 멈추면 전기와 가스를 차단하고 건물 밖으로 대피한다.

과학

[01~02] 다음과 같이 흙 언덕을 만들고 흙 언덕 위쪽에서 물을 흘려 보냈습니다. 물음에 답하시오.

커피 찌꺼기

01 위 실험에서 흙 언덕 위쪽에 커피 찌꺼기를 뿌린 까닭으로 옳은 것은 어느 것입니까? (　　　)

① 흙이 덜 깎이게 하기 위해서
② 흙이 많이 깎이게 하기 위해서
③ 흙이 쉽게 이동하게 하기 위해서
④ 물이 잘 흘러내리도록 하기 위해서
⑤ 흙이 이동하는 모습을 쉽게 관찰하기 위해서

서술형

02 위 실험 결과 흙 언덕의 모습이 다음과 같이 변한 까닭을 쓰시오.

⬆ 흙 언덕의 위쪽   ⬆ 흙 언덕의 아래쪽

_____

어려워

03 흐르는 물에 의한 땅의 모습 변화에 대한 설명으로 옳지 않은 것은 어느 것입니까? (　　　)

① 흐르는 물에 의해 땅의 모습이 서서히 변한다.
② 흐르는 물은 경사가 급한 곳의 지표를 깎는다.
③ 흐르는 물에 의해 깎인 물질은 낮은 곳에 쌓인다.
④ 흐르는 물의 침식 작용, 운반 작용, 퇴적 작용으로 지표의 모습이 변한다.
⑤ 흐르는 물이 돌이나 모래, 흙 등을 다른 곳으로 옮기는 것을 퇴적 작용이라고 한다.

[04~05] 다음은 강 주변의 지형을 나타낸 것입니다. 물음에 답하시오.

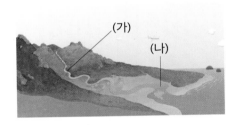

(가)　(나)

04 위의 (가) 주변의 모습에 대한 설명으로 옳지 않은 것은 어느 것입니까? (　　　)

① 바위나 큰 돌이 많다.
② (나)보다 강폭이 좁다.
③ (나)보다 강의 경사가 급하다.
④ 모래나 고운 흙이 많이 쌓여 있다.
⑤ (나)보다 침식 작용이 활발하게 일어난다.

05 위의 (가)와 (나) 주변에서 볼 수 있는 지형의 특징이 다른 까닭에 대한 설명입니다. ㉠, ㉡에 들어갈 알맞은 말을 쓰시오.

> (가)에서는 강물에 의한 (㉠) 작용이 활발하게 일어나고, (나)에서는 강물에 의한 (㉡) 작용이 활발하게 일어나기 때문이다.

㉠: (　　　　　　　), ㉡: (　　　　　　　)

06 다음 (　　) 안에 공통으로 들어갈 알맞은 말을 쓰시오.

> 땅속 깊은 곳에서 암석이 지구 내부의 열에 의해 녹아 있는 물질을 (　　　)(이)라고 하고, (　　　)이/가 분출하여 만들어진 지형을 화산이라고 한다.

(　　　　　　　　　　)

07 화산인 것은 어느 것입니까? (　　　)

①

②

③

④

어려워

08 오른쪽 한라산에 대한 설명으로 옳지 <u>않은</u> 것을 보기에서 골라 기호를 쓰시오.

> **보기**
> ㉠ 산꼭대기가 뾰족하다.
> ㉡ 화산 활동으로 만들어졌다.
> ㉢ 마그마가 분출한 흔적이 있다.
> ㉣ 분화구에 물이 고여 생긴 호수가 있다.

(　　　　　　　　　　)

09 다음 설명에 해당하는 화산 분출물은 어느 것입니까? (　　　)

> • 액체 상태의 물질이다.
> • 마그마가 땅 위로 분출된 것으로 매우 뜨겁다.

①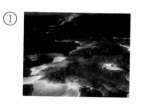
◈ 용암

②
◈ 화산재

③
◈ 화산 가스

④
◈ 화산 암석 조각

서술형

10 다음과 같이 화산이 분출할 때 나오는 화산 가스의 특징을 한 가지만 쓰시오.

_____

_____

11 다음은 화산 활동 모형실험의 과정과 결과입니다. 화산 활동 모형실험에서 나오는 물질은 실제 화산 활동의 무엇에 해당하는지 선으로 알맞게 이으시오.

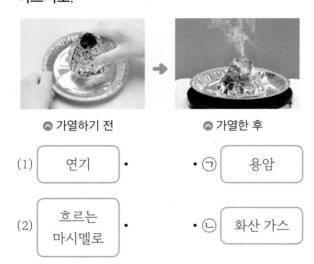

△ 가열하기 전 　　　 △ 가열한 후

(1) 연기 • 　　 • ㉠ 용암

(2) 흐르는 마시멜로 • 　　 • ㉡ 화산 가스

어려워

12 화산 활동 모형실험과 실제 화산 활동의 차이점에 대한 설명으로 옳지 <u>않은</u> 것은 어느 것입니까?
(　　　)

△ 화산 활동 모형실험　　 △ 실제 화산 활동

① 나오는 물질의 색깔이 다르다.
② 실제 화산 활동에서는 큰 소리가 나기도 한다.
③ 실제 화산 활동에서 나오는 물질이 더 다양하다.
④ 실제 화산 활동에서 나오는 용암의 온도는 매우 높다.
⑤ 실제 화산 활동에서는 고체 상태의 물질은 나오지 않는다.

[13~14] 다음은 현무암과 화강암의 모습을 순서 없이 나타낸 것입니다. 물음에 답하시오.

(가) 　　(나)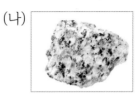

13 위의 암석에 대한 설명으로 옳은 것은 어느 것입니까? (　　　)

① (가)는 화강암이다.
② (나)는 현무암이다.
③ (가)는 (나)보다 색깔이 밝다.
④ (가)는 (나)보다 알갱이의 크기가 작다.
⑤ (나)는 암석 표면에 크고 작은 구멍이 있다.

14 위의 두 암석에 대한 설명입니다. ㉠, ㉡에 들어갈 알맞은 말을 쓰시오.

현무암과 화강암은 (　㉠　)이/가 굳어서 만들어진 암석으로, 암석을 이루고 있는 알갱이의 (　㉡　)과/와 색깔이 서로 다르다.

㉠: (　　　　　), ㉡: (　　　　　)

서술형

15 다음 (가)에서 만들어진 암석의 특징을 알갱이의 크기와 관련지어 쓰시오.

(가)

_____

_____

◑ 바른답·알찬풀이 50쪽

16 다음은 화산 활동이 우리 생활에 주는 영향에 대한 친구들의 대화입니다. 잘못 말한 친구의 이름을 쓰시오.

화산 활동으로 나온 화산재가 우리 생활에 피해를 줘.

분출된 용암은 사람에게 피해를 주지 않아.

화산 주변에서 땅속의 열을 이용하여 전기를 만들 수 있어.

루찬   지훈   다윤

(   )

17 화산 활동이 우리 생활에 주는 이로움을 두 가지 고르시오. (,   )

① 용암에 의해 산불이 발생한다.
② 화산 주변 지역을 관광지로 개발한다.
③ 화산재가 마을이나 농작물을 뒤덮는다.
④ 화산재나 화산 가스로 인해 호흡기 질병이 생기기도 한다.
⑤ 화산재가 쌓인 땅이 오랜 시간이 지나면 농작물이 잘 자라는 땅으로 변한다.

18 지진이 우리 생활에 주는 피해가 아닌 것을 보기 에서 골라 기호를 쓰시오.

보기
㉠ 땅이 흔들린다.
㉡ 건물이 무너진다.
㉢ 도로가 끊어진다.
㉣ 가뭄이 들어 논밭이 갈라진다.

(   )

19 어려워

다음은 최근 발생한 지진의 피해 사례를 조사한 것입니다. 이에 대한 설명으로 옳지 않은 것은 어느 것입니까? (   )

발생 지역	발생 연도	규모	피해 사례
경상북도 경주시	2016년	5.8	사람들이 다치고 문화재가 파손됨.
경상북도 포항시	2017년	5.4	건물의 일부가 떨어져 사람들이 다침.
멕시코	2020년	7.8	집이 부서지고 사람들이 다침.

① 지진으로 인명 피해가 생기기도 한다.
② 우리나라도 지진의 안전지대가 아니다.
③ 우리나라에서는 약한 지진만 일어나 피해가 없다.
④ 발생 지역이나 시기에 따라 지진의 세기가 다르다.
⑤ 우리나라를 비롯한 여러 나라에서 지진이 발생하고 있다.

20 지진이 일어났을 때 대처 방법으로 옳지 않은 것은 어느 것입니까? (   )

①
◎ 흔들림이 멈추면 문을 닫음.

②
◎ 대피 장소에 도착한 후에는 올바른 정보에 따라 행동함.

③
◎ 대피 장소로 이동할 때에는 머리를 보호하며 움직임.

④
◎ 튼튼한 탁자 아래로 들어가 머리를 보호함.

4. 다양한 생물과 우리 생활

*개념 한눈에 보기

개념 ❶ 버섯과 곰팡이의 특징

① **균류**: 버섯이나 곰팡이와 같이 실처럼 가늘고 긴 [ㄱ ㅅ] 로 이루어진 생물로, 포자를 이용하여 번식합니다. ─ 균류는 맨눈이나 돋보기로 관찰할 수 있어요.

⬆ 표고버섯의 균사
실체 현미경이나 디지털 현미경을 이용해 관찰할 수 있어요.

균사

⬆ 빵에 핀 곰팡이
가는 실 같은 것이 엉겨 있으며 작고 둥근 알갱이가 있어요.

② **균류의 특징**
• 스스로 양분을 만들지 못해 죽은 생물이나 다른 생물에서 양분을 얻습니다.
• 주로 따뜻하고 축축하며 [ㄱ ㄴ ㅈ] 곳에서 잘 자라며, 음식, 동물이나 식물 등에서 자라기도 합니다.

개념 ❷ 해캄과 짚신벌레의 특징

① **원생생물**: 동물, 식물, 균류 등 어디에도 속하지 않는 생물로, 동물이나 식물보다 생김새가 단순합니다.
② **원생생물의 특징**
실체 현미경이나 디지털 현미경을 이용해 관찰할 수 있어요.
• 해캄은 초록색의 가늘고 긴 머리카락 모양이고, 짚신벌레는 길쭉하고 끝이 둥근 모양입니다.
• 주로 논, 연못 등과 같이 물이 [ㄱ ㅇ] 곳이나 도랑, 하천 등의 물이 느리게 흐르는 곳에서 삽니다.
③ **우리 주변에 사는 또 다른 원생생물**: 종벌레, 반달말, 장구말, 아메바, 유글레나 등

개념 ❸ 세균의 특징

① **세균**: 크기가 매우 [ㅈ ㄱ], 균류나 원생생물보다 생김새가 단순합니다. ─ 맨눈으로는 관찰할 수 없어요.
② **세균의 생김새**: 공 모양, 막대 모양, 나선 모양 등이 있고, 꼬리가 있는 세균도 있습니다.
③ **세균의 특징**: 살기에 적당한 조건이 되면 많은 수로 빠르게 번식합니다.
④ **세균이 사는 곳**: 물, 땅, 공기, 동물이나 식물, 물건 등 우리 주변 곳곳에 있습니다.

개념 ❹ 다양한 생물이 우리 생활에 미치는 영향

① **이로운 영향**

균류	된장, 간장, 치즈 등의 음식을 만드는 데 곰팡이를 이용함.
⑤ [ㅅ ㄱ]	김치, 요구르트 등의 음식을 만드는 데 이용함.
원생생물	다른 생물의 먹이가 되거나 산소를 만들기도 함.

② **해로운 영향**

균류	곰팡이가 음식을 상하게 하거나 물건을 망가뜨림.
세균	공기, 물, 음식, 물건 등을 거쳐 다른 생물로 옮아가 질병을 일으킴.
원생생물	원생생물이 급격히 번식하면 ⑥ [ㅈ ㅈ] 를 일으켜 다른 생물이 살기 어려움.

원생생물 등과 같은 작은 생물의 수가 많아져 바닷물의 색깔이 붉게 변하는 현상이에요.

개념 ❺ 우리 생활에 생명과학이 이용되는 예

① **생명과학**: 최신의 과학 기술을 활용하여 생물의 특성을 연구하고 우리 생활의 여러 가지 문제를 해결하는 데 도움을 주는 과학입니다.
② **생명과학이 우리 생활에 이용되는 예**

질병 치료	세균이 자라지 못하게 하는 특성이 있는 곰팡이를 이용하여 질병을 치료하는 약을 만듦.
플라스틱 분해	플라스틱을 분해하는 특성이 있는 세균을 이용하여 플라스틱을 분해함.
인공눈 생산	물을 쉽게 얼리는 특성이 있는 세균을 이용하여 인공눈을 만듦.
생물 농약 생산	해충에게만 질병을 일으키는 세균이나 곰팡이를 이용하여 생물 농약을 만듦.
건강식품 생산	⑦ [ㅇ ㅇ ㅂ] 이 풍부한 원생생물을 이용하여 건강식품을 만듦.
친환경 연료 생산	기름 성분을 많이 가지고 있는 원생생물을 이용하여 오염 물질이 덜 나오는 친환경 연료를 만듦.

자료 ❶ 버섯과 곰팡이의 특징

포자낭이라고도 해요.

구분	버섯	곰팡이
모습	자루 부분	균사 / 포자가 든 주머니
	긴 실 같은 것이 복잡하게 얽혀 있음.	가는 실 모양에 작고 둥근 알갱이가 있음.
특징	• 몸 전체가 균사로 이루어져 있고 포자로 번식함. • 스스로 양분을 만들지 못하고, 주로 따뜻하고 축축하며 그늘진 곳에서 잘 자람.	

♀ Point

버섯, 곰팡이와 같은 균류는 몸이 균사로 이루어져 있고, 포자로 번식합니다.

1-1 버섯, 곰팡이와 같이 실처럼 가늘고 긴 (　　　　　) (으)로 이루어진 생물을 균류라고 합니다.

1-2 버섯과 곰팡이는 (포자 , 씨)로 번식합니다.

1-3 버섯과 곰팡이는 광합성을 하여 스스로 양분을 만들 수 있습니다.　　　　　　　(○ , ×)

1-4 버섯과 곰팡이는 주로 따뜻하고 (건조한 , 축축한) 환경에서 잘 자랍니다.

자료 ❷ 해캄과 짚신벌레의 특징

구분	해캄	짚신벌레
모습		
모습	가늘고 긴 모양이고, 긴 가닥이 여러 마디로 나누어져 있음.	길쭉하고 끝이 둥근 모양이고, 표면에 가는 털이 있음.
양분을 얻는 방법	스스로 양분을 만들어서 살아감.	다른 생물을 먹으며 살아감.
특징	스스로 움직일 수 없음.	스스로 헤엄쳐 움직임.

♀ Point

해캄, 짚신벌레와 같은 원생생물은 동물, 식물, 균류 등 어디에도 속하지 않습니다.

2-1 (해캄 , 짚신벌레)은/는 가늘고 긴 모양이고, 긴 가닥이 여러 마디로 나누어져 있습니다.

2-2 해캄은 스스로 양분을 만들 수 있지만, 짚신벌레는 다른 생물을 먹으며 살아갑니다.　　　　(○ , ×)

2-3 해캄과 짚신벌레는 주로 물이 고인 곳이나 도랑, 하천 등의 물이 (느리게 , 빠르게) 흐르는 곳에서 삽니다.

2-4 해캄은 스스로 움직일 수 있고, 짚신벌레는 스스로 움직일 수 없습니다.　　　　　　　　　(○ , ×)

자료 ❸ 여러 가지 세균

⬆ 공 모양

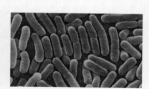
⬆ 막대 모양

⬆ 나선 모양

⬆ 꼬리가 있는 세균

♀ Point

세균은 크기가 매우 작고 균류나 원생생물보다 생김새가 단순합니다.

3-1 세균은 크기가 매우 작아 맨눈으로 볼 수 없습니다.　　　　　　　　　　　　　　(○ , ×)

3-2 균류, 원생생물, 세균 중 크기가 가장 작은 생물을 쓰시오.　　　　　　　　　　　　(　　　　　)

3-3 세균은 살기에 적당한 조건이 되면 많은 수로 빠르게 번식합니다.　　　　　　　　(○ , ×)

01 다음 실체 현미경에서 각 부분의 이름을 알맞게 짝 지은 것은 어느 것입니까? (   )

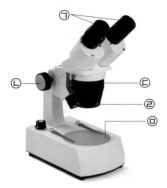

① ㉠ – 대물렌즈
② ㉡ – 조명 조절 나사
③ ㉢ – 회전판
④ ㉣ – 접안렌즈
⑤ ㉤ – 초점 조절 나사

02 다음은 실체 현미경의 사용 방법입니다. 순서에 맞게 기호를 쓰시오.

㉠

⊙ 회전판을 돌려 가장 낮은 배율의 대물렌즈를 선택함.

㉡

⊙ 초점 조절 나사를 돌려 대물렌즈를 최대한 아래로 내림.

㉢

⊙ 대물렌즈를 천천히 위로 올려서 초점을 맞추고 관찰함.

㉣
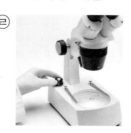
⊙ 표본을 재물대 위에 놓고 조명을 켜 밝기를 조절함.

(   ) → (   ) → (   ) → (   )

03 다음 버섯을 관찰한 결과로 옳지 <u>않은</u> 것은 어느 것입니까? (   )

① 우산 모양이다.
② 윗부분의 안쪽은 하얀색이다.
③ 윗부분의 바깥쪽은 갈색이다.
④ 윗부분의 안쪽에 주름이 있다.
⑤ 뿌리, 줄기, 잎 등을 볼 수 있다.

04 다음 ㉠, ㉡ 중 빵에 핀 곰팡이를 실체 현미경으로 관찰한 모습으로 옳은 것을 골라 기호를 쓰시오.

㉠   ㉡
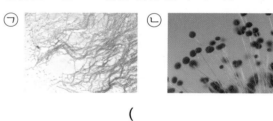

(   )

꼭 나와!

05 버섯과 곰팡이의 공통점으로 옳은 것을 보기 에서 모두 골라 기호를 쓰시오.

보기
㉠ 씨로 번식한다.
㉡ 맨눈이나 돋보기로는 관찰할 수 없다.
㉢ 실처럼 가늘고 긴 균사로 이루어져 있다.
㉣ 주로 따뜻하고 축축하며 그늘진 환경에서 잘 자란다.

(   )

06 다음은 죽은 나무에서 자라는 버섯의 모습입니다. 이를 통해 알 수 있는 균류에 속하는 생물이 양분을 얻는 방법을 쓰시오.

꼭 들어가야 할 말   스스로, 양분, 죽은 생물

_____

_____

07 다음 해캄과 짚신벌레를 관찰한 내용으로 옳지 <u>않은</u> 것은 어느 것입니까? (   )

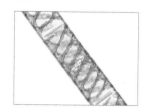   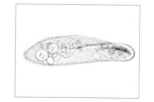

⊙ 해캄   ⊙ 짚신벌레

① 물에서 산다.
② 해캄은 가늘고 긴 모양이다.
③ 해캄은 스스로 움직일 수 있다.
④ 짚신벌레는 길쭉하고 끝이 둥근 모양이다.
⑤ 짚신벌레는 스스로 양분을 만들지 못한다.

08 다음과 같이 스마트 기기를 연결하여 관찰한 물체를 화면으로 볼 수 있는 현미경의 이름을 쓰시오.

(   )

09 원생생물이 사는 곳에 대한 설명으로 옳은 것을 보기 에서 골라 기호를 쓰시오.

보기

㉠ 물과 땅을 오가며 산다.
㉡ 주로 물이 빠르게 흐르는 계곡에서 산다.
㉢ 주로 물이 고여 있는 연못이나 물이 느리게 흐르는 곳에서 산다.

(   )

10 반달말을 현미경으로 관찰한 모습으로 옳은 것은 어느 것입니까? (   )

① 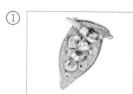   ②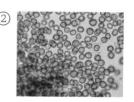

③    ④

11 다음 설명에 해당하는 세균의 기호를 쓰시오.

대장균은 인간이나 동물의 대장에 살고 있으며, 막대 모양이다.

ㄱ 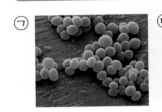 ㄴ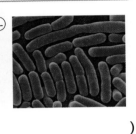

(   )

꼭 나와!

12 세균의 특징에 대한 설명으로 옳지 <u>않은</u> 것은 어느 것입니까? (   )

① 맨눈으로 관찰할 수 있다.
② 꼬리가 있는 세균도 있다.
③ 균류나 원생생물보다 크기가 작다.
④ 공 모양, 막대 모양, 나선 모양 등이 있다.
⑤ 균류나 원생생물보다 생김새가 단순하다.

13 세균이 사는 곳에 대한 설명으로 옳지 <u>않은</u> 것은 어느 것입니까? (   )

① 사람의 손에도 산다.
② 물이 많은 곳에서만 산다.
③ 물속이나 땅속에도 산다.
④ 사람이나 동물의 내장에 산다.
⑤ 문손잡이나 승강기 버튼 등에도 산다.

서술형

14 다음은 여러 가지 세균의 모습입니다.

ㄱ 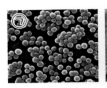 ㄴ   ㄷ

(1) 위에서 공 모양 세균을 골라 기호를 쓰시오.
(   )

(2) 위의 세균은 살기에 알맞은 환경이 되면 어떻게 번식하는지 쓰시오.

_____

_____

15 균류, 원생생물, 세균이 우리 생활에 미치는 영향을 선으로 알맞게 이으시오.

(1) 균류 •   • ㄱ 치즈를 만드는 데 이용됨.

(2) 원생생물 •   • ㄴ 충치가 생기게 함.

(3) 세균 •   • ㄷ 적조를 일으킴.

바른답·알찬풀이 51쪽

16 다음 원생생물이 우리 생활에 미치는 영향으로 옳은 것은 어느 것입니까? (   )

① 산소를 만든다.
② 음식을 상하게 한다.
③ 해로운 세균을 물리친다.
④ 다른 생물에게 질병을 일으킨다.
⑤ 죽은 생물이나 배설물을 분해한다.

18 다음은 원생생물을 이용하여 만든 친환경 연료를 사용하는 모습입니다. 이에 이용된 원생생물의 특성으로 옳은 것은 어느 것입니까? (   )

① 해충을 없앤다.
② 영양소가 풍부하다.
③ 오염된 물질을 분해한다.
④ 기름 성분을 많이 가지고 있다.
⑤ 다른 생물이 자라지 못하게 한다.

19 다음은 생명과학이 우리 생활에 이용된 예입니다. (   ) 안의 알맞은 말에 ○표 하시오.

> 세균이 자라지 못하게 하는 특성이 있는 (균류, 원생생물)을/를 이용하여 질병을 치료하는 약을 만든다.

꼭 나와!

17 다양한 생물이 우리 생활에 주는 해로운 영향으로 옳은 것은 어느 것입니까? (   )

①
⬬ 버섯을 이용하여 음식을 만듦.

②
⬬ 원생생물이 적조를 일으킴.

③
⬬ 세균에 의해 김치가 익음.

④
⬬ 곰팡이를 이용하여 메주를 만듦.

서술형

20 다음은 원생생물을 이용하여 만든 건강식품의 모습입니다. 원생생물의 어떤 특성을 이용한 것인지 쓰시오.

꼭 들어가야 할 말	영양분, 이용

_____

_____

4. 다양한 생물과 우리 생활

[01~02] 다음은 실체 현미경의 모습입니다. 물음에 답하시오.

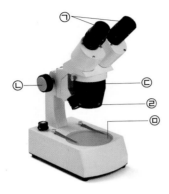

01 다음과 같은 역할을 하는 부분의 기호와 이름을 쓰시오.

> 물체의 상을 확대해 주는 렌즈이다.

(,   )

02 다음은 실체 현미경의 사용 방법입니다. ㉠, ㉡에 들어갈 알맞은 말을 쓰시오.

> (가) 회전판을 돌려 가장 (㉠) 배율의 대물렌즈를 선택한다.
> (나) 관찰 대상을 재물대 위에 올려놓은 다음 전원을 켜고, 조명 조절 나사로 밝기를 조절한다.
> (다) 초점 조절 나사를 돌려 대물렌즈를 최대한 아래로 내린다.
> (라) (㉡)렌즈로 보면서 초점 조절 나사를 돌려 대물렌즈를 천천히 위로 올려서 초점을 맞추고 관찰한다.

㉠: (   ), ㉡: (   )

03 다음은 곰팡이를 실체 현미경으로 관찰한 모습입니다. 가늘고 긴 모양의 ㉠을 무엇이라고 하는지 쓰시오.

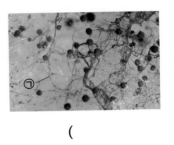

(   )

어려워

04 버섯과 곰팡이에 대한 설명으로 옳은 것은 어느 것입니까? (   )

① 생물이 아니다.
② 스스로 양분을 만들 수 있다.
③ 몸이 뿌리, 줄기, 잎으로 구분된다.
④ 맨눈이나 돋보기로는 관찰할 수 없다.
⑤ 실처럼 가늘고 긴 균사로 이루어져 있다.

서술형

05 다음 버섯과 곰팡이와 같은 균류가 식물과 다른 점을 번식 방법과 관련지어 한 가지만 쓰시오.

 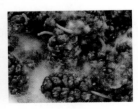

⌃ 버섯   ⌃ 곰팡이

_____

06 오른쪽은 벽에 곰팡이가 핀 모습입니다. 곰팡이가 잘 자라지 못하게 하는 방법으로 옳은 것을 보기"에서 골라 기호를 쓰시오.

보기"

㉠ 가습기를 틀어 놓는다.
㉡ 젖은 빨래를 널어 둔다.
㉢ 햇빛이 잘 들지 않도록 한다.
㉣ 창문을 열어 바람이 잘 통하게 한다.

( )

어려워

07 다음은 해캄과 짚신벌레를 현미경으로 관찰한 모습입니다. ㉠과 ㉡에 대한 설명으로 옳지 않은 것은 어느 것입니까? ( )

① ㉠과 ㉡은 물에서 산다.
② ㉡은 바깥쪽에 털이 많이 나 있다.
③ ㉠은 해캄이고 ㉡은 짚신벌레이다.
④ ㉠은 가늘고 긴 모양이고 여러 개의 마디로 이루어져 있다.
⑤ ㉠은 스스로 움직일 수 있지만 ㉡은 스스로 움직이지 못한다.

어려워

08 원생생물의 특징에 대한 설명으로 옳은 것을 보기"에서 골라 기호를 쓰시오.

보기"

㉠ 스스로 움직일 수 있다.
㉡ 뿌리, 줄기, 잎으로 이루어져 있다.
㉢ 동물이나 식물에 비해 생김새가 복잡하다.
㉣ 동물, 식물, 균류 등 어디에도 속하지 않는다.

( )

서술형

09 다음 생물들을 볼 수 있는 장소를 쓰시오.

◎ 해캄   ◎ 반달말   ◎ 종벌레

_____

_____

10 다음은 세균에 대한 친구들의 대화입니다. 잘못 말한 친구의 이름을 쓰시오.

세균은 크기가 작지만 맨눈으로 볼 수 있어.

우리 주변에는 많은 종류의 세균이 있어.

세균을 관찰하려면 배율이 매우 높은 현미경이 필요해.

루찬   다윤   지훈

( )

과학

11 다음 세균의 생김새를 관찰하여 세균의 모양을 선으로 알맞게 이으시오.

(1)  • • ㉠ 공 모양

(2) 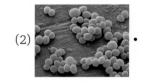 • • ㉡ 막대 모양

(3)  • • ㉢ 나선 모양

12 다음 여러 가지 세균의 모습을 보고 알 수 있는 내용으로 옳은 것을 보기 에서 골라 기호를 쓰시오.

 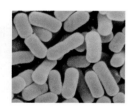

보기
㉠ 세균은 모두 꼬리가 있다.
㉡ 세균은 실처럼 가늘고 긴 균사로 이루어져 있다.
㉢ 세균은 균류나 원생생물보다 생김새가 단순하다.

( )

13 다음은 주사를 맞기 전에 소독솜으로 피부를 소독하는 까닭입니다. ( ) 안에 공통으로 들어갈 알맞은 말을 쓰시오.

주사 바늘과 함께 (   )이/가 몸속으로 들어가지 않도록 피부에 있는 (   )을/를 없애기 위해서이다.

( )

어려워
14 대장균의 특징과 사는 곳에 대한 설명으로 옳은 것은 어느 것입니까? (   )

① 원생생물보다 크기가 크다.
② 물, 흙, 공기 등에서는 살 수 없다.
③ 크기가 작지만 맨눈으로 관찰할 수 있다.
④ 균류나 원생생물보다 생김새가 단순하다.
⑤ 동물의 몸 표면이나 몸속에서는 살 수 없다.

15 세균이 우리 생활에 주는 이로움으로 옳은 것은 어느 것입니까? (   )

①
⬆ 된장을 만드는 데 이용됨.

②
⬆ 김치를 만드는 데 이용됨.

③
⬆ 음식을 상하게 함.

④
⬆ 건강식품을 만드는 데 이용됨.

바른답·알찬풀이 52쪽

16 다음은 어떤 생물이 우리 생활에 미치는 영향을 나타낸 것인지 보기 에서 골라 기호를 쓰시오.

⊙ 치즈를 만드는 데 이용됨.

⊙ 음식을 상하게 함.

보기
㉠ 균류   ㉡ 세균
㉢ 식물   ㉣ 원생생물

(   )

17 다음은 원생생물이 우리 생활에 미치는 영향입니다. ㉠, ㉡에 들어갈 알맞은 말을 쓰시오.

주로 다른 생물의 먹이가 되거나 (㉠) 을/를 만들기도 하지만, 호수나 바다와 같은 곳에 급격히 번식하면 (㉡)을/를 일으켜 다른 생물에게 피해를 준다.

㉠: (   ), ㉡: (   )

18 균류, 원생생물, 세균이 우리 생활에 미치는 영향으로 옳지 않은 것은 어느 것입니까? (   )

① 세균은 우리에게 해로운 영향만 준다.
② 곰팡이는 식물에 병을 일으키기도 한다.
③ 균류인 버섯은 음식을 만드는 데 이용되기도 한다.
④ 김이나 미역과 같은 원생생물은 음식 재료로 이용된다.
⑤ 영양분이 풍부한 원생생물을 이용하여 건강 식품을 만들 수 있다.

어려워

19 생명과학이 우리 생활에 이용된 예와 활용된 생물을 알맞게 짝 지은 것은 어느 것입니까?

(   )

① 건강식품 생산 – 오염 물질을 분해하는 세균
② 생물 농약 생산 – 영양분이 풍부한 원생생물
③ 플라스틱 분해 – 기름 성분이 풍부한 원생생물
④ 인공눈 생산 – 물을 쉽게 얼리는 특성이 있는 세균
⑤ 오염된 물 정화 – 해충에게만 질병을 일으키는 세균이나 곰팡이

서술형

20 다음은 생명과학이 우리 생활에 이용된 예입니다. 곰팡이를 이용한 것을 골라 기호를 쓰고, 이용된 곰팡이의 특성을 쓰시오.

㉠
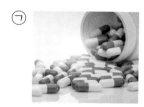
 질병을 치료하는 약

㉡

⊙ 친환경 연료

_____

_____

출처

✳ 제재 출처

제재명	지은이	출처	쪽수
「헤엄이」	글: 레오 리오니 옮김: 김난령	『헤엄이』, 시공주니어, 2019.	8쪽
「어머니의 시험」	박숙희	『독창적인 서체를 만들어 낸 조선 최고 명필가 - 한석봉 - 』, ㈜효리원, 2013.	8쪽
「목 짧은 기린 지피」	고정욱	『목 짧은 기린 지피』, 맹앤앵, 2012.	10쪽
「아침 저녁」	윤석중	『깊은 산속 옹달샘 누가 와서 먹나요』, ㈜예림당, 2022.	32쪽
「모자와 모자」	최휘	『올해의 좋은 동시 2022』, 상상, 2022.	33쪽
「발표하기 무서워요!」	글: 미나 뤼스타 옮김: 손화수	『발표하기 무서워요!』, 두레아이들, 2017.	41쪽
「방울토마토는 일곱 살」	조정인	『새가 되고 싶은 양파』, 큰나, 2007.	48쪽

✳ 사진 출처

국립한글박물관, 국토정보플랫폼 국토정보맵, 기상자료개방포털, 셔터스톡, 연합뉴스, 이미지투데이, 클립아트코리아

꾸준한 상위권-
진짜 실력자의
수학 비법서

수학은 한 번 놓치면
상위권 진입이 무척 어렵습니다.

바르게 학습한 개념이
제대로 된 실력으로 이어질 수 있도록
초등 수학에서 갖추어야 할 역량과 비법을
『수비수학』에 담았습니다.

『수비수학』으로 수학의 진짜 실력자가 됩니다.

3~6학년 학기용 교재

◇ 초등 수학에서 갖추어야 할 역량

◇ 수학 실력자를 만드는 『수비수학』 시스템

개념은 탄탄하게!   교과서 흐름에 맞추어 개념을 세분화하여
하루 4쪽씩 부담 없이 개념을 다집니다.

반복은 철저하게! 수학비법2 개념북 진도에 맞춘 워크북의 쌍둥이 문제로
스스로의 실력을 쌓아갑니다.

실전은 완벽하게!   핵심 유형으로 마무리하고 수준별 평가로
자신 있게 실전을 대비합니다.

초등 필수 기본서
天ㅋ
BY MIRAE-N

완전히 바뀐
天ㅋ 기본서 핵심 짚어보기

공부 습관을 키우는 시험 자신감을 키우는

- **진도북, 평가북 분권** 구성으로 학습 **집중도, 편리성 향상**

- 국어, 사회, 과학 **과목별 특성**에 맞춘 구성으로 **교과 학습력 향상**

- 주제별, 차시별 **짧은 구성**으로 **개인별 학습량 조정 편리**

- 실제 **단원평가·수행평가**와 유사한 형태의 문제로 **시험 완벽 대비**

※ 분권 구성은 2022 개정 교육과정 적용된 3, 4학년 교재만 해당. 5, 6학년 순차 반영 예정

바른답·
알찬풀이

국어

1. 깊이 있게 읽어요

1 헤엄이는 빨간 물고기들이 큰 물고기들을 쫓아 버리는 데 도움을 주었습니다.

2 어머니는 석봉이 진정 명필이라면 어둠 속에서도 글씨를 잘 쓸 수 있을 것이라고 하였습니다.

3 하윤이는 글의 내용과 관련해 더 궁금한 점을 떠올렸습니다.

단원평가 기본*   9~11쪽

01 ⑤   02 ①, ③   03 인물, 장소, 일어난 일
04 현우   05 (1) 한양 → 집   (2) ⑩ 아들은 한양에서 사람들에게 명필로 인정을 받고 3년 만에 어머니가 계신 집으로 돌아왔습니다.   06 ③
07 ⑤   08 ⓓ   09 현서   10 밀렵꾼
11 ⑤   12 ⓓ   13 ③   14 (1) 숨 구멍   (2) ⑩ 흙에 있는 모래 알갱이들이 작은 숨 구멍을 만들어서 공기가 잘 통하게 해 주기 때문입니다.
15 (1) ㉮ (2) ㉯ (3) ㉰

01 빨간 물고기들은 자신들을 잡아먹으려는 큰 물고기를 피해 바위와 물풀 사이, 어두컴컴한 곳에 숨어 있습니다.

02 헤엄이는 큰 물고기에게 잡아먹힐까 봐 숨어 있을 수만은 없다며 좋은 수를 생각해 내려는 도전적이고 용기 있는 성격입니다.

03 이야기의 흐름을 파악하려면 이야기에 나오는 인물, 장소, 일어난 일을 찾고 시간이나 장소의 변화에 따라 일을 살핍니다. 그리고 일이 일어난 차례를 정리합니다.

04 아들은 한양에서 자신을 따를 사람이 없다고 우쭐해하며 말하였습니다.

05 장소의 변화가 드러나도록 인물에게 일어난 일을 한 문장으로 씁니다.

채점 기준	
상	(1)에 '한양'과 '집'을 차례대로 쓰고, (2)에 '한양'과 '집'을 넣어 아들에게 일어난 일을 한 문장으로 알맞게 쓴 경우
하	(1)에 '한양'과 '집'만 쓴 경우

06 기린 친구들은 지피가 목이 짧아서 싫다며 따돌렸습니다.

07 지피를 놀리고 따돌린 기린 친구들은 외모만 보고 판단하는 경솔한 성격의 인물들입니다.

08 ㉠은 지피를 바라보는 미야의 아픈 마음을 표현한 말로 ㉰의 뜻임을 알 수 있습니다.

09 목이 길어서 먼 곳만 보던 기린들과는 다르게 지피는 목이 짧아서 가까이 있는 밀렵꾼을 알아볼 수 있었고 용감하게 잡았습니다.

10 기린들을 잡아가는 밀렵꾼을 지피가 알아채고 잡았으므로 밀렵꾼과 지피는 갈등하는 관계입니다.

11 옹기가 음식을 보관하기에 좋은 여러 가지 까닭을 들어 옹기에 대하여 쓴 글입니다.

12 옹기가 비슷한 온도를 유지하도록 해 주므로 음식을 옹기에 보관하면 알맞게 익어 좋은 맛을 낸다는 내용으로 이어지는 것이 알맞습니다.

13 '보관하다'는 '간직하고 관리하다.', '유지하다'는 '어떤 상태나 상황을 변함이 없게 하다.'의 뜻입니다.

14 옹기는 흙으로 만드는데, 흙에 있는 모래 알갱이들이 작은 숨 구멍을 만들어서 공기가 잘 통하게 해 준다고 하였습니다.

채점 기준	
상	(1)에 '숨 구멍'을 쓰고, (2)에 '숨 구멍'을 넣어 옹기에 음식을 보관하면 쉽게 상하지 않는 까닭을 알맞게 쓴 경우
하	(1)에 '숨 구멍'만 쓴 경우

15 글의 내용을 짐작하기 위한 질문을 만들 때에는 낱말의 뜻을 짐작하는 질문 하기, 이어질 내용을 짐작하는 질문 하기, 자신의 경험과 관련지어 질문하기, 글의 내용과 관련해 더 궁금한 점을 질문하기 등의 방법이 있습니다.

01 ㉰
02 (1) 영감 (2) 총각
03 지아, 성준
04 ②
05 ④, ⑤
06 ②, ④
07 (1) 예 도전적이고 용기 있는 성격입니다. (2) 예 빨간 물고기들을 돕는 역할입니다.
08 ①, ③
09 ⑤
10 (1) 2 (2) 1 (3) 3
11 (1) 예 어머니가 호롱불을 끄자, 어둠 속에서 삐뚤빼뚤한 글씨를 썼습니다. (2) 예 호롱불을 끄고 어둠 속에서도 떡을 고르게 썰었습니다.
12 ③, ④
13 ④
14 ①
15 준우
16 (1) 흙 (2) 그릇
17 ③
18 (1) ㉠ (2) ㉢ (3) ㉡
19 ㉰
20 예 옹기에 음식을 보관하면 어떤 점이 좋을까요? / '옹기장'의 '장'은 무슨 뜻일까요?

01 총각이 영감에게 돈을 주고 나무 그늘을 산 다음에 한 일을 보면 나무 그늘을 산 까닭을 알 수 있습니다.

02 그림에서 여유 있게 누워 있는 인물은 총각이고, 당황한 표정으로 총각을 바라보는 인물은 영감입니다.

03 국어사전에서 낱말의 뜻을 찾아본 경험은 내용을 짐작하며 글을 읽은 경험으로 알맞지 않습니다.

04 다랑어(큰 물고기)가 작은 물고기들에게 다가와 작은 물고기들을 한입에 꿀꺽 삼켜 버리는 행동을 보고, 사납고 무서운 성격임을 알 수 있습니다.

05 헤엄이는 자신을 잡아먹으려는 큰 물고기를 피해서 바닷속 깊고 어두운 곳으로 도망쳤습니다. 이때 헤엄이는 무섭고, 외롭고, 무척 슬펐다고 했습니다.

06 이 글에서 헤엄이와 빨간 물고기들은 모두 큰 물고기와 갈등하는 관계입니다.

07 이 장면에 나타난 헤엄이의 말이나 행동, 생각을 살펴보고 헤엄이의 성격과 역할을 정리할 수 있습니다.

채점 기준	
상	(1)에 헤엄이의 말과 행동, 생각에 어울리는 성격을 쓰고, (2)에 헤엄이의 역할을 바르게 쓴 경우
하	(1)과 (2) 중 한 가지 답만 쓴 경우

08 이야기에 나오는 인물들의 말이나 행동을 살펴보면 인물들의 관계를 파악할 수 있습니다.

09 석봉과 어머니가 주고받은 대화를 통해 석봉이 고향집을 3년 동안 떠나 있었던 까닭을 알 수 있습니다.

10 석봉은 한양에서 사람들에게 명필로 인정을 받고 3년 만에 어머니가 계신 집으로 돌아왔고, 어머니는 석봉을 보고 반가워하지 않으며 자신은 떡을 썰 테니 석봉에게 글씨를 쓰라고 했습니다.

11 고향집에서 석봉과 어머니에게 일어난 일이 무엇인지 정리하여 씁니다.

채점 기준	
상	두 인물에게 일어난 일을 모두 알맞게 정리하여 쓴 경우
하	한 인물에게 일어난 일만 알맞게 정리하여 쓴 경우

12 불을 끄고 글씨를 쓴 뒤에 석봉이 어머니에게 한 말을 통해, 석봉의 마음을 짐작할 수 있습니다.

13 이야기의 흐름을 파악할 때는 시간이나 장소의 변화에 따라 일을 살펴야 합니다.

14 하윤이가 떠올린 질문을 보고 「우리의 그릇, 옹기」라는 글의 내용을 짐작하고 있음을 알 수 있습니다.

15 그림에서 책의 제목과 표지에 있는 그림을 보고 「우리의 그릇, 옹기」는 우리나라의 전통 그릇인 옹기에 대해 설명하고, 만드는 법이나 활용법에 대해 쓴 글일 것이라고 짐작할 수 있습니다.

16 글 ㉮의 첫 번째 문장에 옹기에 대한 설명이 나타나 있습니다.

17 '옹기소'는 옹기를 만드는 곳이고, '옹기장'은 옹기를 만드는 기술자입니다. 옹기에 된장, 간장, 김치를 보관하면 음식을 알맞게 익힐 수 있고, 허리가 불룩한 옹기를 모아 두면 옹기들 사이에 공간이 생깁니다.

18 이 글에서 '음식을 보관하다.', '비슷한 온도를 유지하다.', '무형유산으로 지정하다.'와 같이 주어진 뜻을 가진 낱말을 사용했습니다.

19 ㉮는 낱말의 뜻을 짐작하는 질문이고, ㉯는 이어질 내용을 짐작하는 질문이고, ㉰는 자신의 경험과 관련지어 질문한 것입니다.

20 낱말의 뜻을 짐작하는 질문 하기, 이어질 내용을 짐작하는 질문 하기, 자신의 경험과 관련지어 질문하기, 글의 내용과 관련해 더 궁금한 점을 질문하기 등의 방법 중 한 가지를 선택하여 질문을 만듭니다.

채점 기준	
상	글의 내용과 관련 있는 질문을 만들어 쓴 경우
하	글의 내용과 관련이 적은 질문을 만들어 쓴 경우

2. 서로 다른 의견

1 (3) ◯   2 토의 주제 정하기
3 (1) ◯

1 토의 주제에 알맞은 의견을 마련할 때에는 의견을 뒷받침하는 이유를 들어야 합니다.

2 토의는 '토의 주제 정하기 → 의견 마련하기 → 의견 모으기 → 의견 결정하기'의 절차에 따라 진행합니다.

3 '환경, 다회용, 꾸준히' 등의 중요한 낱말이나 '하나면 충분합니다.'라는 글쓴이의 생각이 담긴 문장을 통해 '한번 구입한 다회용 제품을 오랜 기간 꾸준히 사용하자.'라는 글쓴이의 의견을 파악할 수 있습니다.

단원평가 기본   17~19쪽

01 ㉯   02 ④   03 (1) 승용차 (2) ⑩ 승용차를 타고 등교하지 않았으면 좋겠습니다. 걸어서 등교하는 것이 건강에 좋기 때문입니다.   04 ③
05 ①, ②   06 해결 방법   07 ②
08 ④, ⑤   09 (1) 사 (2) 의   10 수지
11 ③, ⑤   12 ②   13 (1) 동물원 (2) ⑩ 동물원은 동물을 보호하는 역할도 하기 때문에 원래의 동물원이 사라지면 안 된다고 생각합니다. 14 문화유산
15 ㉯

01 어떤 문제에 대해 여러 사람이 의견을 나누는 것이 가장 빠르게 문제를 해결하는 방법은 아닙니다.

02 글쓴이는 모두의 안전을 위해 승용차를 타고 학교에 오지 않았으면 좋겠다고 하였습니다.

03 자신의 의견은 글쓴이의 의견과 같을 수도 있고 다를 수도 있습니다. 의견을 뒷받침하는 이유를 들어 의견을 써 봅니다.

	채점 기준
상	(1)에 '승용차'를 쓰고, 글쓴이의 의견에 대한 자신의 의견과 까닭을 알맞게 정리하여 쓴 경우
중	(1)과 (2)의 답을 모두 썼으나 (2)의 답에 포함된 의견을 뒷받침하는 이유에 어색한 점이 있는 경우
하	(1)에 '승용차'만 쓴 경우

04 토의 주제는 준성이가 제시한 주제처럼 '된다'나 '안 된다'와 같은 의견만 떠오르는 것이 아닌, 여러 의견이 나올 수 있는 것으로 정해야 합니다.

05 토의 주제를 정할 때에는 '우리 모두와 관련 있는지, 여러 가지 의견이 나올 수 있는지, 우리가 해결 방법을 찾을 수 있는지' 등을 생각해 봅니다.

06 정훈이가 말한 토의 주제는 우리가 해결 방법을 찾기 어려운 주제이므로 토의 주제로 알맞지 않습니다.

07 환경을 보호하기 위해 우리는 일회용품을 적게 쓰고 통컵, 친환경 가방과 같은 여러 번 사용할 수 있는 다회용 제품을 쓴다고 하였습니다.

08 다회용 제품을 구입하여 자주 사용하지 않고 그냥 두거나 여러 개의 다회용 제품을 사용하면 오히려 환경 오염의 원인이 될 수 있다고 하였습니다.

09 (1)은 실제 있었던 일인 '사실'입니다. (2)는 어떤 일이나 대상 따위에 대한 생각인 '의견'입니다.

10 글쓴이가 이 글을 쓴 목적이나 의도를 생각해 보면 글쓴이의 의견을 파악할 수 있습니다.

11 '동물 없는 동물원'은 가상 현실 기술이나 증강 현실 기술을 이용하여 만든다고 하였습니다.

12 글쓴이는 동물도 사람처럼 감정을 느끼고, 행복하게 살아갈 권리가 있으며, 더 이상 동물을 동물원에 가두면 안 되기 때문에 '동물 없는 동물원'을 만들어야 한다고 하였습니다.

13 '동물 없는 동물원을 활용하자.'라는 글쓴이의 의견에 대한 자신의 의견을 생각하여 씁니다.

	채점 기준
상	(1)에 '동물원'을 쓰고, (2)에 '동물원'이라는 낱말을 넣어 글쓴이의 의견에 대한 자신의 의견과 까닭을 알맞게 정리하여 쓴 경우
하	(1)에 '동물원'만 쓴 경우

14 글 ㉮의 글쓴이는 문화유산을 개방해야 문화유산을 보존할 수 있다는 의견, 글 ㉯의 글쓴이는 문화유산을 개방하면 문화유산을 보호할 수 없다는 의견을 가지고 있습니다.

15 현수는 문화유산을 친숙하게 대하다 보면 문화유산을 아끼고 보호하려는 마음이 줄어들 수 있다는 글 ㉯의 의견을 평가하였습니다.

01 ㉣ **02** ② **03** ③, ⑤ **04** ②
05 (1) 예 색칠 도구를 빌릴 때마다 이름을 쓰면 좋겠습니다. (2) 예 색칠 도구를 사용한 사람을 확인할 수 있어서 함부로 사용하지 못할 것이기 때문입니다.
06 ⑤ **07** ④ **08** ⑤ **09** 서연
10 예 다회용 제품을 구입하여 사용하지 않거나 여러 개를 사용하면 환경 오염의 원인이 될 수 있으므로 다회용 제품을 하나만 사서 꾸준히 사용하자는 의견을 강조한 것입니다. **11** 동물 **12** ④, ⑤
13 ⑤ **14** ㉣ **15** (1) 이든, 태영 (2) 효주, 승민 **16** 개방 **17** ⑤ **18** 예 문화유산을 가까이에서 보면 문화유산을 사랑하는 마음이 더 깊어질 것 같아. **19** ⑤ **20** 자료

01 준성이와 규빈이는 토의 주제를 정하기 위한 대화를 하고 있습니다.

02 토의 주제는 여러 의견을 떠올릴 수 있는 것으로 정해야 합니다.

03 어떤 토의 주제가 우리 모두와 관련이 있을지, 여러 가지 의견이 나올지, 우리가 해결 방법을 찾을 수 있을지 따져 봅니다.

04 토의 주제에 대한 여러 가지 의견과 그 이유를 마련하고 있지만 의견의 단점에 대해서 말한 내용은 없습니다.

05 토의 주제에 알맞으면서 실천 가능한 의견과 그 의견을 뒷받침하는 적절한 이유를 씁니다.

채점 기준	
상	토의 주제에 알맞은 의견으로 시연, 정훈이의 의견과 다른 의견을 이유와 함께 알맞게 쓴 경우
하	토의 주제에 알맞은 의견을 썼으나 의견을 뒷받침하는 이유에 타당하지 않은 점이 있는 경우

06 글쓴이는 환경을 보호하기 위해 사용하는 다회용 제품이 오히려 환경 오염의 원인이 될 수 있다는 문제 상황을 제시하고 있습니다.

07 ①, ②, ③, ⑤는 한번 구입한 다회용 제품을 오랜 기간 꾸준히 사용하자는 글쓴이의 생각을 담고 있는 낱말들입니다.

08 ㉠~㉢은 실제 있었던 일로, 참과 거짓을 판단할 수 있는 '사실'입니다. ㉣은 어떤 일이나 대상 따위

에 대한 생각으로 '의견'입니다.

09 진명이는 글의 내용을 더 잘 이해할 수 있기 때문에 글쓴이의 의견을 파악해야 한다는 점이, 유민이는 글쓴이의 의견을 평가할 수 있기 때문에 글쓴이의 의견을 파악해야 한다는 점이 잘 드러나게 말하였습니다.

10 주장하는 글의 제목은 글쓴이의 의견을 담고 있습니다.

채점 기준	
상	'다회용 제품을 하나만 사서 꾸준히 사용하자.'라는 글쓴이의 의견을 담고 있다는 내용을 알맞게 쓴 경우
하	'다회용 제품을 하나만 사서 꾸준히 사용하자.'라는 글쓴이의 의견을 담고 있다는 내용이 드러나지 않은 경우

11 글쓴이의 의견은 '동물 없는 동물원을 활용하자.'입니다.

12 글 ㈏와 ㈐에서 글쓴이의 의견을 뒷받침하는 내용을 찾을 수 있습니다.

13 '동물 없는 동물원'은 가상 현실 기술이나 증강 현실 기술을 이용하여 만든다고 하였습니다.

14 가상 현실 기술을 이용해 자연 속에서 생생하게 촬영된 동물의 모습을 실감 나게 관람할 수 있는 것이지 그림으로 만나는 것은 아닙니다.

15 '과학 기술을 활용한 동물 없는 동물원을 활용하자.'는 글쓴이의 의견과 같은 의견을 말한 친구는 이든이와 태영이입니다.

16 이 글은 문화유산 보호에 대한 글로, 글쓴이의 의견은 '문화유산을 개방해야 한다.'입니다.

17 하음이는 글쓴이의 의견대로 했을 때 오히려 다른 문제가 생기지 않을지 생각해 보았습니다.

18 글쓴이의 의견을 뒷받침하는 내용이 적절한지를 따져 보고 알맞게 이어서 써 봅니다.

채점 기준	
상	'문화유산을 개방해야 한다.'라는 글쓴이의 의견을 뒷받침하는 내용으로 알맞게 쓴 경우
하	글쓴이의 의견을 뒷받침하는 내용으로 알맞지 않은 점이 있는 경우

19 글쓴이의 의견을 뒷받침하는 내용으로 알맞은 것은 ⑤입니다.

20 글 ㈎에서 글쓴이의 의견을 뒷받침하는 자료의 내용을 확인할 수 있습니다.

3. 자세하게 살펴요

핵심 개념   24쪽

1 ②   **2** 방법   **3** 예 수집한 내용의 출처를 씁니다.

1 '수정하다'의 뜻은 '글이나 글자의 잘못된 점을 고치다.'입니다.

2 껍질을 깎은 사과 조각을 돋보기로 관찰하고, 겉면도 만져 보고 냄새도 맡아 보는 방법으로 관찰하였습니다.

3 수집한 자료의 내용을 정리할 때에는 수집한 내용의 출처를 써야 합니다.

단원평가 기본   25~27쪽

01 낱말 **02** ㉮, ㉯ **03** ②, ④ **04** 반대인
05 (1) ① 방향 ② 아래 ③ 앞 (2) 예 다리 위에서 다리 아래로 흘러가는 강물을 바라보았습니다.
06 ⑤   **07** ①   **08** (1) 겉 (2) 속
09 ①   **10** ③, ⑤   **11** 보고하는 글
12 (1) ㉯ (2) ㉰ (3) ㉮   **13** (1) (껍질을 깎은) 사과
(2) 예 앞으로 껍질을 깎은 사과를 보관할 때에는 공기와 만나지 않도록 해야겠다고 생각했습니다.
14 ㉯ → ㉮ → ㉣ → ㉰ → ㉱ → ㉲   **15** ⑤

01 남자아이는 '식물'이라고 쓸지, '꽃'이라고 쓸지 고민하고 있고, 여자아이는 '예쁘게'라고 쓸지, '어여쁘게'라고 쓸지 고민하고 있습니다.

02 '식물'이라고 쓸 때보다 '꽃'이라고 쓰는 것이 확실하고, '예쁘게'와 '어여쁘게'는 뜻은 비슷하지만 느낌은 다른 낱말입니다.

03 '전통'은 '어떤 집단이나 공동체에서, 지난 시대에 이미 이루어져 계통을 이루며 전하여 내려오는 사상·관습·행동 따위의 양식.'을 뜻하는 말로, '미래'와 바꾸어 쓸 수 없습니다. '우리나라'는 '세계'의 뜻에 포함되는 낱말이므로, 서로 바꾸어 쓸 수 없습니다.

04 '내려가다'와 '올라가다'는 뜻이 반대인 관계의 낱말입니다.

05 다른 낱말의 뜻을 포함하는 낱말, 뜻이 반대인 낱말을 찾아 쓰고, 낱말들을 활용하여 문장을 만들어 씁니다.

채점 기준	
상	(1)의 ①~③에 '방향', '아래', '앞'을 차례대로 쓰고, (2)에 (1)에서 정리한 낱말 중 두 가지를 골라 문장을 알맞게 만들어 쓴 경우
중	(1)과 (2)의 답을 모두 썼으나 (2)의 문장에 어색한 점이 있거나 (1)에서 정리한 낱말 중 한 가지만 골라 문장을 만들어 쓴 경우
하	(1)의 답만 바르게 쓴 경우

06 '필기도구'는 '연필, 볼펜'의 뜻을 포함하는 낱말입니다.

07 '적다'는 '어떤 내용을 글로 쓰다.'라는 뜻을 가진 낱말로, '쓰다'와 뜻이 비슷한 낱말입니다.

08 '중심'과 '가운데'는 뜻이 비슷한 관계의 낱말이고, '겉'과 '속'은 뜻이 반대인 관계의 낱말입니다.

09 지우개는 종이의 안을 파고들 수 없어 볼펜으로 쓴 글씨를 지울 수 없다고 하였습니다.

10 '볼펜'과 '수정액'은 '필기도구'의 뜻에 포함되는 낱말입니다.

11 이 글과 같이 어떤 주제에 대해 관찰, 조사, 실험한 과정과 결과를 체계적으로 정리한 글을 보고하는 글이라고 합니다.

12 글 ㉮는 관찰하게 된 동기, 글 ㉯는 관찰 대상과 기간, 글 ㉰는 관찰 방법에 대해 쓴 부분입니다.

13 글 ㉣에 글쓴이가 껍질을 깎은 사과 조각의 색깔이 변하는 과정을 관찰한 뒤에 느낀 점이 드러나 있습니다.

채점 기준	
상	(1)에 글쓴이가 관찰한 대상을 알맞게 쓰고, (2)에 글쓴이의 생각을 바르게 찾아 쓴 경우
하	(1)에 '사과' 또는 '껍질을 깎은 사과'만 쓴 경우

14 관찰 대상을 정하고, 관찰 계획을 세운 다음 계획을 바탕으로 대상을 관찰합니다. 그리고 관찰한 내용을 정리하고, 자료를 수집하여 보고하는 글을 씁니다.

15 관찰 주제와 관련한 자료를 수집할 때 책을 찾아보거나 인터넷에서 검색할 수 있고, 전문가에게 물어볼 수도 있습니다.

01 ②　　**02** ⑤　　**03** (1) 짧다 (2) 생물
04 ⑤　　**05** (1) 의상 (2) 색깔　　**06** (1) ❷ 빛을 흡수하고 반사하는 결과로 나타나는 빨강, 파랑, 노랑 따위의 현상. (2) ❷ 빨강, 파랑, 노랑
07 혁이, 지찬　　**08** ②, ⑤　　**09** ②, ④
10 ②　　**11** ❷ 지우개는 종이의 안을 파고들 수 없기 때문입니다.　　**12** ①　　**13** (1) 삭제하다 (2) 고치다　　**14** 가　　**15** ①, ②
16 ②　　**17** (1) ⓒ (2) ⓐ (3) ⓑ　　**18** ⑤
19 ④　　**20** 만져 보지는 않았지만 싹의 겉면은 거칠거칠할 것 같았다., ❷ 싹을 만져 보니 겉면이 부드러웠다.

01 이 글은 거미가 거미줄을 치는 과정을 관찰하여 자세히 쓴 글입니다.

02 중심에서 바깥 방향으로 향하는 여러 개의 긴 줄을 쳤다고 했으므로, '중심'과 뜻이 비슷한 낱말은 '가운데'입니다.

03 '길다'와 뜻이 반대인 낱말은 '짧다'이고, '동물'과 '식물'의 뜻을 모두 포함하는 낱말은 '생물'입니다.

04 '곱다'와 '아름답다'는 뜻이 비슷한 관계입니다.

05 문장에서 '옷', '빛깔'과 뜻이 비슷한 낱말을 각각 찾아 씁니다.

06 국어사전에서 낱말의 뜻풀이와 비슷한말, 반대말에 대한 정보를 살펴볼 수 있습니다.

채점 기준	
상	(1)에 국어사전에서 '색깔'의 뜻을 찾아 쓰고, (2)에 '색깔'의 뜻에 포함되는 낱말을 세 가지 모두 바르게 쓴 경우
하	(1)의 답과 (2)의 답 중 한 가지만 바르게 쓴 경우

07 '널'은 '널뛰기할 때에 쓰는 널반지.'를 말하고, '발'은 '사람이나 동물의 다리 맨 끝부분.'을 말합니다. '널'과 '발'은 뜻이 비슷한 관계는 아닙니다.

08 '한식'은 '우리나라 고유의 음식이나 식사.'를 뜻하는 낱말입니다. '잡채', '된장찌개' 등은 '한식'의 뜻에 포함되는 낱말입니다. '양식'은 '한식'과 뜻이 반대인 관계의 낱말입니다.

09 연필의 중심에 연필심이 있고, 볼펜이 글씨를 쓰는 원리는 연필과 다르다고 했습니다.

10 '겉'과 '속'은 뜻이 반대인 관계의 낱말입니다. '모양'과 '모습', '가족'과 '식구'는 뜻이 비슷한 관계이고, '방향'과 '아래', '움직이다'와 '헤엄치다'는 뜻을 포함하거나 뜻에 포함되는 관계입니다.

11 지우개를 문지르면 생기는 가루는 종이에 붙어 있는 연필심의 검은 가루와 뭉치면서 검은 가루를 종이에서 떨어지게 합니다. 하지만 지우개는 종이의 안을 파고들 수 없어서 볼펜으로 쓴 글씨는 지울 수 없습니다.

채점 기준	
상	지우개가 볼펜으로 쓴 글씨를 지울 수 없는 까닭을 바르게 찾아 정리하여 쓴 경우
하	지우개의 원리로 알맞지 않은 점이 있는 경우

12 ①은 지우개에 대한 설명이고, ②~⑤는 수정액에 대한 설명입니다.

13 '지우다'와 '삭제하다', '수정하다'와 '고치다'가 뜻이 비슷한 관계의 낱말입니다.

14 글 가는 관찰하게 된 동기, 글 나는 관찰 대상과 기간, 글 다는 관찰 방법을 쓴 부분입니다.

15 글쓴이는 껍질을 깎은 사과의 색깔을 돋보기로 관찰하고, 사과의 겉면을 만져 보고, 사과의 냄새를 맡아 보고 보고하는 글을 썼습니다.

16 하은이가 껍질을 깎은 사과를 관찰하면서 정리한 내용입니다.

17 (1)은 관찰한 뒤 느낀 점, (2)는 관찰 내용, (3)은 수집한 자료의 내용에 해당됩니다.

18 관찰한 내용을 정리할 때에는 대상의 특징을 사진으로 찍거나 그림으로 그려서 기록하는 것이 좋습니다.

19 관찰한 내용을 정리할 때에는 관찰한 내용을 과장하거나 축소하지 않고 사실에 근거해 정확하게 표현합니다.

20 "만져 보지는 않았지만 싹의 겉면은 거칠거칠할 것 같았다."는 관찰한 내용을 사실에 근거해 쓰지 않았기 때문에 보고하는 글에 알맞지 않은 표현입니다.

채점 기준	
상	보고하는 글에 알맞지 않은 표현에 밑줄을 긋고, 사실에 근거하여 문장을 바르게 고쳐 쓴 경우
하	보고하는 글에 알맞지 않은 표현에 밑줄을 그었지만, 고쳐 쓴 문장에도 알맞지 않은 표현이 있는 경우

4. 뜻을 파악하며 읽어요

1 ㉠의 '저녁'은 '해가 질 무렵부터 밤이 되기까지의
  시간.'이라는 뜻이고, ㉡의 '저녁'은 '저녁에 끼니로
  먹는 음식. 또는 끼니를 먹는 일.'이라는 뜻입니다. 두
  낱말은 뜻이 서로 관련이 있으므로 '다의어'입니다.

2 이 글의 네 번째 문장에 앞에서 나왔던 내용을 가리
  키는 말인 '이것'이 나타나 있습니다.

3 메모하는 습관을 들이자는 주장을 하는 글입니다.

단원평가 기본*   33~35쪽

01 (1) ㉡ (2) ㉮   02 ②   03 ②
04 예 뜻   05 ③   06 ⑤   07 (1) ㉣
(2) ㉮   08 물   09 고양이 그림이 그려진
파란색 물병   10 (1) 가리키는 말 (2) 예 가리키는 말
을 사용하면 앞에서 나온 내용을 다시 말하지 않아도
됩니다.   11 감기   12 (1) 예 이것   (2) 예 병
원에서 집에 돌아온 주은이가 의사 선생님께서 말씀
해 주신 것을 적어 책상 앞에 붙여 놓은 것입니다.
13 ④   14 메모   15 ⑤

01 "모자가 보기 좋네요."에서 '모자'는 어머니와 아
   들을 가리키므로 ㉡의 뜻이 알맞고, "꾹 눌러쓴 모
   자"에서 '모자'는 머리에 쓰는 물건을 가리키므로
   ㉮의 뜻이 알맞습니다.

02 엄마와 아들의 정다운 모습을 통해 엄마와 아들
   사이의 사랑을 전하고 있는 시입니다.

03 ㉮와 ②의 '차다'는 모두 '몸에 닿은 물체나 대기
   의 온도가 낮다.'라는 뜻입니다.

04 ㉮, ㉡의 '차다'는 동형이의어로, 글자의 형태만 같
   고 뜻이 전혀 다른 낱말입니다.

05 ①~⑤에 쓰인 '눈'은 낱말이 원래 쓰던 하나의 뜻
   을 넓혀 여러 가지 뜻으로 쓰는 낱말인 다의어로,

'사물을 보고 판단하는 힘.'이라는 뜻으로 쓰인 문
장은 ③ '보는 눈이 정확하다.'입니다.

06 채운이는 점심시간에 동점 상황에서 상대 축구팀
   에게 골을 먹고, 집에 돌아와 속상해하고 있었다고
   했습니다.

07 ㉠의 '먹다'는 '공을 사용하는 운동 경기에서 상대
   편에게 점수를 잃다.'라는 뜻으로 쓰였고, ㉡의 '먹
   다'는 '어떤 마음이나 감정을 품다.'라는 뜻으로 쓰
   였습니다.

08 ㉢의 '배'는 '사람이나 짐 따위를 싣고 물 위로 떠
   다니도록 만든 물건.'을 뜻합니다.

09 그림 ㉯의 '이것', '그것', '저것'은 고양이 그림이
   그려진 파란색 물병을 가리키는 말입니다.

10 '이것', '그것', '저것'과 같은 말을 무엇이라 하는지
   쓰고, 이와 같은 말을 사용하면 좋은 점을 떠올려
   바른 문장으로 써 봅니다.

채점 기준	
상	(1)에 '가리키는 말'을 쓰고, (2)에 가리키는 말을 사용할 때의 좋은 점을 알맞게 쓴 경우
하	(1)에 '가리키는 말'만 쓴 경우

11 주은이는 목이 따끔거리고 머리가 아파서 보건실
   에 가서 열을 쟀고, 보건 선생님께서는 감기인 거
   같으니 병원에 가 보는 것이 좋겠다고 하셨습니다.

12 ㉠에 들어갈 가리키는 말을 쓰고, 글에서 ㉠이 무
   엇을 가리키는지 바른 문장으로 설명해 봅니다.

채점 기준	
상	(1)에 '이것' 등과 같은 가리키는 말을 쓰고, (2)에 ㉠이 가리키는 내용을 한 문장으로 알맞게 쓴 경우
중	(1)과 (2)의 답을 모두 썼으나 (2)에 ㉠이 가리키는 내용을 한 문장으로 알맞게 쓰지 못한 경우
하	(1)에 '이것'과 같은 가리키는 말만 바르게 쓴 경우

13 주은이가 감기에 걸렸다가 낫는 과정을 통해 감기
   를 예방하는 방법을 실천해 감기와 친구 하지 말
   자는 것을 나타냅니다.

14 이 글은 메모하는 습관을 들이자는 주장을 나타낸
   글로, 글의 제목에서 가장 중요한 낱말은 '메모'입
   니다.

15 문단 ㉯의 첫 문장에 중심 내용이 나타나 있습니다.

01 ㉡ **02** 다의어 **03** 예 꽃밭에 쓰레기를 버리지 맙시다. **04** ①, ③ **05** ④ **06** ①, ④ **07** 예 동형이의어는 서로 관련이 없는 뜻을 가진 별개의 낱말이라서 낱말을 구분해 각각 뜻풀이를 제시하기 때문입니다. **08** ㉠ **09** (1) ㉡ (2) ㉠ **10** (1) ㉠ (2) ㉡ (3) ㉢ **11** ②, ④ **12** 그것 **13** 서현 **14** (소아 청소년과) 병원 **15** ④ **16** 예 예방 **17** (1) 유지 (2) 환기 **18** ⑤ **19** ⑤ **20** (1) 예 메모는 요점을 간략히 써 두는 일 또는 그렇게 쓴 글을 말한다. (2) 예 메모를 하면 나만의 정보 창고를 가질 수 있다. (3) 예 메모를 하면 생각을 잘 정리할 수 있다. (4) 예 메모하는 습관을 들여야 한다. (5) 예 메모하는 습관을 들이자.

01 ㉡에서 말한 '쥐'는 '쥣과의 포유류를 통틀어 이르는 말.'을 뜻하는 낱말입니다.

02 ㉢의 '시원하다'는 '음식이 차고 산뜻하거나, 뜨거우면서 속을 후련하게 하는 점이 있다.', ㉣의 '시원하다'는 '덥거나 춥지 아니하고 알맞게 서늘하다.'라는 뜻이므로, 두 낱말은 다의어입니다.

03 첫 번째 문단에 문제 상황이 나타나 있고, 두 번째 문단의 첫 문장에 글쓴이가 전하고 싶은 생각이 나타나 있습니다.

채점 기준	
상	글쓴이가 전하고 싶은 생각인 '꽃밭에 쓰레기를 버리지 맙시다.'라는 내용을 한 문장으로 알맞게 쓴 경우
하	꽃밭에 쓰레기를 버리지 말자는 내용을 포함하고 있지만, 한 문장으로 표현하지 못한 경우

04 가와 ①, ③에 쓰인 '눈'은 '빛의 자극을 받아 물체를 볼 수 있는 감각 기관.'이라는 뜻입니다.

05 나에 쓰인 '눈'은 '물체를 알아보는 눈의 능력.'이라는 뜻으로 쓰였습니다.

06 '발로 내어 지르거나 받아 올리다.'라는 뜻의 '차다'가 쓰인 문장은 '공을 차다.', '제기를 차다.'입니다.

07 국어사전에서 뜻풀이를 구분해서 제시하는 까닭을 동형이의어의 특징과 관련지어 써 봅니다.

채점 기준	
상	국어사전에서 동형이의어를 각각 구분해서 뜻풀이를 따로 제시하는 까닭을 알맞은 문장으로 쓴 경우
하	'동형이의어여서'처럼 간단히 쓴 경우

08 ㉠의 '밤'은 각각 '밤나무의 열매.'와 '해가 져서 어두워진 때부터 다음 날 해가 떠서 밝아지기 전까지의 동안.'의 뜻이므로 형태만 같고, 서로 뜻이 전혀 다른 낱말인 '동형이의어'입니다.

09 ㉠의 '먹다'는 '음식 따위를 입을 통하여 배 속에 들여보내다.'라는 뜻이고, ㉡의 '먹다'는 '일정한 나이에 이르거나 나이를 더하다.'라는 뜻입니다.

10 ㉢의 '배'는 '배나무의 열매.', ㉣의 '배'는 '어떤 수나 양을 두 번 합한 만큼.', ㉤의 '배'는 '사람이나 동물의 몸에서 가슴과 엉덩이 사이의 부위.'라는 뜻입니다.

11 '이것'은 앞에 나온 내용 중 나무가 주는 혜택 두 가지인 ②와 ④를 가리킵니다.

12 '귀여운 강아지 그림이 그려진 반창고'를 가리키는 말로 바꾸어 쓴 것으로는 '그것'이 알맞습니다.

13 가리키는 말은 앞에서 나온 내용을 다시 말하거나 문장을 간결하게 표현할 때 사용합니다.

14 주은이는 조퇴하고 소아 청소년과 병원에 갔습니다.

15 감기에 걸리지 않기 위해서는 적절히 자고, 운동을 해야 한다고 하였습니다.

16 이 글의 중심 생각은 감기를 예방하는 방법을 알고 꾸준히 실천하자는 것입니다.

17 글 다의 마지막 문장에 나타나 있는 '유지'와 '환기'가 각각 ㉠과 ㉡에 들어갈 알맞은 낱말입니다.

18 입으로 몇 번 말해 보는 것은 메모의 예로 알맞지 않습니다.

19 ㉠에 쓰인 '생각'은 '어떤 일에 대한 의견이나 느낌을 가짐. 또는 그 의견이나 느낌.'이라는 뜻입니다.

20 문단 가~라의 중심 내용을 바른 문장으로 각각 쓴 후, 이를 바탕으로 이 글의 중심 생각을 써 봅니다.

채점 기준	
상	문단 가~라의 중심 내용과 이 글 전체의 중심 생각을 모두 바르게 쓴 경우
하	문단 가~라의 중심 내용과 이 글 전체의 중심 생각 중 일부만 바르게 쓴 경우

5. 말과 글로 전하는 생각

핵심 개념

40쪽

1 영현, 성진   2 지호   3 (2) ○

1 자신 있게 발표하려면 발표할 내용을 미리 찾아보고 이해하기 쉽게 정리해야 하며, 발표할 때에는 알맞은 빠르기로 말해야 합니다.

2 발표할 내용을 정리할 때에는 자신이 찾은 내용이 믿을 만한지, 듣는 사람이 이해하기 쉬운 말로 썼는지 확인해야 합니다.

3 책을 어떻게 읽게 되었는지에 대해 생각하고 있으므로 독서 감상문에 들어갈 내용 중 '책을 읽은 까닭'에 해당합니다.

단원평가 기본

41~43쪽

01 발표하기 무서워요!   02 ①, ④   03 ①, ③
04 ⑤   05 (1) 동물 이름 (2) 예 발표를 할 생각에 심장이 쿵쾅쿵쾅 뛰면서 매우 무서웠을 것입니다.
06 대왕고래   07 ②, ④   08 ②
09 (3) ○   10 ①   11 우영   12 (1) 인상 깊은 장면 (2) 예 재미있는 장면, 슬픈 장면, 감동적인 장면을 떠올려 씁니다. / 인상 깊은 까닭을 떠올려 씁니다.
13 (사자 씨의) 겉모습   14 ①, ②   15 ①

01 글의 첫 문장에 글쓴이가 읽은 책의 제목이 나타나 있습니다.

02 글쓴이도 책에 나오는 알프레드처럼 발표하기가 무섭고 떨린 적이 많았다고 했습니다.

03 글쓴이는 책을 읽고 알프레드처럼 발표 준비를 잘 해야겠다고 하였으므로, 발표 연습과 발표 준비를 열심히 할 것임을 짐작할 수 있습니다.

04 글 가 에서 알프레드는 친구들 앞에서 큰 소리로 발표하는 것을 이 세상에서 가장 무서워했다고 하였습니다.

05 (1)에 선생님이 주신 종이에 무엇이 적혀 있었는지 찾아 쓰고, (2)에 인물의 마음을 짐작하여 씁니다.

채점 기준

상	(1)에 '동물 이름'을 쓰고, (2)에 동물 이름이 적힌 종이를 보았을 때의 알프레드의 마음을 알맞게 짐작하여 쓴 경우
하	(1)에 '동물 이름'만 쓴 경우

06 글 가 에서 알프레드는 책가방 속에서 꼬깃꼬깃 접힌 종이 한 장을 꺼냈는데, 그 종이에는 '대왕고래'라고 적혀 있었다고 했습니다.

07 알프레드는 대왕고래가 몸이 푸른색이라는 것과 바다에 산다는 것 말고는 아는 것이 하나도 없었다고 했습니다.

08 '어떤 사실이나 결과, 작품 따위를 세상에 널리 드러내어 알림.'을 '발표'라고 합니다.

09 발표할 내용을 정리하고 발표를 준비하면서 느낀 점과 생각할 점 등은 끝맺는 말에 씁니다.

10 ⑤의 내용처럼 이전에 많이 발표한 주제인지는 발표 내용을 잘 정리했는지 확인할 때 점검할 내용으로 알맞지 않습니다.

11 독서 감상문에는 책의 주제나 전체 느낌을 나타내는 제목 또는 글의 내용을 대표하는 제목을 붙여야 합니다.

12 이 독서 감상문에는 인상 깊은 장면과 책을 읽고 떠오른 생각이나 느낌이 빠져 있습니다. 이 중 인상 깊은 장면을 찾아 (1)에 쓰고, 인상 깊은 장면을 쓰는 방법을 떠올려 (2)에 써 봅니다.

채점 기준

상	(1)에 '인상 깊은 장면'을 쓰고, (2)에 인상 깊은 장면을 쓰는 방법을 한 문장으로 알맞게 쓴 경우
하	(1)에 '인상 깊은 장면'만 쓴 경우

13 사람들은 사자 씨의 겉모습을 보고 성격이 고약할 것이라고 생각했다고 하였습니다.

14 사람들은 사자 씨가 친절하고 다정하게 물건을 판매하는 모습을 보고 그동안 겉모습만 보고 사자 씨를 오해했음을 깨달았습니다.

15 이 글에는 독서 감상문의 제목과 책의 내용만 나타나 있습니다. 따라서 책을 읽은 까닭, 책에서 인상 깊은 장면과 그 까닭, 책을 읽고 떠오른 생각이나 느낌이 더 들어갈 수 있습니다.

01 (3) ○　　**02** ②　　**03** 예 『의좋은 형제』는 나와 동생의 사이가 좋을 때 생각나는 책이다.
04 ⑤　　**05** ②, ⑤　　**06** ㉠　　**07** 인터넷
08 ①　　**09** ③　　**10** 예 갑자기 계획에 없던 대왕고래의 노랫소리를 흉내 낸 까닭은 무엇인가요?
11 ②　　**12** ②　　**13** ②, ⑤　　**14** 발표
15 지호　　**16** ③　　**17** 경민　　**18** ⑤
19 예 독서 감상문에 들어가야 하는 내용을 떠올립니다. / 책의 주제나 독서 감상문의 내용을 잘 나타내는 제목을 짓습니다.　　**20** ①

01 그림 속 아이는 알프레드가 대왕고래의 노랫소리를 흉내 낸 장면을 가장 기억에 남는 장면으로 떠올리고 있습니다.

02 친구들이 가장 좋아하는 장면은 자신이 책을 읽고 인상 깊은 장면으로 떠올린 것이 아닙니다.

03 '~은/는 ~ 책이다.'와 같은 형태로 책 제목과 그 책이 생각나는 때를 알맞은 문장으로 써 봅니다.

채점 기준	
상	'~은/는 ~ 책이다.'와 같은 형태로 인상 깊었던 책에 대해 알맞게 쓴 경우
하	인상 깊었던 책에 대해 썼으나, '~은/는 ~ 책이다.'와 같은 형태로 쓰지 못한 경우

04 글 ㉮에서 알프레드에게는 친구들 앞에서 큰 소리로 발표하는 것이 다른 것들보다 훨씬 무섭고 긴장되는 일이라는 것을 알 수 있습니다.

05 아빠께서는 대왕고래의 몸이 아주 크다는 것을, 엄마께서는 대왕고래가 서로에게 노래를 불러 준다는 것을 알려 주셨습니다.

06 고래는 숨을 쉬기 위해 수면 위로 올라와야 한다고 했습니다. '수면'은 ㉮ '물의 겉면.'을 뜻합니다.

07 알프레드는 대왕고래가 물속에서 부르는 노랫소리를 인터넷에서 찾았다고 했습니다.

08 대왕고래는 물속에서 살지만 포유류이기 때문에 숨을 쉬기 위해 수면 위로 올라와야 합니다.

09 글 ㉮에서 알프레드는 발표를 앞두고 걱정을 하고 있으므로 '긴장됨.'이, 글 ㉯에서 알프레드는 발표

를 잘 마치고 선생님과 친구들에게 칭찬을 받았으므로 '뿌듯함.'이 알맞습니다.

10 발표를 무서워하던 알프레드가 발표를 하면서 ㉠과 같이 행동한 장면에서 알프레드에게 하고 싶은 질문을 떠올려 묻는 문장의 형식으로 알맞게 써 봅니다.

채점 기준	
상	'무엇인가요?'를 넣어 ㉠의 장면에 알맞은 질문을 한 문장으로 바르게 쓴 경우
하	㉠의 장면에 관련된 질문을 썼지만, 한 문장으로 쓰지 못한 경우

11 글쓴이는 다음 수업 시간에 '자신이 좋아하는 동물'을 발표해야 합니다.

12 글쓴이가 읽은 책에 나오는 알프레드도 글쓴이처럼 발표하기를 가장 무서워한다고 했습니다.

13 이 독서 감상문에는 인상 깊은 장면과 책을 읽고 떠오른 생각이나 느낌이 나타나 있습니다.

14 글쓴이는 알프레드가 더 이상 발표를 무서워하지 않게 되어서 ㉠이 가장 기억에 남았다고 했습니다.

15 두 번째 문단에서 글쓴이는 이 책을 읽고 발표에 대한 두려움을 이기려면 열심히 준비해야 한다는 점을 깨달았다고 했습니다.

16 책을 언제, 어디에서, 어떻게 읽게 되었는지는 '책을 읽은 까닭'에 씁니다.

17 이 독서 감상문에는 책을 읽은 까닭과 인상 깊은 장면 등이 더 들어갈 수 있습니다.

18 ⑤ '보이는 게 다가 아니야 -『사자마트』를 읽고'가 독서 감상문의 내용에 가장 어울리게 바꾸어 쓴 제목입니다.

19 독서 감상문을 잘 쓰려면 어떻게 해야 할지 떠올려 바른 문장으로 표현해 봅니다.

채점 기준	
상	독서 감상문을 잘 쓰려면 어떻게 해야 하는지 알맞은 내용을 바른 문장 표현으로 쓴 경우
하	독서 감상문을 잘 쓰는 방법과 관련 없는 내용을 썼거나, 문장 표현이 어색한 경우

20 독서 감상문에는 책의 내용을 그대로 쓰지 말고, 정리해서 써야 합니다.

6. 경험을 표현해요

1 (1) 원인 (2) 결과
2 (1) 그래서 (2) 왜냐하면   **3** ㉡

1 '나'는 늦잠을 자서 학교에 지각을 했습니다. 따라서 늦잠을 잔 것은 '원인', 학교에 지각을 한 것은 '결과' 입니다.

2 ㉠에는 원인과 결과를 이어 주는 말인 '그래서'가, ㉡에는 결과와 원인을 이어 주는 말인 '왜냐하면'이 들어가야 합니다.

3 ㉠은 소리가 들리는 것처럼 표현하였으므로 청각이, ㉢은 맛이 느껴지는 것처럼 표현하였으므로 미각이 드러나 있습니다.

단원평가 기본   49~51쪽

01 ①   **02** (2) ○   **03** 원인   **04** ⑤
05 ⑤   **06** ③   **07** (1) 원인 (2) 결과
08 (1) 왜냐하면 (2) 몌 모자가 연못 한가운데에 떨어졌기 때문입니다.   **09** (일곱 살 내) 동생
10 (1) ㉡ (2) ㉠   **11** ㉡   **12** (3) ○
13 ②, ⑤   **14** ③   **15** (1) 고소하고 짭조름한
(2) 몌 '고소하고 짭조름한'이라는 표현을 넣으면 감자전의 맛이 더 생생하고 실감 나게 느껴집니다.

01 밤사이 비가 왔기 때문에 아침에 땅이 젖어 있었다고 했습니다.

02 햇살에 얼굴이 간지러웠다는 부분은 촉감으로, 비에 젖은 흙냄새가 고소했다는 부분은 냄새로 표현했습니다.

03 어떤 일이 일어나게 만든 까닭을 '원인'이라 하고 그로 인해 일어난 일은 '결과'라고 합니다.

04 글 ㉮에서 어제 학교를 마치고 서준이, 지상이와 집 앞 놀이터에서 술래잡기를 했다고 하였습니다.

05 '나'는 친구들과 늦게까지 술래잡기를 하며 놀아서 (원인) 밤늦게까지 숙제를 하게 되었습니다(결과).

06 지민이는 공원에 나들이를 갔다가 바람이 불어 모자가 날아가 연못에 떨어지는 바람에 모자 없이 집으로 돌아왔습니다.

07 바람이 불어서 지민이의 모자가 날아갔으므로 (1)은 '원인', (2)는 '결과'입니다.

08 문장에 쓰인 이어 주는 말은 '왜냐하면'이며, 지민이가 모자를 줍지 못한 원인은 모자가 연못 한가운데에 떨어졌기 때문입니다.

채점 기준	
상	(1)에 '왜냐하면'을 쓰고, (2)에 지민이가 모자를 줍지 못한 원인을 바른 문장 표현으로 쓴 경우
중	(1)과 (2)의 답을 모두 썼으나, (2)의 답에 문장 표현이 어색한 경우
하	(1)에 '왜냐하면'만 쓴 경우

09 시의 2연에서 엄마가 갓 씻어 놓은 방울토마토가 일곱 살 내 동생 같다고 했습니다.

10 '새빨간'은 눈에 보이는 것처럼 표현한 것이므로 시각이 드러나 있고, '달콤한'은 맛이 느껴지는 것처럼 표현한 것이므로 미각이 드러나 있습니다.

11 ㉮에는 '차가운', '뜨거운', ㉢에는 '차르륵차르륵', '두근두근'과 같은 감각적 표현이 쓰였지만, ㉯에는 감각적 표현이 쓰이지 않았습니다.

12 할머니께서 '나'가 좋아하는 감자전을 만들어 주셔서 맛있게 먹은 경험을 쓴 글입니다.

13 글의 끝부분에 감자전을 먹고 난 뒤 '나'가 한 생각이나 느낌이 나타나 있는데 ②, ⑤는 '나'가 한 생각이나 느낌이 아닙니다.

14 ㉠은 하얀 감자 반죽의 색을 감각적으로 표현한 것입니다.

15 감각적 표현을 활용해 경험을 표현하면 대상이나 대상에 대한 생각이나 느낌을 더 생생하게 느낄 수 있습니다.

채점 기준	
상	(1)에 감자전의 맛을 표현한 감각적 표현(고소하고 짭조름한)을 찾아 쓰고, (2)에 감각적 표현을 활용하여 글을 쓸 때의 좋은 점을 알맞게 쓴 경우
중	(1)과 (2)의 답을 모두 썼지만, (2)의 답에 문장 표현이 어색한 경우
하	(1)에 감자전의 맛을 표현한 감각적 표현(고소하고 짭조름한)만 알맞게 쓴 경우

단원평가 실전

01 예 장난감 / 비행기   **02** ㉮   **03** 생생하게
04 술래잡기   **05** (1) 예 친구들과 늦게
까지 술래잡기를 했다. (2) 예 학교에 지각을 했다.
06 ㉯ → ㉮ → ㉰   **07** ①, ④   **08** ⑤
09 예 공원에서 다리 위를 건너는데 바람이 세게 불
어서 모자가 날아갔어요. 그런데 모자를 줍지 못했어
요. 왜냐하면 모자가 넓은 연못 한가운데에 떨어졌기
때문이에요. **10** 소미   **11** ②   **12** ⑤
13 ④, ⑤   **14** ㉮, ㉰   **15** 예 엄마의 차가운 물수
건이 / 뜨거운 내 이마에 얹어진다. // 내 눈에 고여 있
던 열기는 / 미지근하게 식으며 / 눈물로 맺힌다.
16 ②   **17** ⑤   **18** 은아   **19** ㉮
20 ①, ③

01 그림 **1**, **3**을 보면 수연이가 오빠의 장난감(비행기)을 망가뜨렸다는 것을 알 수 있습니다.

02 수연이가 오빠에게 사과하는 글을 쓴 일은 수연이와 오빠가 화해하게 된 원인입니다.

03 밑줄 그은 낱말과 같이 감각적 표현을 사용하면 대상이나 대상에 대한 생각이나 느낌을 생생하게 표현할 수 있습니다.

04 글 ㉮에서 '나'는 어제 학교를 마치고 친구들과 집 앞 놀이터에서 술래잡기를 했다고 하였습니다.

05 (1)에는 밤늦게까지 숙제를 하게 된 원인을, (2)에는 늦잠을 잔 결과를 씁니다.

채점 기준	
상	(1)과 (2)에 '나'에게 일어난 일을 답에 제시된 문장과 같거나 비슷한 내용으로 알맞게 쓴 경우
하	(1)과 (2)에 '나'에게 일어난 일을 답에 제시된 문장과 비슷한 내용으로 썼지만, 문장이 어색한 경우

06 지민이는 새 모자를 쓰고 친구들과 나들이를 갔다가 바람이 불어 모자가 날아갔고, 모자가 연못 한가운데에 떨어져 줍지 못하고 집으로 돌아왔습니다.

07 '바람이 세게 불었어.'는 원인이고, '지민이의 모자가 날아갔어.'는 결과입니다. 또한 원인과 결과를 이어 주는 말인 '그래서'로 연결하여 말했습니다.

08 엄마의 질문에 지민이는 모자를 잃어버린 원인을 구체적으로 설명하지 않고 연못에 있다고만 말해

서 엄마는 어리둥절한 표정을 지으신 것입니다.

09 모자를 잃어버리게 된 일을 원인과 결과가 잘 드러나게 말해야 합니다.

채점 기준	
상	지민이가 경험한 일을 원인과 결과에 맞게 이어 주는 말을 활용하여 알맞은 문장 표현으로 쓴 경우
하	지민이가 경험한 일을 썼지만, 원인과 결과가 잘 드러나지 않거나 맞춤법이나 문장 호응이 어색한 경우

10 '왜냐하면'은 결과를 먼저 말한 뒤에 원인을 나중에 말할 때 쓰는 이어 주는 말입니다.

11 방울토마토가 가득 들어 있는 바구니에서 방울토마토 하나를 집어 먹은 경험을 시로 나타냈습니다.

12 엄마가 갓 씻어 놓은 방울토마토가 물기도 안 닦고 달아날 궁리만 하는 일곱 살 내 동생 같다고 했으므로, 이를 바탕으로 시의 제목이 '방울토마토는 일곱 살'인 까닭을 짐작할 수 있습니다.

13 "물기도 안 닦고 생글생글"과 "탱글탱글"에는 시각, "바구니 한가득 재잘재잘 까르륵"에는 청각이 드러나 있습니다.

14 감각적 표현을 활용해 경험을 시로 표현하면, 시를 읽을 때 좀 더 생생한 느낌이 듭니다.

15 자신의 경험을 떠올려 보고, 감각적 표현을 활용해 행과 연을 구분하여 표현해 봅니다.

채점 기준	
상	감각적 표현을 활용해 행과 연을 구분하여 자신의 경험을 바르게 표현하여 쓴 경우
하	감각적 표현을 활용해 자신의 경험을 썼지만, 행과 연을 구분하지 못한 경우

16 '나'가 밭에서 감자를 캐는 모습은 이 글에 나타나지 않습니다.

17 ㉠은 할머니께서 '나'를 안아 주셨을 때의 느낌을 감각적으로 표현한 것입니다.

18 '노릇노릇하게'는 감자 반죽이 익을 때의 색을 표현하기 위해 사용한 말입니다.

19 ㉯에서는 감각적 표현을 활용하지 않았습니다.

20 ①은 시를 쓰는 방법이므로 알맞지 않습니다. 또한 감각적 표현을 활용해 경험을 글로 표현할 때에는 특정 감각이 아니라 다양한 감각을 활용해야 하므로 ③은 알맞지 않습니다.

수학

1. 큰 수

58쪽

핵심 개념

1 이만 팔천오백십육   **2** 1000000(또는 100만)
3 100조, 60조   **4** 10000
5 < / <

단원평가 기본 1회

59~61쪽

01 10000   **02** 1000, 100, 10, 1
03 50000, 200   **04** 46890개   **05** 10만, 100만
06 750000(또는 75만) / 칠십오만
07 지수   **08** 53   **09** (○)(   )
10 ⓒ   **11** 961조에 색칠
12 ⓒ   **13** 10000배   **14** 100000
15 41억 89만, 51억 89만, 81억 89만
16 80000걸음   **17** 준하
18

작습니다에 ○표
19 >   **20** 가 도시

01 1000이 10개인 수는 10000입니다.

02 10000은 9000보다 1000만큼, 9900보다 100만큼, 9990보다 10만큼, 9999보다 1만큼 더 큰 수입니다.

03 59236에서 만의 자리 숫자 5는 50000을, 백의 자리 숫자 2는 200을 나타냅니다.

04 10000개씩 4상자는 40000개, 1000개씩 6상자는 6000개, 100개씩 8상자는 800개, 10개씩 9상자는 90개입니다.
➡ 40000＋6000＋800＋90＝46890(개)

05 1만의 10배는 10만, 10만의 10배는 100만, 100만의 10배는 1000만입니다.

06 10000이 75개인 수
➡ 75:0000 또는 75만이라 쓰고, 칠십오만이라고 읽습니다.

07 ❶ • 현석: 10000이 10개인 수는 10:0000입니다.
 • 지수: 1만이 1000개인 수는 1000:0000입니다.
 • 승현: 10000이 100개인 수는 100:0000입니다.
❷ 지수가 1만이 1000개인 수는 100:0000이라고 했으므로 잘못 설명한 친구는 지수입니다.

채점 기준	
상	풀이 과정을 완성하여 잘못 설명한 친구를 찾아 이름을 쓴 경우
중	풀이 과정을 완성했지만 일부가 틀린 경우
하	답만 쓴 경우

08 53:0000:0000 ➡ 53억 ➡ 1억이 53개인 수

09 704:0900:0000:0000
➡ 704조 900억
➡ 칠백사조 구백억

10 ㉠ 2:083:6574:9120 ➡ 0
㉡ 5:810:5632:0018 ➡ 8

11 • 1642조 ➡ 600조
• 961조 ➡ 60조
• 6035조 ➡ 6000조

12 ❶ ㉠ 9900만보다 100만만큼 더 큰 수는 1억입니다.
 ㉡ 100만이 100개인 수는 1억입니다.
 ㉢ 1억의 10배인 수는 10억입니다.
❷ 나타내는 수가 다른 것은 ㉢입니다.

채점 기준	
상	풀이 과정을 완성하여 나타내는 수가 다른 것을 찾아 기호를 쓴 경우
중	풀이 과정을 완성했지만 일부가 틀린 경우
하	답만 쓴 경우

13 29:5700:0000:0000(㉠)은 29:5700:0000(㉡)보다 0이 4개 더 많으므로 ㉠은 ㉡의 10000배입니다.

14 십만의 자리 수가 1씩 커지므로 100000씩 뛰어 센 것입니다.

15 61억 89만—71억 89만에서 십억의 자리 수가 1 커졌으므로 10억씩 뛰어 센 것입니다.

16 20000 — 40000 — 60000 — 80000
　　　　1일　　　2일　　　3일　　　4일
따라서 태현이는 4일 동안 모두 80000걸음을 걷게 됩니다.

17 지수: 34|8568 > 준하: 72|4153
　　　　　7자리 수　　　　　　6자리 수

18 두 수를 수직선에 나타내면 ㉠이 ㉡보다 왼쪽에 있으므로 ㉠은 ㉡보다 작습니다.

19 12|7495|0000 ➡ 12억 7495만
12억 7500만 > 12억 7495만
　　　└── 5 > 4 ──┘

20 ❶ 팔십삼만 구천칠백
　　➡ 83만 9700
　　➡ 839700
나 도시의 인구는 839700명입니다.
❷ 60|0400 > 83|9700
따라서 인구가 더 많은 도시는 가 도시입니다.

채점 기준	
상	풀이 과정을 완성하여 인구가 더 많은 도시를 찾아 쓴 경우
중	풀이 과정을 완성했지만 일부가 틀린 경우
하	답만 쓴 경우

단원평가 기본 2회

62~64쪽

01 ⑤　　　　　**02** 구만 팔천사백칠, 30563
03 4000걸음　　**04** 25230원　　**05** •⤬•
06 ㉣　　　　　**07** 45장　　　**08** 3851, 7800
09 81조 4030억, 팔십일조 사천삼십억
10 40000000000(또는 400억)　**11** ㉡
12 8개　　　**13** ㉠
14 86억, 146억, 176억
15 168조, 172조, 180조 / 4조　　**16** 3000억
17 59612700에 색칠
18 1280000에 ◯표, 491532에 △표
19 ㉡　　　**20** 25468

---

①, ②, ③, ④는 10000에 대한 설명입니다.
⑤ 9960보다 30만큼 더 큰 수는 9990입니다.

02 • 98407 ➡ 9만 8407 ➡ 구만 팔천사백칠
• 삼만 오백육십삼 ➡ 3만 563 ➡ 30563

03 10000은 6000보다 4000만큼 더 큰 수입니다.
따라서 오후에는 4000걸음을 더 걸어야 합니다.

04 10000원짜리: 2장(20000원)
1000원짜리: 5장(5000원)
100원짜리: 2개(200원)
10원짜리: 3개(30원)
➡ 20000＋5000＋200＋30＝25230(원)

05 10000이 10개이면 100000, 10000이 100개이면 100만, 10000이 1000개이면 1000만이므로 천만 이라고 읽습니다.

06 ㉠ 83|67140 ➡ 3
㉡ 39|5200 ➡ 3
㉢ 1735|0000 ➡ 3
㉣ 5413|0000 ➡ 1

07 ❶ 450000은 만이 45개인 수입니다.
❷ 만 원짜리 지폐가 모두 45장 필요합니다.

채점 기준	
상	풀이 과정을 완성하여 만 원짜리 지폐가 모두 몇 장 필요한지 구한 경우
중	풀이 과정을 완성했지만 일부가 틀린 경우
하	답만 쓴 경우

08 3851|7800|0000은 억이 3851개, 만이 7800개인 수입니다.

09 81|4030|0000|0000
➡ 81조 4030억
➡ 팔십일조 사천삼십억

10 3402|9560|0000에서 4는 백억의 자리 숫자이므로 400|0000|0000을 나타냅니다.

11 ㉡ 2|9765|0000|0000에서 5는 억의 자리 숫자입니다.

12 ❶ 칠천오억 삼천구십만
➡ 7005억 3090만
➡ 7005|3090|0000
❷ 7005|3090|0000에서 0은 모두 8개입니다.

채점 기준	
상	풀이 과정을 완성하여 수로 나타낼 때 0은 모두 몇 개인지 구한 경우
중	풀이 과정을 완성했지만 일부가 틀린 경우
하	답만 쓴 경우

13 ㉠ 153)7920)0000)0000에서 숫자 3은 3조를 나타냅니다.
㉡ 3956)2800)0000에서 숫자 3은 3000억을 나타냅니다.
따라서 숫자 3이 나타내는 값이 더 큰 수는 ㉠입니다.

14 30억씩 뛰어 세면 십억의 자리 수가 3씩 커집니다.

15 160조—164조에서 조의 자리 수가 4만큼 커졌으므로 4조씩 뛰어 센 것입니다.

16 ❶ 어떤 수를 구하려면 4500억에서 300억씩 거꾸로 5번 뛰어 세면 됩니다.
❷ 4500억 — 4200억 — 3900억 — 3600억 — 3300억 — 3000억이므로 어떤 수는 3000억입니다.

채점 기준	
상	풀이 과정을 완성하여 어떤 수는 얼마인지 구한 경우
중	풀이 과정을 완성했지만 일부가 틀린 경우
하	답만 쓴 경우

17 5961)2700 < 5963)0281
└── 1<3 ──┘

18 56)7200 (6자리 수), 128)0000 (7자리 수), 49)1532 (6자리 수)이므로 가장 큰 수는 128)0000입니다.
56)7200 > 49)1532이므로 가장 작은 수는 49)1532입니다.

19 ㉠ 육천오백만을 수로 나타내면 6500)0000입니다.
㉡ 만이 7020개인 수는 7020)0000입니다.
6500)0000 < 7020)0000이므로 더 큰 수는 ㉡입니다.

20 천의 자리 숫자가 5인 다섯 자리 수는 □5□□□입니다.
남은 수는 6, 2, 4, 8이고, 가장 높은 자리부터 작은 수를 차례대로 써넣으면 가장 작은 수는 25468입니다.

단원평가 실전 ⟨65~67쪽⟩

01 ㉠
02 50000원
03 71924
04 ㉡
05 ( )(○)
06 224장
07 1000배
08 5
09 ㉡
10 수지
11 7개
12 ㉠
13 570000000장
14 (위에서부터) 650만, 560만
15 4억 2700만 원
16 7300억
17 가 공원
18 ㉡, ㉢, ㉠
19 564321
20 ㉡

01 ㉠ 9960보다 40만큼 더 큰 수는 10000입니다.
㉡ 100이 10개인 수는 1000입니다.

02 10000원짜리 지폐 4장은 40000원이고, 1000원짜리 지폐 10장은 10000원입니다.
따라서 민호가 산 장난감의 가격은 50000원입니다.

03 숫자 7이 나타내는 값을 각각 구하면
3976̲0 ➡ 700
7̲1924 ➡ 70000
5̲7208 ➡ 7000
70000 > 7000 > 700이므로 숫자 7이 나타내는 값이 가장 큰 수는 71924입니다.

채점 기준	
상	풀이 과정을 완성하여 숫자 7이 나타내는 값이 가장 큰 수를 찾아 쓴 경우
중	풀이 과정을 완성했지만 일부가 틀린 경우
하	답만 쓴 경우

04 ㉠ 육만 구십팔 ➡ 6만 98 ➡ 60098
㉡ 10000이 6개이면 60000, 100이 9개이면 900, 1이 8개이면 8입니다.
➡ 60000+900+8=60908
㉢ 60000+90+8=60098
따라서 나타내는 수가 다른 것은 ㉡입니다.

05 사백십오만 ➡ 415만 ➡ 415)0000

06 2240만
➡ 만이 2240개인 수
➡ 10만이 224개인 수
따라서 2240만 원을 10만 원짜리 수표 224장으로 바꿀 수 있습니다.

07 500 0000(㉠)은 5000(㉡)보다 0이 3개 더 많으므로 1000배입니다.

08 1억이 8546개인 수 ➡ 8546억
따라서 백억의 자리 숫자는 5입니다.

09 숫자 6이 600 0000 0000 (600억)을 나타내는 것을 찾습니다.
6 5696 7600 6000에서 숫자 6이 600 0000 0000을 나타내는 것은 ㉡입니다.

10 • 종민: 8617 5902 3040에서 8은 천억의 자리 숫자입니다.
• 세찬: 8617 5902 3040에서 천만의 자리 숫자는 5입니다.

11 1억이 902개, 1만이 41개인 수
➡ 902억 41만
➡ 902 0041 0000
따라서 0은 모두 7개입니다.

12 ㉠ 1조가 534개, 1억이 2068개인 수는
534 2068 0000 0000으로 숫자 3은 30조를 나타냅니다.
㉡ 396 5784 0000 0000에서 숫자 3은 300조를 나타냅니다.
따라서 숫자 3이 나타내는 값이 더 작은 수는 ㉠입니다.

채점 기준	
상	풀이 과정을 완성하여 숫자 3이 나타내는 값이 더 작은 수의 기호를 쓴 경우
중	풀이 과정을 완성했지만 일부가 틀린 경우
하	답만 쓴 경우

13 5조 7000억
➡ 5 7000 0000 0000
➡ 만이 5 7000 0000개인 수
따라서 게임 산업 수출액을 10000원짜리 지폐로 모두 바꾸면 5 7000 0000장입니다.

14 • 540만 — 550만에서 ↓ 방향으로 십만의 자리 수가 1씩 커지므로 10만씩 뛰어 센 것입니다.
• 750만 — 850만에서 → 방향으로 백만의 자리 수가 1씩 커지므로 100만씩 뛰어 센 것입니다.

15 2억 2700만 — 2억 7700만에서 천만의 자리 수가 5만큼 커졌으므로 후원금은 매년 5000만 원씩 늘어납니다.

2025년에 받게 되는 후원금은 3억 2700만에서 5000만씩 2번 뛰어 세면 되므로
3억 2700만 — 3억 7700만 — 4억 2700만에서 4억 2700만 원입니다.

16 2800억에서 100억씩 거꾸로 5번 뛰어 세면
2800억 — 2700억 — 2600억 — 2500억 — 2400억 — 2300억이므로
어떤 수는 2300억입니다.
2300억에서 1000억씩 5번 뛰어 세면
2300억 — 3300억 — 4300억 — 5300억 — 6300억 — 7300억이므로
바르게 뛰어 센 수는 7300억입니다.

17 5 4200 > 4 9700
└ 5 > 4 ┘

18 ㉠은 11자리 수, ㉡은 12자리 수, ㉢은 11자리 수이므로 가장 큰 수는 ㉡입니다.
㉠과 ㉢은 백억, 십억의 자리 수가 각각 같고, 억의 자리 수를 비교하면 5 < 9이므로 가장 작은 수는 ㉠입니다.
따라서 큰 수부터 차례대로 기호를 쓰면 ㉡, ㉢, ㉠입니다.

채점 기준	
상	풀이 과정을 완성하여 큰 수부터 차례대로 기호를 쓴 경우
중	풀이 과정을 완성했지만 일부가 틀린 경우
하	답만 쓴 경우

19 1, 2, 3, 4, 5, 6을 모두 한 번씩만 이용하여 여섯 자리 수를 만들어야 합니다.
564300보다 크고 564400보다 작은 수이므로 5643□□입니다.
이 수는 홀수이므로 일의 자리 수는 1입니다.
따라서 조건 에 맞는 여섯 자리 수는 564321입니다.

20 ㉠과 ㉡은 모두 11자리 수입니다.
㉠의 □ 안에 가장 큰 수인 9를 넣고, ㉡의 □ 안에 가장 작은 수인 0을 넣어도 ㉡이 ㉠보다 더 큽니다.
137 9480 2956 < 137 9480 5620
└─── 2 < 5 ───┘
따라서 더 큰 수는 ㉡입니다.

2. 각도

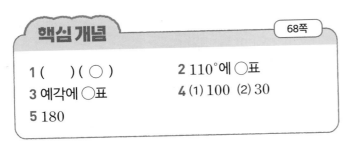

핵심 개념 | 68쪽

1 ( ) (○)
2 110°에 ○표
3 예각에 ○표
4 (1) 100 (2) 30
5 180

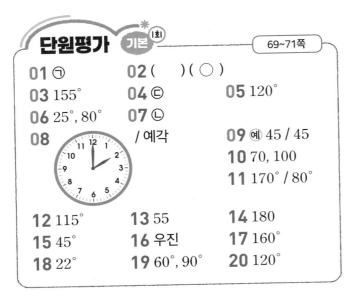

단원평가 기본 1회 | 69~71쪽

01 ㉠
02 ( ) (○)
03 155°
04 ㉢
05 120°
06 25°, 80°
07 ㉡
08 / 예각
09 예 45 / 45
10 70, 100
11 170° / 80°
12 115°
13 55
14 180
15 45°
16 우진
17 160°
18 22°
19 60°, 90°
20 120°

01 각의 두 변이 벌어진 정도가 ㉠이 ㉡보다 더 작으므로 ㉠의 각의 크기가 더 작습니다.

02 보기 의 각보다 각의 두 변이 더 많이 벌어진 것을 찾습니다.

03 각의 한 변이 바깥쪽 눈금 0에 맞춰져 있으므로 각의 다른 변이 만나는 바깥쪽 눈금을 읽으면 155°입니다.

04 ㉢ 직각의 크기는 90°입니다.

05 각도기의 중심을 각의 꼭짓점에 맞추고, 각도기의 밑금을 각의 한 변에 맞추어 각도를 잽니다.

06 ❶ 예각은 각도가 0°보다 크고 직각보다 작은 각입니다.
❷ 주어진 각 중에서 예각은 25°, 80°입니다.

채점 기준

상	풀이 과정을 완성하여 예각을 모두 찾아 쓴 경우
중	풀이 과정을 완성했지만 일부가 틀린 경우
하	답만 쓴 경우

07 ㉠ 예각은 둔각보다 작습니다.
㉢ 둔각은 각도가 직각보다 크고 180°보다 작은 각이므로 각도가 240°인 각은 둔각이 아닙니다.

08 시계의 짧은바늘은 2를, 긴바늘은 12를 가리키게 그립니다.
시계의 긴바늘과 짧은바늘이 이루는 작은 쪽의 각은 각도가 0°보다 크고 직각보다 작은 각이므로 예각입니다.

09 가위에 표시된 각도는 90°의 반쯤 되어 보이므로 약 45°라고 어림할 수 있습니다.

10 30° + 70° = 100°

11 • 합: 45° + 125° = 170°
• 차: 125° − 45° = 80°

12 ❶ 165° > 125° > 75° > 50°이므로 가장 큰 각도는 165°, 가장 작은 각도는 50°입니다.
❷ (가장 큰 각도) − (가장 작은 각도)
= 165° − 50° = 115°

채점 기준

상	풀이 과정을 완성하여 가장 큰 각도와 가장 작은 각도의 차를 구한 경우
중	풀이 과정을 완성했지만 일부가 틀린 경우
하	답만 쓴 경우

13 직선이 이루는 각의 크기는 180°이므로
90° + 35° + □° = 180°,
125° + □° = 180°, □° = 180° − 125° = 55입니다.

14 삼각형의 세 각의 크기의 합은 180°입니다.

15 삼각형의 세 각의 크기의 합은 180°이므로
㉠ + 100° + 35° = 180°,
㉠ + 135° = 180°, ㉠ = 180° − 135° = 45°입니다.

16 사각형의 네 각의 크기의 합은 360°입니다.
• 우진: 75° + 90° + 115° + 80° = 360°(○)
• 경아: 120° + 85° + 100° + 60° = 365°(×)

17 사각형의 네 각의 크기의 합은 360°이므로
125° + ㉠ + 75° + ㉡ = 360°,
200° + ㉠ + ㉡ = 360°,
㉠ + ㉡ = 360° − 200° = 160°입니다.

18 ❶ 삼각형의 세 각의 크기의 합은 180°이므로
㉠ + 70° + 65° = 180°,
㉠ + 135° = 180°, ㉠ = 180° − 135° = 45°이고

$76° + ⓒ + 37° = 180°, 113° + ⓒ = 180°,$
$ⓒ = 180° - 113° = 67°$입니다.
❷ $ⓒ - ⓐ = 67° - 45° = 22°$

채점 기준	
상	풀이 과정을 완성하여 ⓐ과 ⓒ의 각도의 차를 구한 경우
중	풀이 과정을 완성했지만 일부가 틀린 경우
하	답만 쓴 경우

19 삼각형의 한 각의 크기가 30°이면 나머지 두 각의 크기의 합은 $180° - 30° = 150°$입니다.
$60° + 90° = 150°$이므로 나머지 두 각의 크기는 $60°, 90°$입니다.

20 직선이 이루는 각의 크기는 180°이므로
$115° + (각 ㄱㄴㄷ) = 180°,$
$(각 ㄱㄴㄷ) = 180° - 115° = 65°$입니다.
사각형의 네 각의 크기의 합은 360°이므로
$100° + (각 ㄱㄴㄷ) + 75° + (각 ㄱㄹㄷ) = 360°,$
$100° + 65° + 75° + (각 ㄱㄹㄷ) = 360°,$
$240° + (각 ㄱㄹㄷ) = 360°,$
$(각 ㄱㄹㄷ) = 360° - 240° = 120°$입니다.

단원평가 기본 2회
72~74쪽

01 다 **02** 나 **03** 75
04 55° **05** 135° / 160°
06

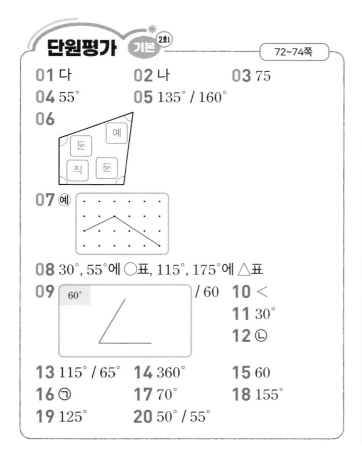

07 ⓔ
08 30°, 55°에 ◯표, 115°, 175°에 △표
09 [60° / 60] **10** <
  11 30°
  12 ⓒ
13 115° / 65° **14** 360° **15** 60
16 ⓐ **17** 70° **18** 155°
19 125° **20** 50° / 55°

01 각의 두 변이 적게 벌어질수록 각의 크기가 작으므로 가장 작은 각은 다입니다.

02 가장 작은 각 한 개의 크기가 일정하므로 가장 작은 각의 개수가 많을수록 각의 크기가 더 큽니다. 가장 작은 각의 개수가 3 < 4이므로 더 큰 각은 나입니다.

03 각도기를 사용하여 각도를 재어 보면 75°입니다.

04 각도기를 사용하여 각도를 재어 보면 55°입니다.

05 ❶ 각 ㄱㄴㅁ의 한 변이 바깥쪽 눈금 0에 맞춰져 있으므로 각의 다른 변이 만나는 바깥쪽 눈금을 읽으면 135°입니다.
❷ 각 ㄹㄴㄷ의 한 변이 안쪽 눈금 0에 맞춰져 있으므로 각의 다른 변이 만나는 안쪽 눈금을 읽으면 160°입니다.

채점 기준	
상	풀이 과정을 완성하여 각 ㄱㄴㅁ과 각 ㄹㄴㄷ의 크기를 각각 구한 경우
중	풀이 과정을 완성했지만 일부가 틀린 경우
하	답만 쓴 경우

06 각도가 0°보다 크고 직각보다 작은 각에는 '예', 각도가 직각에는 '직', 각도가 직각보다 크고 180°보다 작은 각에는 '둔'이라고 씁니다.

07 각도가 직각보다 크고 180°보다 작은 각을 그립니다.

08 • 예각은 각도가 0°보다 크고 직각보다 작은 각이므로 $30°, 55°$입니다.
• 둔각은 각도가 직각보다 크고 180°보다 작은 각이므로 $115°, 175°$입니다.

09 90°를 3등분 한 것 중의 2만큼 되어 보이도록 그립니다.

10 • $50° + 75° = 125°$ • $170° - 30° = 140°$
➡ $125° < 140°$

11 $100° > 90° > 70°$이므로 가장 큰 각도는 100°, 가장 작은 각도는 70°입니다.
➡ $100° - 70° = 30°$

12 ❶ ⓐ $140° - 50° = 90°$
ⓒ $15° + 70° = 85°$
ⓔ $130° - 35° = 95°$
❷ 예각은 각도가 0°보다 크고 90°보다 작은 각이므로 각도가 예각인 것은 ⓒ입니다.

채점 기준	
상	풀이 과정을 완성하여 계산한 각도가 예각인 것을 찾아 기호를 쓴 경우
중	풀이 과정을 완성했지만 일부가 틀린 경우
하	답만 쓴 경우

13 직선이 이루는 각의 크기는 $180°$이므로
$65°+㉠=180°$, $㉠=180°-65°=115°$입니다.
$㉠+㉡=180°$이므로 $115°+㉡=180°$,
$㉡=180°-115°=65°$입니다.

14 한 점을 중심으로 한 바퀴 돌린 각의 크기는 $360°$이므로 사각형의 네 각의 크기의 합은 $360°$입니다.

15 사각형의 네 각의 크기의 합은 $360°$이므로
$120°+□°+80°+100°=360°$,
$300°+□°=360°$, $□°=360°-300°=60°$입니다.

16 삼각형의 세 각의 크기의 합은 $180°$입니다.
$㉠$ $40°+115°+25°=180°(○)$
$㉡$ $80°+45°+65°=190°(×)$

17 삼각형의 세 각의 크기의 합은 $180°$이므로 찢어진 부분의 각도를 $□°$라 하면
$□°+60°+50°=180°$, $□°+110°=180°$,
$□°=180°-110°=70°$입니다.

18 삼각형의 세 각의 크기의 합은 $180°$이므로
$25°+㉠+㉡=180°$,
$㉠+㉡=180°-25°=155°$입니다.

19 ❶ 삼각형의 세 각의 크기의 합은 $180°$이므로
(각 ㄱㄴㄷ)$+85°+40°=180°$,
(각 ㄱㄴㄷ)$+125°=180°$,
(각 ㄱㄴㄷ)$=180°-125°=55°$입니다.
❷ 직선이 이루는 각의 크기는 $180°$이므로
(각 ㄱㄴㄹ)$+$(각 ㄱㄴㄷ)$=180°$,
(각 ㄱㄴㄹ)$+55°=180°$,
(각 ㄱㄴㄹ)$=180°-55°=125°$입니다.

채점 기준	
상	풀이 과정을 완성하여 각 ㄱㄴㄹ의 크기를 구한 경우
중	풀이 과정을 완성했지만 일부가 틀린 경우
하	답만 쓴 경우

20 사각형의 네 각의 크기의 합은 $360°$이므로
$130°+60°+75°+45°+㉠=360°$,
$310°+㉠=360°$, $㉠=360°-310°=50°$입니다.

삼각형의 세 각의 크기의 합은 $180°$이므로
$㉠+㉡+75°=180°$,
$50°+㉡+75°=180°$, $125°+㉡=180°$,
$㉡=180°-125°=55°$입니다.

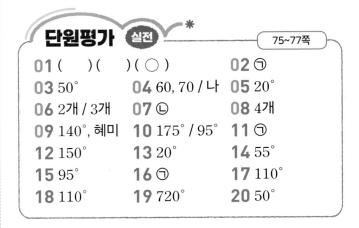

단원평가 실전 ✴

75~77쪽

01 ( )( )(○) **02** ㉠
03 $50°$ **04** 60, 70 / 나 **05** $20°$
06 2개 / 3개 **07** ㉡ **08** 4개
09 $140°$, 혜미 **10** $175°$ / $95°$ **11** ㉠
12 $150°$ **13** $20°$ **14** $55°$
15 $95°$ **16** ㉠ **17** $110°$
18 $110°$ **19** $720°$ **20** $50°$

01 부채의 양 끝이 가장 많이 벌어진 것을 찾습니다.

02 각의 두 변이 많이 벌어질수록 각도가 큽니다.
따라서 각도가 가장 큰 각은 각의 두 변이 가장 많이 벌어진 ㉠입니다.

03 각의 한 변이 바깥쪽 눈금 0에 맞춰져 있으므로 각의 다른 변이 만나는 바깥쪽 눈금을 읽어야 하는데 안쪽 눈금을 읽어서 잘못되었습니다.

채점 기준	
상	각도를 잘못 읽은 이유를 쓰고, 각도를 바르게 읽은 경우
중	각도를 바르게 읽고 각도를 잘못 읽은 이유를 썼지만 일부가 틀린 경우
하	각도를 바르게 읽은 경우

04 가: $60°$, 나: $70°$
$60°<70°$이므로 나의 각도가 더 큽니다.

05 가장 작은 각은 각 ㄴㅁㄷ입니다.
각 ㄴㅁㄷ의 크기를 각도기로 재어 보면 $20°$입니다.

06  ➡ 예각: 2개, 둔각: 3개

07 ㉡ 예각은 각도가 $0°$보다 크고 직각보다 작은 각입니다.

08 둔각은 각도가 직각보다 크고 $180°$보다 작은 각입니다.

따라서 크고 작은 둔각은 각 ㄱㅂㄷ, 각 ㄱㅂㄹ, 각 ㄴㅂㄹ, 각 ㄴㅂㅁ으로 모두 4개입니다.

채점 기준	
상	풀이 과정을 완성하여 크고 작은 둔각은 모두 몇 개인지 구한 경우
중	풀이 과정을 완성했지만 일부가 틀린 경우
하	답만 쓴 경우

09 각도기를 사용하여 주어진 각도를 재어 보면 $140°$입니다.
$135°$와 $150°$ 중에서 $140°$에 더 가까운 각도는 $135°$이므로 더 가깝게 어림한 친구는 혜미입니다.

10 각도기를 사용하여 각도를 재어 보면 $40°$, $135°$입니다.
- 합: $40° + 135° = 175°$
- 차: $135° - 40° = 95°$

11 ㉠ $125° - 40° = 85°$
㉡ $35° + 45° = 80°$
➡ $85° > 80°$

12 • 4조각으로 나눈 피자 한 조각에 표시한 각도:
$90 \times 4 = 360$이므로 $90°$
• 6조각으로 나눈 피자 한 조각에 표시한 각도:
$60 \times 6 = 360$이므로 $60°$
➡ $90° + 60° = 150°$

13 직선이 이루는 각의 크기는 $180°$입니다.
$125° + ㉡ = 180°$이므로
$㉡ = 180° - 125° = 55°$
$㉠ + 50° + ㉡ = 180°$이므로
$㉠ + 50° + 55° = 180°$, $㉠ + 105° = 180°$,
$㉠ = 180° - 105° = 75°$
➡ $㉠ - ㉡ = 75° - 55° = 20°$

14 직선이 이루는 각의 크기는 $180°$이므로
$45° + 80° + ㉠ = 180°$,
$125° + ㉠ = 180°$, $㉠ = 180° - 125° = 55°$입니다.

15 사각형의 네 각의 크기의 합은 $360°$입니다.
사각형의 나머지 한 각의 크기를 $\square$라 하면
$135° + 80° + 50° + \square° = 360°$,
$265° + \square° = 360°$,
$\square° = 360° - 265° = 95°$입니다.

16 삼각형의 세 각의 크기의 합은 $180°$입니다.
$㉠ + 100° + 35° = 180°$이므로

$㉠ + 135° = 180°$, $㉠ = 180° - 135° = 45°$
$㉡ + 50° + 90° = 180°$이므로
$㉡ + 140° = 180°$, $㉡ = 180° - 140° = 40°$
$45° > 40°$이므로 각도가 더 큰 것은 ㉠입니다.

17 삼각형의 세 각의 크기의 합은 $180°$이므로
삼각형의 나머지 한 각의 크기는
$180° - 85° - 55° = 40°$입니다.
직선이 이루는 각의 크기는 $180°$이므로
$㉠ + 40° + 30° = 180°$,
$㉠ + 70° = 180°$, $㉠ = 180° - 70° = 110°$입니다.

18 삼각형 ㄱㄴㄷ의 세 각의 크기의 합은 $180°$이므로
(각 ㄴㄱㄷ) $+ 90° + 40° = 180°$,
(각 ㄴㄱㄷ) $+ 130° = 180°$,
(각 ㄴㄱㄷ) $= 180° - 130° = 50°$입니다.
사각형 ㄱㄴㅁㄹ의 네 각의 크기의 합은 $360°$이므로
(각 ㄴㄱㄹ) $+ 90° + 110° +$ (각 ㄱㄹㅁ) $= 360°$,
$50° + 90° + 110° +$ (각 ㄱㄹㅁ) $= 360°$,
$250° +$ (각 ㄱㄹㅁ) $= 360°$,
(각 ㄱㄹㅁ) $= 360° - 250° = 110°$입니다.

채점 기준	
상	풀이 과정을 완성하여 각 ㄱㄹㅁ의 크기를 구한 경우
중	풀이 과정을 완성했지만 일부가 틀린 경우
하	답만 쓴 경우

19 도형은 사각형 2개로 나눌 수 있으므로 도형에 표시된 각의 크기의 합은 사각형의 네 각의 크기의 합의 2배입니다.
(도형에 표시된 각의 크기의 합)
$= 360° \times 2 = 720°$입니다.

20

접힌 부분과 접히기 전의 부분의 각도는 같으므로
$㉡ = 25°$입니다.
$㉢ + 25° + ㉡ = 180°$이므로
$㉢ + 25° + 25° = 180°$, $㉢ + 50° = 180°$,
$㉢ = 180° - 50° = 130°$
사각형의 네 각의 크기의 합은 $360°$이므로
$90° + 90° + ㉢ + ㉠ = 360°$,
$90° + 90° + 130° + ㉠ = 360°$,
$310° + ㉠ = 360°$, $㉠ = 360° - 310° = 50°$입니다.

3. 곱셈과 나눗셈

78쪽

핵심 개념

1 936

2 7380, 492, 7872

3 4 ⋯ 3

4 크게에 ○표

5 425, 425

단원평가 기본 1회

79~81쪽

01 470, 4700   **02** 12000, 36000

03 14040   **04** (1) 16146 (2) 18075

05 <   **06** 7776개   **07** 6800원

08 3에 ○표   **09**   **10** ㉡

11 7상자

12

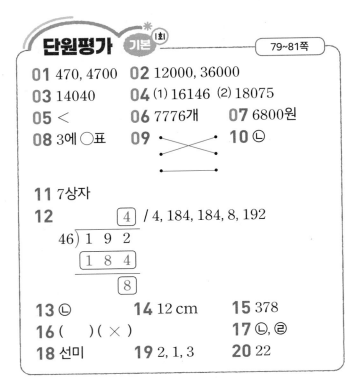

$\boxed{4}$ / 4, 184, 184, 8, 192

$$46)\overline{192}$$

13 ㉡   **14** 12 cm   **15** 378

16 ( )(×)   **17** ㉡, ㉣

18 선미   **19** 2, 1, 3   **20** 22

---

01 235×20의 계산 결과는 235×2의 계산 결과의 10배입니다.

02 • 400×30=12000
   • 720×50=36000

03 468>281>70>30이므로 가장 큰 수는 468이고, 가장 작은 수는 30입니다.
   ➡ 468×30=14040

04 (1)
$$\begin{array}{r} 351 \\ \times\ \ 46 \\ \hline 2106 \\ 1404\ \ \\ \hline 16146 \end{array}$$
(2)
$$\begin{array}{r} 723 \\ \times\ \ 25 \\ \hline 3615 \\ 1446\ \ \\ \hline 18075 \end{array}$$

05 • 452×16=7232
   • 379×21=7959
   ➡ 7232<7959

---

06 (전체 구슬 수)=108×72=7776(개)

07 ❶ (빵 45개의 가격)=960×45=43200(원)
   ❷ (거스름돈)=50000−43200=6800(원)

채점 기준	
상	풀이 과정을 완성하여 거스름돈으로 얼마를 받아야 하는지 구한 경우
중	풀이 과정을 완성했지만 일부가 틀린 경우
하	답만 쓴 경우

08 94를 90으로 어림하고 31을 30으로 어림해 봅니다. 90÷30=3이므로 94÷31의 몫을 3으로 어림할 수 있습니다.

09 • 92÷46=2
   • 70÷14=5
   • 81÷27=3

10 ㉠ 80÷20=4
   ㉡ 350÷70=5
   ㉢ 362÷90=4⋯2

11 (담을 수 있는 상자 수)=280÷40=7(상자)

12 나누는 수와 몫의 곱에 나머지를 더하면 나누어지는 수가 됩니다.

13 ㉠ 401÷76=5⋯21
   ㉡ 369÷49=7⋯26
   나머지의 크기를 비교하면 21<26이므로 나머지가 더 큰 것은 ㉡입니다.

14 ❶ (전체 색 테이프의 길이)÷(한 도막의 길이)
   =480÷52=9⋯12
   ❷ 9도막까지 자르고, 12 cm가 남으므로 자르고 남은 색 테이프는 12 cm입니다.

채점 기준	
상	풀이 과정을 완성하여 자르고 남은 색 테이프는 몇 cm인지 구한 경우
중	풀이 과정을 완성했지만 일부가 틀린 경우
하	답만 쓴 경우

15 나눗셈식에서 몫은 7이고, 나머지는 14입니다. 52×7=364, 364+14=378이므로 나누어지는 수는 378입니다.

16 오른쪽 나눗셈식에서 나머지가 나누는 수보다 크므로 몫을 1 크게 하여 다시 계산해야 합니다.

17 나누어지는 수의 왼쪽 두 자리 수가 나누는 수보다 크면 몫이 두 자리 수가 됩니다.
ⓐ $\underline{361} \div \underline{53}$ ➡ $36 < 53$(몫이 한 자리 수)
ⓑ $\underline{691} \div \underline{35}$ ➡ $69 > 35$(몫이 두 자리 수)
ⓒ $\underline{587} \div \underline{76}$ ➡ $58 < 76$(몫이 한 자리 수)
ⓓ $\underline{743} \div \underline{62}$ ➡ $74 > 62$(몫이 두 자리 수)

18 $628 \div 38 = 16 \cdots 20$
몫과 나머지의 합은 $16 + 20 = 36$이고,
몫과 나머지의 차는 $20 - 16 = 4$입니다.
따라서 바르게 말한 친구는 선미입니다.

19 ・ $830 \div 56 = 14 \cdots 46$
・ $519 \div 39 = 13 \cdots 12$
・ $751 \div 48 = 15 \cdots 31$
➡ $13 < 14 < 15$

20 ❶ 100이 7개, 10이 4개, 1이 8개인 수는 748입니다.
❷ $748 \div 34 = 22$이므로 설명하는 수를 34로 나눈 몫은 22입니다.

채점 기준	
상	풀이 과정을 완성하여 설명하는 수를 34로 나눈 몫을 구한 경우
중	풀이 과정을 완성했지만 일부가 틀린 경우
하	답만 쓴 경우

단원평가 기본 2회

82~84쪽

01 ⓑ
02 (교차 연결선)
03 11600개
04 13330
05 250, 13250
06 36192
07 강희
08

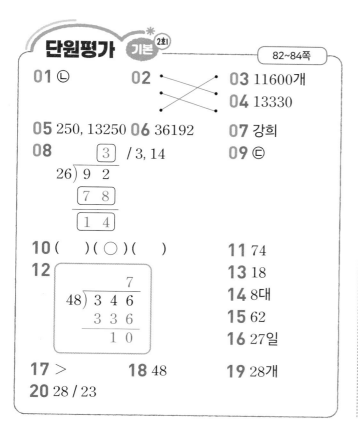

/ 3, 14
09 ⓒ
10 ( )(○)( )
11 74
12 (나눗셈 필산)
13 18
14 8대
15 62
16 27일
17 >
18 48
19 28개
20 28 / 23

01 $6 \times 7 = 42$이므로 $600 \times 70 = 42000$입니다.
따라서 숫자 2는 ⓑ에 써야 합니다.

02 ・ $319 \times 40 = 12760$
・ $465 \times 30 = 13950$
・ $582 \times 20 = 11640$

03 (수호네 밭에서 수확한 감자 수)
$= 145 \times 80 = 11600$(개)

04 $215 \times 62 = 13330$

05 $125 \times 2 = 250$, $250 \times 53 = 13250$

06 사각형에 적힌 수는 624와 58입니다.
➡ $624 \times 58 = 36192$

07 ❶ (세미가 산책한 시간) $= 112 \times 46 = 5152$(분)
(강희가 산책한 시간) $= 130 \times 41 = 5330$(분)
❷ $5152 < 5330$이므로 산책을 더 많이 한 친구는 강희입니다.

채점 기준	
상	풀이 과정을 완성하여 산책을 더 많이 한 친구의 이름을 쓴 경우
중	풀이 과정을 완성했지만 일부가 틀린 경우
하	답만 쓴 경우

09 ⓐ $78 \div 19 = 4 \cdots 2$
ⓑ $96 \div 45 = 2 \cdots 6$
ⓒ $81 \div 38 = 2 \cdots 5$
따라서 나머지가 5인 것은 ⓒ입니다.

10 ・ $163 \div 20 = 8 \cdots 3$
・ $358 \div 50 = 7 \cdots 8$
・ $560 \div 60 = 9 \cdots 20$
몫의 크기를 비교하면 $7 < 8 < 9$이므로 몫이 가장 작은 것은 $358 \div 50$입니다.

11 어떤 수를 □라 하여 나눗셈식을 만들면
$\square \div 32 = 2 \cdots 10$입니다.
$32 \times 2 = 64$, $64 + 10 = 74$이므로 $\square = 74$입니다.

12 나머지가 나누는 수보다 크므로 몫을 1 크게 하여 바르게 계산합니다.

13 ・ $488 \div 76 = 6 \cdots 32$
・ $826 \div 97 = 8 \cdots 50$
따라서 나머지의 차는 $50 - 32 = 18$입니다.

14 ❶ (전체 학생 수)
÷(버스 한 대에 탈 수 있는 학생 수)
$=324÷42=7⋯30$

❷ 42명씩 버스 7대에 타면 30명이 남습니다.
남은 30명도 버스에 타야 하므로 버스는 적어도
$7+1=8$(대) 필요합니다.

채점 기준	
상	풀이 과정을 완성하여 버스는 적어도 몇 대 필요한지 구한 경우
중	풀이 과정을 완성했지만 일부가 틀린 경우
하	답만 쓴 경우

15 나머지는 나누는 수보다 항상 작아야 하므로 63으로 나누었을 때 나올 수 있는 나머지 중에서 가장 큰 자연수는 62입니다.

16 (전체 문제 수)÷(하루에 푸는 문제 수)
$=405÷15=27$(일)

17 • $639÷24=26⋯15$
• $825÷38=21⋯27$
➡ $26>21$

18 $825>568>53>38$이므로 가장 큰 수는 825이고, 가장 작은 수는 38입니다.
$825÷38=21⋯27$이므로 몫과 나머지의 합은 $21+27=48$입니다.

19 ❶ (가로등과 가로등 사이의 간격 수)
$=324÷12=27$(군데)

❷ 도로의 처음부터 끝까지 가로등을 세우므로 필요한 가로등 수는 가로등과 가로등 사이의 간격 수보다 1 큽니다.
(필요한 가로등 수)$=27+1=28$(개)

채점 기준	
상	풀이 과정을 완성하여 필요한 가로등은 모두 몇 개인지 구한 경우
중	풀이 과정을 완성했지만 일부가 틀린 경우
하	답만 쓴 경우

20 몫이 가장 크려면 나누어지는 수를 가장 크게, 나누는 수를 가장 작게 만듭니다.
$9>7>5>4>3$이므로 가장 큰 세 자리 수는 975이고, 가장 작은 두 자리 수는 34입니다.
➡ $975÷34=28⋯23$

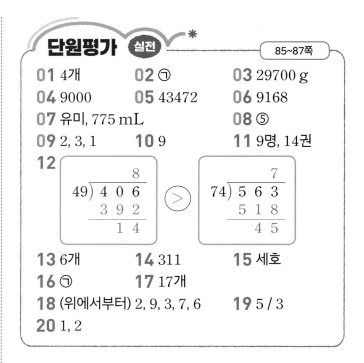

단원평가 실전 · 85~87쪽

01 4개   **02** ㉠   **03** 29700 g
04 9000   **05** 43472   **06** 9168
07 유미, 775 mL   **08** ⑤
09 2, 3, 1   **10** 9   **11** 9명, 14권
12
$$49\overline{)406} \quad 8 \quad \underline{392} \quad 14 \quad > \quad 74\overline{)563} \quad 7 \quad \underline{518} \quad 45$$
13 6개   **14** 311   **15** 세호
16 ㉠   **17** 17개
18 (위에서부터) 2, 9, 3, 7, 6   **19** 5 / 3
20 1, 2

01 $500×60=\underline{30000}$

02 ㉠ $456×40=18240$
㉡ $251×70=17570$
따라서 계산 결과가 18000보다 큰 것은 ㉠입니다.

03 (하루에 먹을 밥을 짓는 데 필요한 쌀 무게)
$=110×3=330$ (g)
(90일 동안 밥을 짓는 데 필요한 쌀 무게)
$=330×90=29700$ (g)

04 307은 300보다 크고 34는 30보다 크므로
$307×34$는 $300×30=9000$보다 큽니다.

05 100이 8개, 10이 3개, 1이 6개인 수는 836입니다.
➡ $836×52=43472$

06 수의 크기를 비교하면 $7>6>4>2>1$이므로 만들 수 있는 가장 큰 세 자리 수는 764이고, 가장 작은 두 자리 수는 12입니다.
(만든 두 수의 곱)$=764×12=9168$

채점 기준	
상	풀이 과정을 완성하여 만든 두 수의 곱을 구한 경우
중	풀이 과정을 완성했지만 일부가 틀린 경우
하	답만 쓴 경우

07 5월은 31일까지 있습니다.
(혜지가 마신 우유 양)$=220×31=6820$ (mL)
(유미가 마신 우유 양)$=245×31=7595$ (mL)

7595＞6820이므로 유미가 혜지보다 우유를
7595−6820＝775 (mL) 더 많이 마셨습니다.

08 나머지는 항상 나누는 수보다 작아야 하므로 28로
나눌 때 나머지가 될 수 없는 수는 ⑤ 28입니다.

09 • $85 \div 19 = 4 \cdots 9$
• $84 \div 36 = 2 \cdots 12$
• $69 \div 13 = 5 \cdots 4$
➡ $5 > 4 > 2$

10 $12 \times \square = 96$이라 하면 $\square = 96 \div 12 = 8$입니다.
$12 \times \square > 96$이므로 $\square > 8$입니다.
따라서 $\square$ 안에 들어갈 수 있는 수 중에서 가장 작은
자연수는 9입니다.

11 $194 \div 20 = 9 \cdots 14$
공책을 나누어 줄 수 있는 사람은 9명이고, 남는
공책은 14권입니다.

12 • $406 \div 49 = 8 \cdots 14$
• $563 \div 74 = 7 \cdots 45$
따라서 몫의 크기를 비교하면 $8 > 7$입니다.

13 상자 속에 들어 있는 공의 무게의 합은
$482 - 50 = 432$ (g)입니다.
따라서 상자 속에 들어 있는 공은
$432 \div 72 = 6$(개)입니다.

채점 기준	
상	풀이 과정을 완성하여 상자 속에 들어 있는 공은 몇 개인지 구한 경우
중	풀이 과정을 완성했지만 일부가 틀린 경우
하	답만 쓴 경우

14 ●가 가장 크려면 나머지가 가장 커야 합니다.
나누는 수가 39이므로 나머지가 될 수 있는 수 중
에서 가장 큰 자연수는 $39 - 1 = 38$입니다.
$39 \times 7 = 273$, $273 + 38 = 311$이므로 ●에 들어갈
수 있는 수 중에서 가장 큰 자연수는 311입니다.

15 $367 \div 24 = 15 \cdots 7$이므로 몫은 15이고, 나머지는
7입니다.
따라서 잘못 말한 친구는 세호입니다.

16 ㉠ $291 \div 18 = 16 \cdots 3$
㉡ $836 \div 33 = 25 \cdots 11$
㉢ $695 \div 42 = 16 \cdots 23$

나머지의 크기를 비교하면 $3 < 11 < 23$이므로 나
머지가 가장 작은 것은 ㉠입니다.

17 $415 \div 24 = 17 \cdots 7$이므로 사탕을 한 명에게 17개
씩 나누어 줄 수 있고, 7개가 남습니다.
따라서 사탕을 남김없이 모두 나누어 주려면 사탕
은 적어도 $24 - 7 = 17$(개) 더 필요합니다.

채점 기준	
상	풀이 과정을 완성하여 사탕은 적어도 몇 개 더 필요한지 구한 경우
중	풀이 과정을 완성했지만 일부가 틀린 경우
하	답만 쓴 경우

18

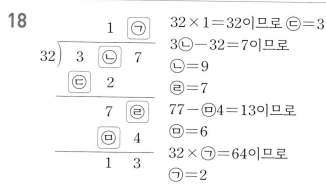

$32 \times 1 = 32$이므로 ㉢$= 3$
3㉡$-32 = 7$이므로
㉡$= 9$
㉣$= 7$
$77 -$㉤$4 = 13$이므로
㉤$= 6$
$32 \times$㉠$= 64$이므로
㉠$= 2$

19 어떤 수를 $\square$라 하면 $\square \times 13 = 884$이므로
$\square = 884 \div 13 = 68$입니다.
어떤 수가 68이므로 바르게 계산하면
$68 \div 13 = 5 \cdots 3$입니다.
따라서 바르게 계산했을 때의 몫은 5이고, 나머지는
3입니다.

20 $17 \times 24 = 408$, $17 \times 25 = 425$이므로 나누어지는
수 $4\square 2$는 408과 같거나 크고 425보다 작아야
합니다.
따라서 $\square$ 안에 들어갈 수 있는 수는 1, 2입니다.

4. 평면도형의 이동

핵심 개념 88쪽

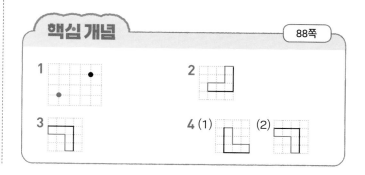

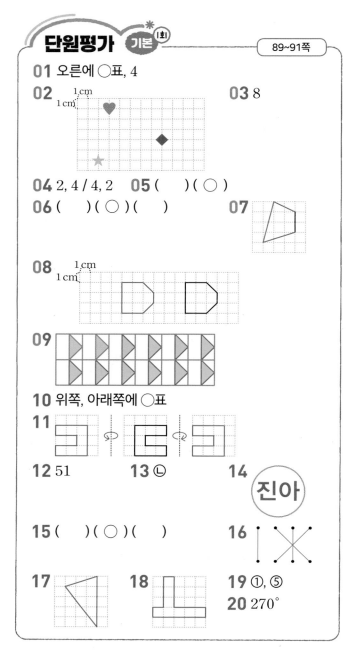

01 오른에 ◯표, 4

02

03 8

04 2, 4 / 4, 2   **05** (   )(◯)

06 (   )(◯)(   )   **07**

08

09

10 위쪽, 아래쪽에 ◯표

11

12 51   **13** ㉡   **14** 진아

15 (   )(◯)(   )   **16**

17   **18**   **19** ①, ⑤
20 270°

---

02 모눈 한 칸은 1 cm입니다. ★의 위치로부터 오른쪽으로 6칸, 위쪽으로 2칸 움직인 위치에 ◆를 표시합니다.

03 ❶ 모눈 한 칸이 1 cm이므로 왼쪽으로 5칸, 위쪽으로 3칸 움직여야 합니다.
➡ ㉠=5, ㉡=3
❷ ㉠+㉡=5+3=8

채점 기준	
상	풀이 과정을 완성하여 ㉠과 ㉡에 알맞은 수의 합을 구한 경우
중	풀이 과정을 완성했지만 일부가 틀린 경우
하	답만 쓴 경우

05 모양 조각을 왼쪽으로 밀면 도형의 모양은 변하지 않고 위치는 변합니다.

06 도형을 위쪽으로 밀면 도형의 모양은 변하지 않고 위치는 변합니다.

07 도형을 오른쪽으로 밀면 도형의 모양은 변하지 않고 위치는 변합니다.

08 모눈 한 칸이 1 cm이므로 왼쪽으로 6칸 이동하여 그립니다.

09 ◤ 모양을 오른쪽으로 반복하여 밀면서 모양을 만들고, 다시 그 모양을 아래쪽으로 밀어서 무늬를 완성합니다.

10 오른쪽 도형은 보기 의 도형의 위쪽과 아래쪽이 서로 바뀐 것이므로 도형을 위쪽 또는 아래쪽으로 뒤집은 것입니다.

11 도형을 왼쪽 또는 오른쪽으로 뒤집으면 도형의 왼쪽과 오른쪽이 서로 바뀝니다.

12 투명 종이를 위쪽으로 뒤집으면 투명 종이의 위쪽과 아래쪽이 서로 바뀝니다. 따라서 투명 종이를 위쪽으로 뒤집었을 때 나오는 수는 51입니다.

13 ❶ 도형을 같은 방향으로 2번, 4번, 6번, … 뒤집으면 처음 도형과 같으므로 ㉠, ㉢은 뒤집었을 때의 도형이 처음과 같습니다.
❷ ㉡은 아래쪽으로 1번 뒤집은 것과 같습니다. 따라서 뒤집었을 때의 도형이 처음과 다른 것은 ㉡입니다.

채점 기준	
상	풀이 과정을 완성하여 뒤집었을 때의 도형이 처음과 다른 것을 찾아 기호를 쓴 경우
중	풀이 과정을 완성했지만 일부가 틀린 경우
하	답만 쓴 경우

14 도장에 모양을 새겨 종이에 찍으면 왼쪽이나 오른쪽으로 뒤집었을 때의 모양이 생깁니다.

15 모양 조각을 시계 방향으로 90°만큼 돌리면 모양 조각의 위쪽 부분이 오른쪽으로 이동합니다.

16 화살표의 끝이 가리키는 위치가 같으면 도형을 돌렸을 때 생기는 도형의 모양이 같습니다.

17 도형을 시계 반대 방향으로 90°만큼 돌리면 도형의 위쪽 부분이 왼쪽으로 이동합니다.

18 도형을 시계 방향으로 180°만큼 돌리면 도형의 위쪽 부분이 아래쪽으로 이동합니다.

19 ⊙은 왼쪽(또는 오른쪽), ⓔ는 위쪽(또는 아래쪽)으로 뒤집었을 때 나오는 모양입니다.

20 ❶ 위쪽 부분이 오른쪽으로 이동했으므로 도형을 시계 방향으로 적어도 90°만큼 돌린 것입니다.
❷ 도형을 시계 방향으로 90°만큼 돌린 것은 시계 반대 방향으로 적어도 270°만큼 돌린 것과 같습니다.

채점 기준	
상	풀이 과정을 완성하여 도형을 시계 반대 방향으로 적어도 몇 도만큼 돌린 것인지 구한 경우
중	풀이 과정을 완성했지만 일부가 틀린 경우
하	답만 쓴 경우

단원평가 기본 2회

92~94쪽

01 오른, 5

02

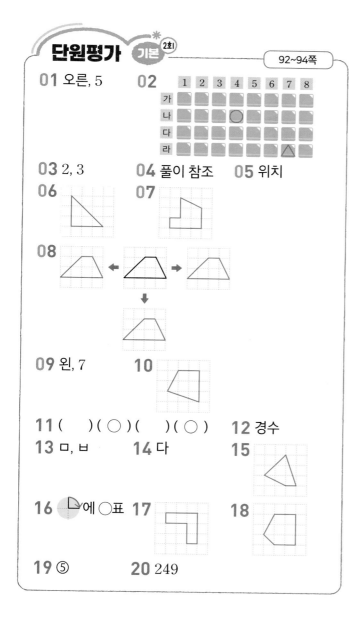

03 2, 3 **04** 풀이 참조 **05** 위치

06

07

08

09 왼, 7 **10**

11 (　)(○)(　)(○) **12** 경수

13 ㅁ, ㅂ **14** 다 **15**

16 ◖에 ○표 **17** **18**

19 ⑤ **20** 249

02 나의 가로줄과 4의 세로줄이 만나는 위치에 ○표 합니다. 라의 가로줄과 7의 세로줄이 만나는 위치에 △표 합니다.

03 나의 4 자리로부터 아래쪽으로 2칸, 오른쪽으로 3칸 움직이면 라의 7 자리입니다.

04 ❶ 위쪽으로 1칸, 왼쪽으로 5칸 움직입니다.
❷ 왼쪽으로 5칸, 위쪽으로 1칸 움직입니다.

채점 기준	
상	어떻게 움직여야 하는지 두 가지 방법으로 설명한 경우
중	어떻게 움직여야 하는지 한 가지 방법으로만 설명한 경우

05 도형을 어느 방향으로 밀어도 도형의 모양, 크기는 변하지 않고 위치는 변합니다.

06 도형을 오른쪽으로 밀면 도형의 모양은 변하지 않고 위치는 변합니다.

07 움직인 도형을 아래쪽으로 밀면 처음 도형이 됩니다.

09 가 도형은 나 도형을 왼쪽으로 모눈 7칸(=7 cm)만큼 밀어서 이동한 도형입니다.

10 도형을 오른쪽으로 뒤집으면 도형의 왼쪽과 오른쪽이 서로 바뀝니다.

11 도형의 왼쪽과 오른쪽, 위쪽과 아래쪽의 모양이 같으면 어느 방향으로 뒤집어도 처음 도형과 같습니다.

12 ❶ • 경수: 12를 아래쪽으로 3번 뒤집은 것은 아래쪽으로 1번 뒤집은 것과 같으므로 15입니다.
• 지수: 28을 오른쪽으로 1번 뒤집으면 85입니다.
❷ 바르게 말한 친구는 경수입니다.

채점 기준	
상	풀이 과정을 완성하여 바르게 말한 친구의 이름을 쓴 경우
중	풀이 과정을 완성했지만 일부가 틀린 경우
하	답만 쓴 경우

14 가: 주어진 모양을 오른쪽, 아래쪽으로 밀었습니다.
나: 주어진 모양을 시계 방향으로 90°만큼 돌리는 것을 반복했습니다.
다: 주어진 모양을 오른쪽, 아래쪽으로 뒤집었습니다.

15 도형을 짝수 번 뒤집은 도형은 처음 도형과 같습니다.

16 화살표의 끝이 가리키는 위치가 같으면 모양 조각을 돌렸을 때의 모양이 같습니다.

17 도형을 시계 방향으로 180°만큼 돌리면 도형의 위쪽 부분이 아래쪽으로 이동합니다.

18 도형을 시계 반대 방향으로 270°만큼 돌리면 도형의 위쪽 부분이 오른쪽으로 이동합니다.

19 ⑤ 위쪽이나 아래쪽으로 뒤집은 모양입니다.

20 ❶ 시계 방향으로 180°만큼 돌렸을 때 나타나는 수는 각각 249, 548입니다.
　　❷ 249<548이므로 더 작은 수는 249입니다.

채점 기준	
상	풀이 과정을 완성하여 수 카드에 나타난 수 중에서 더 작은 수를 구한 경우
중	풀이 과정을 완성했지만 일부가 틀린 경우
하	답만 쓴 경우

단원평가 실전 *

95~97쪽

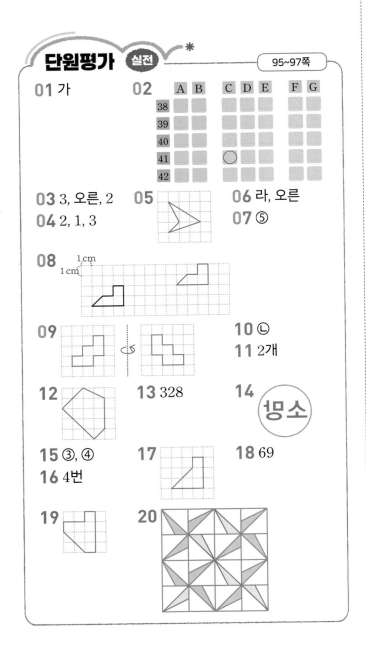

01 가

02

	A	B		C	D	E		F	G
38									
39									
40									
41				○					
42									

03 3, 오른, 2
04 2, 1, 3
05
06 라, 오른
07 ⑤
08
　1 cm
1 cm
09
10 ㉡
11 2개
12
13 328
14 밍소
15 ③, ④
16 4번
17
18 69
19
20

---

01 나: 위쪽으로 3칸, 오른쪽으로 2칸
　　다: 위쪽으로 1칸, 왼쪽으로 3칸

02 아버지의 자리가 38의 E이고, 은호의 자리는 아버지의 왼쪽 바로 옆이므로 38의 D입니다.
　형의 자리는 은호의 자리에서 아래쪽으로 3칸, 왼쪽으로 1칸 이동한 자리이므로 41의 C입니다.

03 형의 자리에서 아버지의 자리까지 이동하려면 위쪽으로 3칸, 오른쪽으로 2칸 움직이거나 오른쪽으로 2칸, 위쪽으로 3칸 움직이면 됩니다.

04 마의 5로부터 마의 7까지 움직이려면 아래쪽으로 2칸 움직여야 합니다.
　마의 7로부터 나의 8까지 움직이려면 아래쪽으로 1칸, 왼쪽으로 3칸 움직여야 합니다.
　➡ ㉠=2, ㉡=1, ㉢=3

채점 기준	
상	풀이 과정을 완성하여 ㉠, ㉡, ㉢에 알맞은 수를 각각 구한 경우
중	풀이 과정을 완성했지만 일부가 틀린 경우
하	답만 쓴 경우

05 움직인 도형을 왼쪽으로 밀면 처음 도형이 됩니다.

06 나 사각형을 오른쪽으로 밀기 전에 라 사각형을 아래쪽으로 밀어야 합니다.

07 도형을 어느 방향으로 밀어도 도형의 모양은 변하지 않습니다.

08 모눈 한 칸이 1 cm이므로 오른쪽으로 8칸, 위쪽으로 2칸 이동하여 그립니다.

09 도형을 아래쪽으로 뒤집으면 도형의 위쪽과 아래쪽이 서로 바뀌고, 도형을 오른쪽으로 뒤집으면 도형의 왼쪽과 오른쪽이 서로 바뀝니다.

10 ㉡ 도형을 위쪽으로 한 번 뒤집었을 때의 모양과 아래쪽으로 한 번 뒤집었을 때의 모양은 서로 같습니다.

11 위쪽으로 뒤집었을 때 모양이 변하지 않으려면 위쪽과 아래쪽의 모양이 같아야 합니다.
　따라서 위쪽으로 뒤집었을 때 모양이 변하지 않는 알파벳은 E, O로 모두 2개입니다.

채점 기준	
상	풀이 과정을 완성하여 위쪽으로 뒤집었을 때 모양이 변하지 않는 것은 모두 몇 개인지 구한 경우
중	풀이 과정을 완성했지만 일부가 틀린 경우
하	답만 쓴 경우

12 도형을 홀수 번 뒤집은 도형은 1번 뒤집은 도형과 같습니다.
따라서 주어진 도형을 왼쪽으로 1번 뒤집은 도형을 그립니다.

13 수 카드로 만든 가장 작은 세 자리 수는 358입니다.
만든 수를 아래쪽으로 뒤집으면 328입니다.

14 도장에 새겨진 모양은 종이에 찍은 모양을 오른쪽 또는 왼쪽으로 뒤집은 모양입니다.

15 도형의 위쪽 부분이 왼쪽으로, 아래쪽 부분이 오른쪽으로 이동했으므로 시계 방향으로 270° 또는 시계 반대 방향으로 90°만큼 돌린 것입니다.

16 도형을 시계 방향으로 360°만큼 돌렸을 때의 도형은 처음 도형과 같으므로 시계 방향으로 90°만큼 적어도 4번 돌려야 합니다.

17 움직인 도형을 시계 방향으로 270°만큼 돌리면 처음 도형이 됩니다.

18 처음 수는 261이고, 수 카드를 시계 방향으로 180°만큼 돌렸을 때 만들어지는 수는 192입니다.
따라서 만들어지는 수와 처음 수의 차는
261−192=69입니다.

채점 기준	
상	풀이 과정을 완성하여 만들어지는 수와 처음 수의 차를 구한 경우
중	풀이 과정을 완성했지만 일부가 틀린 경우
하	답만 쓴 경우

19 도형을 시계 반대 방향으로 180°만큼 3번 돌린 도형은 도형을 시계 반대 방향으로 180°만큼 1번 돌린 도형과 같습니다.

20 ◺ 모양을 시계 방향으로 90°만큼 돌리는 것을 반복해서 모양을 만들고, 그 모양을 오른쪽과 아래쪽으로 밀어서 무늬를 만들었습니다.

5. 막대그래프

핵심 개념

98쪽

1 (1) 운동 (2) 축구　　**2** 학생 수

3
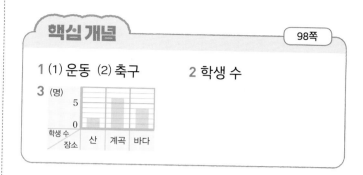

단원평가 기본 1회

99~101쪽

01 계절 / 학생 수
02 태어난 계절별 학생 수　　**03** 1명
04 4명　　**05** 겨울　　**06** 6명
07 배　　**08** 2명　　**09** 12명
10 선생님　　**11** 연예인
12 성씨 / 학생 수　　　　**13** 9명

14
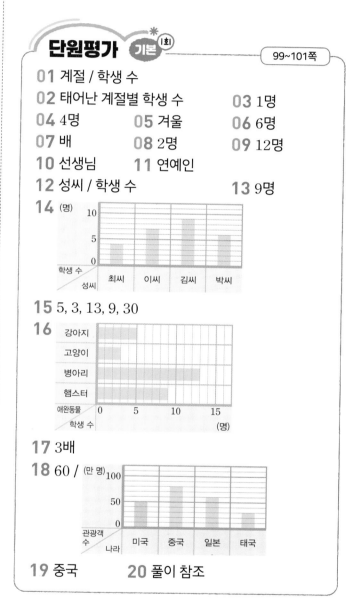

15 5, 3, 13, 9, 30

16

17 3배

18 60 /

19 중국　　　　**20** 풀이 참조

03 막대그래프에서 세로 눈금 5칸이 5명을 나타내므로 세로 눈금 한 칸은 5÷5=1(명)을 나타냅니다.

04 막대그래프에서 세로 눈금 한 칸은 1명을 나타내고, 가을은 4칸이므로 4명입니다.

05 막대의 길이가 가장 긴 계절은 겨울입니다.

06 가로 눈금 한 칸은 1명을 나타내고, 포도는 6칸이 므로 6명입니다.

07 가장 적은 학생이 좋아하는 과일은 막대의 길이가 가장 짧은 배입니다.

08 ❶ 바나나를 좋아하는 학생은 9명, 사과를 좋아하 는 학생은 7명입니다.
❷ (바나나를 좋아하는 학생 수)
－(사과를 좋아하는 학생 수)
＝9－7＝2(명)

채점 기준	
상	풀이 과정을 완성하여 바나나를 좋아하는 학생은 사과를 좋아하는 학생보다 몇 명 더 많은지 구한 경우
중	풀이 과정을 완성했지만 일부가 틀린 경우
하	답만 쓴 경우

09 막대그래프에서 세로 눈금 한 칸은 $10 \div 5 = 2$(명) 을 나타내고, 운동선수는 6칸이므로 12명입니다.

11 ❶ 막대그래프에서 세로 눈금 한 칸은 2명을 나타 내고, 간호사는 4칸이므로 $2 \times 4 = 8$(명)입니다.
❷ 학생 수가 $8 \times 2 = 16$(명)인 장래 희망은 막대 그래프에서 세로 눈금 $16 \div 2 = 8$(칸)인 연예인 입니다.

채점 기준	
상	풀이 과정을 완성하여 장래 희망이 간호사인 학생 수의 2배인 장래 희망을 구한 경우
중	풀이 과정을 완성했지만 일부가 틀린 경우
하	답만 쓴 경우

13 가장 많은 학생 수는 9명이므로 막대그래프에서 세로 눈금은 적어도 9명까지 나타낼 수 있어야 합 니다.

14 막대그래프에서 세로 눈금 한 칸은 1명을 나타내 므로 최씨는 4칸, 이씨는 7칸, 김씨는 9칸, 박씨는 6칸으로 막대를 그립니다.

15 (조사한 전체 학생 수)＝5＋3＋13＋9＝30(명)

16 막대그래프에서 가로 눈금 한 칸은 1명을 나타내 므로 강아지는 5칸, 고양이는 3칸, 병아리는 13칸, 햄스터는 9칸으로 막대를 그립니다.

17 햄스터를 키우고 싶어 하는 학생: 9명
고양이를 키우고 싶어 하는 학생: 3명
➡ $9 \div 3 = 3$(배)

18 (일본을 방문한 우리나라 관광객 수)
＝220－50－80－30＝60(만 명)
막대그래프에서 세로 눈금 한 칸은 10만 명을 나 타내므로 중국은 8칸, 일본은 6칸, 태국은 3칸으로 막대를 그립니다.

19 막대의 길이가 일본보다 더 긴 나라를 찾으면 중국 입니다.

20 ❶ 중국 관광 안내 책을 만들면 좋을 것 같습니다.
❷ 우리나라 관광객들이 가장 많이 방문한 나라가 중국이므로 중국 관광 안내 책을 만드는 것이 좋을 것 같습니다.

채점 기준	
상	어느 나라 책을 만드는 것이 좋을지 예상하고, 그 이유를 쓴 경우
중	어느 나라 책을 만드는 것이 좋을지 예상했지만 이유를 쓰지 못한 경우

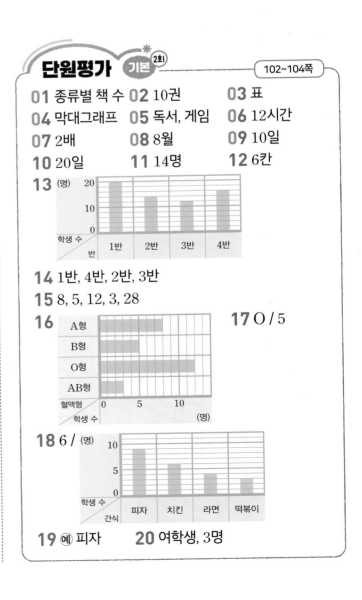

단원평가 기본 2회   102~104쪽

01 종류별 책 수 **02** 10권 **03** 표
04 막대그래프 **05** 독서, 게임 **06** 12시간
07 2배 **08** 8월 **09** 10일
10 20일 **11** 14명 **12** 6칸
13
14 1반, 4반, 2반, 3반
15 8, 5, 12, 3, 28
16   **17** O / 5
18 6 /
19 예 피자 **20** 여학생, 3명

02 막대그래프에서 가로 눈금 5칸이 50권을 나타내므로 가로 눈금 한 칸은 50÷5=10(권)을 나타냅니다.

03 표에서 합계는 조사한 전체 자료의 수를 나타내므로 전체 책의 수를 알아보려면 표가 더 편리합니다.

04 항목별 수량의 많고 적음을 한눈에 비교하기 쉬운 것은 막대그래프입니다.

06 ❶ 볼링을 한 시간은 3시간, 축구를 한 시간은 9시간 입니다.
　　❷ (볼링을 한 시간)+(축구를 한 시간)
　　　=3+9=12(시간)

채점 기준	
상	풀이 과정을 완성하여 볼링과 축구를 한 시간은 모두 몇 시간인지 구한 경우
중	풀이 과정을 완성했지만 일부가 틀린 경우
하	답만 쓴 경우

07 독서를 한 시간: 6시간, 볼링을 한 시간: 3시간
　　➡ 6÷3=2(배)

08 두 번째로 비가 많이 온 달은 막대의 길이가 두 번째로 긴 8월입니다.

09 비가 가장 많이 온 달: 7월(16일)
　　비가 가장 적게 온 달: 9월(6일)
　　➡ 16-6=10(일)

10 ❶ 6월에 비가 온 날은 10일입니다.
　　❷ 6월은 30일까지 있으므로 비가 오지 않은 날은 30-10=20(일)입니다.

채점 기준	
상	풀이 과정을 완성하여 6월에 비가 오지 않은 날수를 구한 경우
중	풀이 과정을 완성했지만 일부가 틀린 경우
하	답만 쓴 경우

11 (2반에서 방과 후 수업을 신청한 학생 수)
　　=62-20-12-16=14(명)

12 3반에서 방과 후 수업을 신청한 학생은 12명이므로 12÷2=6(칸)으로 나타내야 합니다.

13 막대그래프에서 세로 눈금 한 칸은 2명을 나타내므로 1반은 10칸, 2반은 7칸, 3반은 6칸, 4반은 8칸으로 막대를 그립니다.

14 막대의 길이가 긴 반부터 차례대로 쓰면 1반, 4반, 2반, 3반입니다.

15 (조사한 전체 학생 수)=8+5+12+3=28(명)

16 막대그래프에서 가로 눈금 한 칸이 1명을 나타내므로 A형은 8칸, B형은 5칸, O형은 12칸, AB형은 3칸으로 막대를 그립니다.

18 (치킨을 좋아하는 학생 수)
　　=22-9-4-3=6(명)
　　막대그래프에서 세로 눈금 한 칸은 1명을 나타내므로 피자는 9칸, 치킨은 6칸, 라면은 4칸으로 막대를 그립니다.

19 가장 많은 학생이 좋아하는 간식이 피자이므로 피자를 준비하는 것이 좋을 것 같습니다.

20 (안경을 쓴 남학생 수)=3+5+2+7=17(명)
　　(안경을 쓴 여학생 수)=5+8+3+4=20(명)
　　17<20이므로 안경을 쓴 여학생이 20-17=3(명) 더 많습니다.

단원평가 실전 ✱

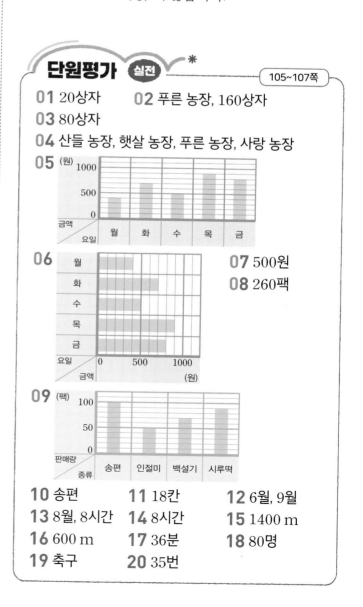

105~107쪽

01 20상자　　**02** 푸른 농장, 160상자
03 80상자
04 산들 농장, 햇살 농장, 푸른 농장, 사랑 농장
05

06　　　　　　　　　　**07** 500원
　　　　　　　　　　　　08 260팩

09

10 송편　　　**11** 18칸　　　**12** 6월, 9월
13 8월, 8시간　**14** 8시간　　**15** 1400 m
16 600 m　　**17** 36분　　　**18** 80명
19 축구　　　**20** 35번

02 감자 생산량이 두 번째로 많은 농장은 막대의 길이가 두 번째로 긴 푸른 농장이고, 세로 눈금이 8칸이므로 160상자입니다.

03 사랑 농장의 감자 생산량: 200상자
햇살 농장의 감자 생산량: 120상자
➡ $200-120=80$(상자)

04 막대의 길이가 짧은 농장부터 차례대로 쓰면 산들 농장, 햇살 농장, 푸른 농장, 사랑 농장입니다.

05 막대그래프에서 세로 눈금 한 칸은 100원을 나타내므로 월요일은 4칸, 화요일은 7칸, 수요일은 5칸, 목요일은 9칸, 금요일은 8칸으로 막대를 그립니다.

07 돈을 가장 많이 모은 날: 목요일(900원)
돈을 가장 적게 모은 날: 월요일(400원)
➡ $900-400=500$(원)

채점 기준	
상	풀이 과정을 완성하여 돈을 가장 많이 모은 날은 가장 적게 모은 날보다 얼마 더 모았는지 구한 경우
중	풀이 과정을 완성했지만 일부가 틀린 경우
하	답만 쓴 경우

08 막대그래프에서 세로 눈금 5칸이 50팩을 나타내므로 세로 눈금 한 칸은 $50\div5=10$(팩)을 나타냅니다.
송편: 100팩, 백설기: 70팩, 시루떡: 90팩
➡ $100+70+90=260$(팩)

09 (인절미 판매량)$=310-260=50$(팩)
따라서 인절미는 5칸으로 막대를 그립니다.

11 시루떡 판매량은 90팩이므로 세로 눈금 한 칸이 5팩을 나타내는 막대그래프로 바꾸어 그린다면 막대를 $90\div5=18$(칸)으로 나타내야 합니다.

12 연수가 수영한 시간을 나타내는 막대가 미진이가 수영한 시간을 나타내는 막대보다 더 긴 달은 6월과 9월입니다.

13 수영한 시간의 두 막대의 길이의 차가 가장 큰 달은 8월입니다.
8월에 수영한 시간이 미진이는 16시간, 연수는 8시간이므로 그 차는 $16-8=8$(시간)입니다.

14 • 미진: $10+18+16+14=58$(시간)
• 연수: $14+12+8+16=50$(시간)
(미진이와 연수가 4개월 동안 수영한 시간의 차)
$=58-50=8$(시간)

채점 기준	
상	풀이 과정을 완성하여 미진이와 연수가 4개월 동안 수영한 시간의 차를 구한 경우
중	풀이 과정을 완성했지만 일부가 틀린 경우
하	답만 쓴 경우

15 막대그래프에서 세로 눈금 5칸이
$1\,km=1000\,m$를 나타내므로 세로 눈금 한 칸은 $1000\div5=200\,(m)$를 나타냅니다.
➡ $200\times7=1400\,(m)$

16 (민정이네 집에서 약국까지의 거리)
$=1\,km=1000\,m$
(민정이네 집에서 학교까지의 거리)
$=200\times2=400\,(m)$
➡ $1000-400=600\,(m)$

채점 기준	
상	풀이 과정을 완성하여 민정이네 집에서 약국까지의 거리는 민정이네 집에서 학교까지의 거리보다 몇 m 더 먼지 구한 경우
중	풀이 과정을 완성했지만 일부가 틀린 경우
하	답만 쓴 경우

17 막대그래프에서 세로 눈금 한 칸이 $200\,m$를 나타내므로 세로 눈금 한 칸에 해당하는 거리를 가는 데 4분이 걸립니다.
우체국까지의 거리를 나타내는 세로 눈금은 9칸이므로 집에서 우체국까지 가는 데 걸리는 시간은 $4\times9=36$(분)입니다.

18 막대그래프에서 가로 눈금 5칸이 50명을 나타내므로 가로 눈금 한 칸은 $50\div5=10$(명)을 나타냅니다.
농구를 좋아하는 학생은 60명이므로
야구를 좋아하는 학생은 $60+20=80$(명)입니다.

19 축구: 90명, 농구: 60명, 야구: 80명
➡ (배구를 좋아하는 학생 수)
$=300-90-60-80=70$(명)

20 (막대그래프에서 세로 눈금 수의 합)
$=3+6+7+9+5=30$(칸)
막대그래프에서 세로 눈금 30칸이 150번을 나타내므로 세로 눈금 한 칸은 $150\div30=5$(번)을 나타냅니다.
따라서 수요일에는 윗몸 말아 올리기를
$5\times7=35$(번) 했습니다.

6. 규칙 찾기

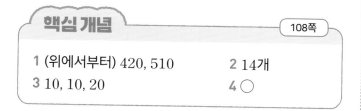

핵심 개념   108쪽

1 (위에서부터) 420, 510   **2** 14개
3 10, 10, 20   **4** ○

단원평가 기본 1회   109~111쪽

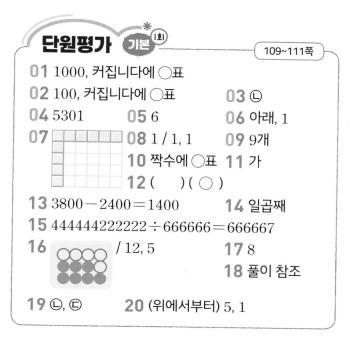

01 1000, 커집니다에 ○표
02 100, 커집니다에 ○표   **03** ㉡
04 5301   **05** 6   **06** 아래, 1
07   **08** 1 / 1, 1   **09** 9개
10 짝수에 ○표 **11** 가
12 ( ) (○)
13 3800-2400=1400   **14** 일곱째
15 444444222222÷666666=666667
16 / 12, 5   **17** 8
     18 풀이 참조
19 ㉡, ㉢   **20** (위에서부터) 5, 1

01 → 방향으로 $1001-2001-3001-4001-5001$이므로 1001부터 1000씩 커집니다.

02 ↓ 방향으로 $1001-1101-1201-1301-1401$이므로 1001부터 100씩 커집니다.

03 ㉠ ↘ 방향으로 $1001-2101-3201-4301-5401$이므로 1100씩 커집니다.
㉡ ↖ 방향으로 $5401-4301-3201-2101-1001$이므로 1100씩 작아집니다.

04 4301보다 1000만큼 더 큰 수는 5301입니다.

05 ❶

| 96 | 48 | 24 | 12 |
| ÷2 | ÷2 | ÷2 | |

96부터 2로 나눈 몫이 오른쪽에 있습니다.

❷ $12÷2=6$

채점 기준	
상	풀이 과정을 완성하여 빈 곳에 알맞은 수를 구한 경우
중	풀이 과정을 완성했지만 일부가 틀린 경우
하	답만 쓴 경우

06 □이 오른쪽과 아래쪽으로 각각 1개씩 늘어나므로 2개씩 늘어납니다.

08 3개부터 1개씩 늘어나는 규칙을 식으로 나타냅니다.

09 ❶ 3개부터 1개씩 늘어나는 규칙입니다.
❷ 일곱째에 알맞은 모양에 필요한 □는
$3+1+1+1+1+1+1=9$(개)입니다.

채점 기준	
상	풀이 과정을 완성하여 일곱째에 알맞은 모양에 필요한 □는 몇 개인지 구한 경우
중	풀이 과정을 완성했지만 일부가 틀린 경우
하	답만 쓴 경우

12 나: 10씩 커지는 수와 100씩 커지는 수를 더하면 계산 결과는 110씩 커집니다.
➡ $250+520=770$

13 200씩 커지는 수에서 100씩 커지는 수를 빼면 계산 결과는 100씩 커집니다.

14 206, 2006, 20006, …과 같이 0이 1개씩 늘어나는 수에 4를 곱하면 계산 결과는 824, 8024, 80024, …와 같이 8과 2 사이에 0이 1개씩 늘어납니다.
곱해지는 수인 200000006에 0이 7개 있으므로 곱셈식은 일곱째입니다.

15 42, 4422, 444222, …와 같이 4, 2가 각각 1개씩 늘어나는 수를 6, 66, 666, …과 같이 6이 1개씩 늘어나는 수로 나누면 계산 결과는 7, 67, 667, …과 같이 6이 1개씩 늘어납니다.
666667은 6이 5개
➡ $444444222222÷666666=666667$

16 양쪽이 같은 양이 되도록 ○를 그려 넣고 식으로 나타냅니다.

17 곱해지는 수를 2로 나누고 곱하는 수를 2배 하면 곱은 같습니다.

18 ❶ ○
❷ 31에서 34로 3만큼 더 커지고, 13에서 16으로 3만큼 더 커집니다.
따라서 $31-13=34-16$은 옳은 식입니다.

채점 기준	
상	옳은 식임을 알고 그 이유를 쓴 경우
중	옳은 식은 알지만 그 이유를 쓰지 못한 경우

19 등호(=) 양쪽의 양을 비교해 봅니다.

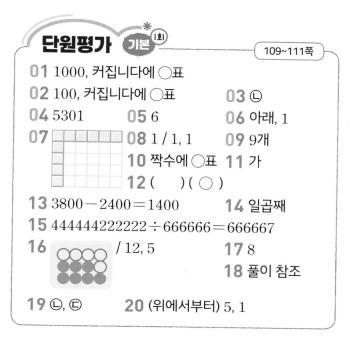

20 한 줄에 있는 세 수의 합이 같고 32에서 30으로 2만큼 더 작아졌으므로 30과 마주 보고 있는 수는 3보다 2만큼 더 큰 수인 5입니다.
32에서 34로 2만큼 더 커졌으므로 34와 마주 보고 있는 수는 3보다 2만큼 더 작은 수인 1입니다.

단원평가 기본 2회

112~114쪽

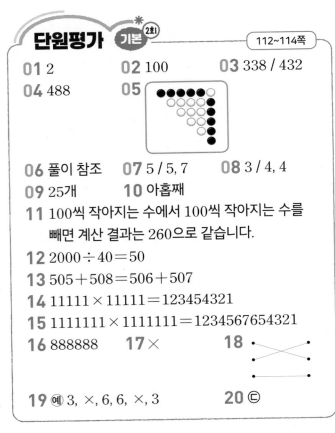

01 2   **02** 100   **03** 338 / 432
04 488   **05**
06 풀이 참조   **07** 5 / 5, 7   **08** 3 / 4, 4
09 25개   **10** 아홉째
11 100씩 작아지는 수에서 100씩 작아지는 수를 빼면 계산 결과는 260으로 같습니다.
12 $2000 \div 40 = 50$
13 $505 + 508 = 506 + 507$
14 $11111 \times 11111 = 123454321$
15 $1111111 \times 1111111 = 1234567654321$
16 888888   **17** ×   **18**
19 예 3, ×, 6, 6, ×, 3   **20** ©

---

03 • → 방향으로 2씩 커지므로 ■에 알맞은 수는 336보다 2만큼 더 큰 수인 338입니다.
• ↓ 방향으로 100씩 커지므로 ▲에 알맞은 수는 332보다 100만큼 더 큰 수인 432입니다.

04 408부터 오른쪽으로 20씩 커지므로 빈칸에 알맞은 수는 488입니다.

06 ❶ 2개부터 2개씩 늘어납니다.
❷ 1개부터 1개, 2개, 3개, …씩 늘어납니다.

채점 기준	
상	검은색 바둑돌과 흰색 바둑돌의 수에 대한 규칙을 각각 쓴 경우
중	검은색 바둑돌과 흰색 바둑돌의 수에 대한 규칙 중 하나만 쓴 경우

07 ■이 1개부터 3개, 5개, 7개, …씩 늘어납니다.

08 정사각형 모양의 한 변에 놓인 ■이 1개, 2개, 3개, 4개, …로 늘어납니다.

09 다섯째에 알맞은 모양에 필요한 ■은 $5 \times 5 = 25$(개)입니다.

10 구슬이 5개, 10개, 15개, …로 5개씩 늘어납니다.
(□째 모양의 구슬 수)$= 5 \times$□이므로
$5 \times$□$= 45$,
□$= 45 \div 5 = 9$입니다.

12 500씩 커지는 수를 10씩 커지는 수로 나누면 계산 결과는 50으로 같습니다.

13 수의 배열에서 ↘ 방향에 있는 두 수의 합은 ↗ 방향에 있는 두 수의 합과 같습니다.

14 1이 1개씩 늘어나는 수를 두 번 곱한 계산 결과는 가운데 수를 중심으로 양쪽에 같은 수가 놓입니다.

15 ❶ 계산 결과가 1234567654321이 되는 곱셈식은 일곱째입니다.
❷ 가운데 수가 7이므로
$1111111 \times 1111111 = 1234567654321$입니다.

채점 기준	
상	풀이 과정을 완성하여 계산 결과가 1234567654321이 되는 곱셈식을 쓴 경우
중	풀이 과정을 완성했지만 일부가 틀린 경우
하	답만 쓴 경우

16 111111씩 커지는 수를 3씩 커지는 수로 나누면 몫은 37037로 같습니다.
24는 3의 8배
➡ $888888 \div 24 = 37037$

17 더해지는 수 18은 14보다 4만큼 더 크지만 더하는 수 2는 5보다 3만큼 더 작으므로 두 양의 크기가 같지 않습니다.

18 • $64 \div 8 = 8$, $24 \div 3 = 8$
• $16 \div 4 = 4$, $8 \div 2 = 4$
• $20 \div 2 = 10$, $30 \div 3 = 10$

19 수 카드와 연산 기호 카드를 이용하여 크기가 같은 양을 다양하게 만들어 등호(=)를 사용한 식으로 나타낼 수 있습니다.

20 ㉠ 3   ㉡ 0   ㉢ 9

01 128 **02** 54175 **03** 11
04 47 **05** 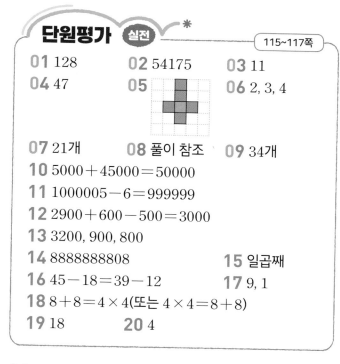 **06** 2, 3, 4
07 21개 **08** 풀이 참조 **09** 34개
10 $5000+45000=50000$
11 $1000005-6=999999$
12 $2900+600-500=3000$
13 3200, 900, 800
14 8888888808
15 일곱째
16 $45-18=39-12$
17 9, 1
18 $8+8=4\times4$(또는 $4\times4=8+8$)
19 18
20 4

01 8부터 시작하여 2씩 곱한 수가 왼쪽에 있습니다.

02 50135부터 ↘ 방향으로 1010씩 커집니다.

03 $3+4+5+10+11+12+17+18+19=99$
➡ $99\div9=11$

04 맨 왼쪽 세로줄은 1부터 시작하여 3, 5, 7, 9, …씩 커지므로 ㉠이 포함된 가로줄에서 맨 왼쪽의 수는 $25+11+13=49$입니다.
같은 색깔의 바둑돌에서 가로줄은 오른쪽으로 1씩 작아지므로 ㉠에 알맞은 수는 $49-1-1=47$입니다.

채점 기준	
상	풀이 과정을 완성하여 ㉠에 알맞은 수를 구한 경우
중	풀이 과정을 완성했지만 일부가 틀린 경우
하	답만 쓴 경우

07 $1+2+3+4+5+6=21$(개)

08 빨간색 사각형은 3개, 5개, 7개, …로 2개씩 늘어납니다.
파란색 사각형은 1×1, 2×2, 3×3, … 개인 규칙입니다.

채점 기준	
상	빨간색 사각형과 파란색 사각형의 수에 대한 규칙을 각각 찾아 쓴 경우
중	빨간색 사각형과 파란색 사각형의 수에 대한 규칙 중 하나만 쓴 경우

09 일곱째 모양에 있는 빨간색 사각형은 $3+2+2+2+2+2+2=15$(개), 파란색 사각형은 $7\times7=49$(개)입니다.
➡ $49-15=34$(개)

11 15, 105, 1005, …와 같이 0이 1개씩 늘어나는 수에서 6을 빼면 계산 결과는 9, 99, 999, …와 같이 9가 1개씩 늘어납니다.
999999에서 9가 6개 ➡ $1000005-6=999999$

13 3300은 넷째 계산식의 계산 결과보다 300만큼 더 커졌으므로 계산 결과가 3300이 되는 계산식은 일곱째입니다.

14 123456789에 9, 18, 27, …과 같이 9씩 커지는 수를 곱하면 계산 결과는 1111111101씩 커집니다.
72는 9의 8배 ➡ $123456789\times72=8888888808$

15 721, 7021, 70021, …과 같이 0이 1개씩 늘어나는 수를 7로 나누면 계산 결과는 103, 1003, 10003, …과 같이 1과 3 사이에 0이 1개씩 늘어납니다.
따라서 나누어지는 수가 700000021이면 0이 6개 있으므로 나눗셈식은 일곱째입니다.

채점 기준	
상	풀이 과정을 완성하여 나누어지는 수가 700000021인 나눗셈식은 몇째인지 구한 경우
중	풀이 과정을 완성했지만 일부가 틀린 경우
하	답만 쓴 경우

16 45에서 39로 6만큼 더 작아졌으므로 18에서 6만큼 더 작아져야 두 양의 크기가 같아집니다.
따라서 ▨ 안의 수는 12가 되어야 합니다.

17 더해지는 수가 22에서 30으로 8만큼 더 커졌으므로 더하는 수는 8만큼 더 작아져야 합니다.
따라서 □ 안에 들어갈 수 있는 수는 9와 1입니다.

18 $8+8$과 4×4는 크기가 같습니다.

19 나누어지는 수 36은 12의 3배이므로 나누는 수도 6의 3배인 18이어야 두 양의 크기가 같습니다.

20 • 24는 20보다 4만큼 더 큰 수이므로 ●에 알맞은 수는 16보다 4만큼 더 작은 수입니다.
➡ ●$=16-4=12$
• 72는 36의 2배이므로 ▲에 알맞은 수는 4의 2배인 수입니다. ➡ ▲$=4\times2=8$
따라서 ●와 ▲에 알맞은 수의 차는 $12-8=4$입니다.

사회

1. 지도로 만나는 우리 지역

❶ 다양한 정보가 담긴 지도

핵심 자료 ──────────── 121쪽

1-1 항공 사진   1-2 지도   2-1 숫자
2-2 색깔   2-3 ×   3-1 약도
3-2 ○   3-3 비상 대피도

확인평가 ──────────── 122~123쪽

01 지도   02 ⑩ 지역의 모습을 한눈에 파악하고 장소의 위치와 특징을 알 수 있습니다.   03 ③
04 선효   05 ⑤   06 ㉠ 모습, ㉡ 약속
07 등고선   08 ④   09 ②   10 ①
11 ⑩ 자동차로 운전할 때 원하는 곳까지 빠르게 가는 길을 알려 줍니다.

02 지도에는 땅의 모습, 건물, 지역의 이름이 나타나 있어 지역의 모습을 한눈에 파악하고 장소의 위치와 특징을 알 수 있습니다.

채점 기준	
상	지역의 모습을 한눈에 파악하고, 장소의 위치와 특징을 알 수 있다는 내용을 모두 쓴 경우
중	지역의 모습을 한눈에 파악할 수 있다, 장소의 위치와 특징을 알 수 있다는 내용 중에서 한 가지만 쓴 경우

03 지도를 보면 산, 도로, 하천 등 장소의 이름, 땅의 높낮이 등을 알 수 있습니다. ③ 하천의 깊이는 알 수 없습니다.

04 선효 - 두 지점 간의 실제 거리를 알 수 있는 지도의 구성 요소는 축척입니다.

05 방위표를 통해 지도에서 초등학교, 우체국, 산, 소방서 등의 위치를 찾을 수 있습니다.

08 ④ 실제 거리를 많이 줄여서 나타낸 지도는 지역의 전체적인 모습이 간략하게 나타나 있습니다.

09 축척을 보면 실제 거리 400 m를 지도에서 1 cm로 나타냈다는 것을 알 수 있습니다. 따라서 지도에서 ㉠과 ㉡ 사이의 거리가 4 cm일 때 실제 거리는 1,600 m입니다.

10 ㉠은 실제 거리를 많이 줄여서 나타낸 지도이고, ㉡는 실제 거리를 조금 줄여서 나타낸 지도입니다.

11 제시된 지도는 자동차로 원하는 곳까지 가는 길을 알려 주는 길 도우미입니다.

채점 기준	
상	자동차로 운전할 때 원하는 곳까지 빠르게 가는 길을 알려 준다고 쓴 경우
중	자동차로 가는 길을 알 수 있다고만 쓴 경우

❷ 우리 지역의 위치와 특징

핵심 자료 ──────────── 125쪽

1-1 면적   1-2 ○   2-1 지형
2-2 ×   2-3 강   3-1 기온
3-2 강수량   3-3 지역   3-4 ×

확인평가 ──────────── 126~127쪽

01 행정구역   02 ④   03 ⑩ 우리 지역의 위치를 알 수 있습니다. 우리 지역 주변에 있는 지역을 알 수 있습니다.   04 ①, ③   05 ②
06 ②   07 ③   08 (1) ㉣ (2) ㉠ (3) ㉤
09 바다   10 ③   11 ④   12 ⑩ 여름에 강수량이 가장 많고, 겨울에 강수량이 가장 적습니다.

03 행정구역 지도를 보면 우리 지역의 위치, 우리 지역이 속한 행정구역, 우리 지역 주변에 있는 지역을 알 수 있습니다.

채점 기준	
상	행정구역이 나타난 지도를 보고 알 수 있는 것을 두 가지 모두 쓴 경우
중	행정구역이 나타난 지도를 보고 알 수 있는 것을 한 가지만 쓴 경우

04 우리 지역에서 떨어진 지역을 찾아보거나 생각해 보는 것으로 지역의 위치를 찾을 수 없습니다.

05 제시된 지도에는 충청북도의 지역별 면적이 나타나 있습니다.

06 ② 여행을 떠나는 것은 일시적인 인구 이동으로 지역의 인구 변동에 영향을 주지 않습니다.

07 지역마다 인구는 다양하며, 인구를 비교하면 지역의 특징을 알 수 있습니다.

08 ① 강은 일정한 물길을 형성하며 땅 위에 흐르는 물줄기입니다. © 섬은 바다로 둘러싸여 있는 지역입니다.

10 ③ 취미는 개인마다 달라서 지역의 특징을 알아보기에 알맞지 않습니다.

11 인터넷으로 기상청 누리집을 검색하면 지역의 기온이나 강수량을 조사할 수 있습니다.

12 제시된 그래프는 지역의 계절별 강수량을 나타낸 그래프입니다.

채점 기준	
상	여름에 강수량이 가장 많고, 겨울에 강수량이 가장 적다고 알맞게 쓴 경우
중	계절별 강수량을 알 수 있다고만 간단히 쓴 경우

단원평가 기본

128~130쪽

01 ①, ④　**02** ③　**03** ⑩ 방위표가 없으면 사람이나 건물이 향한 방향에 따라 장소의 위치가 달라질 수 있기 때문입니다.　**04** ②
05 ① 학교, © 경찰서, © 소방서, @ 병원
06 ©　**07** 200　**08** ⑤　**09** ⑩ 여행을 갈 때 주요 관광지의 위치와 관광 경로를 알아보기 위해 이용합니다.　**10** 특별자치도
11 ②　**12** ①, @　**13** ① 지리 정보, © 특징
14 ③　**15** ⑩ 여름철 기온과 강수량은 구미시가 울릉군보다 높고, 겨울철 기온과 강수량은 울릉군이 구미시보다 높습니다.

01 지도는 정해진 약속대로 나타내서 누구나 쉽게 알아볼 수 있습니다. 지도에는 땅의 모습, 건물, 지역 이름이 나타나 있습니다.

02 ③ 시간은 지도를 구성하는 요소가 아닙니다.

03 오른쪽, 왼쪽, 아래쪽, 위쪽과 같은 표현은 사람이나 건물이 향한 방향에 따라 달라질 수 있습니다.

채점 기준	
상	어떤 장소의 위치는 사람이나 건물이 향한 방향에 따라 달라진다고 쓴 경우
중	서 있는 곳에 따라 방향이 달라진다고 간단히 쓴 경우

04 광주광역시청은 ① 지역의 서쪽, ② 백석산의 북쪽, ③ 유촌초등학교의 서쪽, ④ 광주종합버스터미널의 서쪽에 있습니다.

05 범례를 보면 ①은 학교, ©은 경찰서, ©은 소방서, @은 병원을 나타내는 기호라는 것을 알 수 있습니다.

06 땅의 높이가 낮은 곳에서 높은 곳으로 갈수록 초록색, 연두색, 노란색, 갈색, 고동색으로 나타냅니다.

07 축척의 오른쪽에 쓰인 숫자만큼의 실제 거리를 지도상에 1 cm로 줄여서 나타냈다는 의미입니다.

08 ⑤ 지도에 나타난 두 지점 사이의 거리는 축척에 따라 달라집니다.

09 제시된 지도는 관광 안내도로, 주요 관광지의 위치와 관광 경로 등의 정보가 담겨 있습니다.

채점 기준	
상	여행, 관광지, 경로 등의 낱말을 넣어 알맞게 쓴 경우
중	관광을 할 때 이용한다고만 간단하게 쓴 경우

10 우리나라의 행정구역은 특별시 1곳, 특별자치시 1곳, 광역시 6곳, 도 6곳, 특별자치도 3곳으로 이루어져 있습니다.

11 가평군, 남양주시, 광주시와 이웃해 있는 지역은 양평군입니다. 양평군은 고양시의 동쪽, 이천시의 북쪽에 위치하고 있습니다.

12 제시된 지도는 충청북도 여러 지역의 면적과 모양을 나타낸 지도입니다. © 인구, © 기온과 강수량에 대한 지리 정보는 나타나 있지 않습니다.

13 서로 다른 지역의 지리 정보를 비교하면 우리 지역의 특징을 알 수 있습니다.

14 제시된 그림은 디지털 영상지도에서 지역의 위치를 찾아보는 모습입니다.

15 구미시는 여름에 강수량이 가장 많고, 기온이 가장 높습니다. 울릉군은 여름에 기온이 가장 높고, 겨울에도 강수량이 많습니다.

채점 기준	
상	꼭 들어가야 할 말을 모두 넣어 구미시와 울릉군의 특징을 비교하여 쓴 경우
중	기온과 강수량 중 한 가지만 넣어 구미시와 울릉군의 특징을 비교하여 쓴 경우

단원평가 실전 *

131~133쪽

01 ④　　**02** (1) 예 ㉠, ㉡은 모두 위에서 내려다본 땅의 모습입니다. (2) 예 ㉠에는 건물, 지역 등의 이름이 나타나 있지 않고, ㉡에는 땅의 모습, 건물, 지역의 이름이 나타나 있습니다.　　**03** ②
04 ⑤　　**05** ③　　**06** ㉡　　**07** ⑤
08 예지　　**09** ①　　**10** 예 나라를 효율적으로 관리하기 위해서입니다.　　**11** ①
12 ㉠ 면적, ㉡ 행정구역　　**13** ㉢　　**14** ②
15 예 ㉠ 지역은 ㉡ 지역에 비해 면적은 넓지만 인구는 적습니다.

01 ㉠은 위에서 땅을 찍은 항공 사진이고, ㉡은 땅의 모습을 일정하게 줄여 정해진 약속에 따라 나타낸 지도입니다.

02 ㉠, ㉡ 모두 위에서 내려다본 땅의 모습을 나타낸 것입니다. ㉠에는 건물, 지역 등의 이름이 나타나 있지 않지만, ㉡에는 땅의 모습, 건물, 지역의 이름이 나타나 있습니다.

채점 기준	
상	㉠과 ㉡의 공통점과 차이점을 모두 쓴 경우
중	㉠과 ㉡의 공통점과 차이점 중에 한 가지만 쓴 경우

03 방위표는 지도에서 동서남북의 방향을 나타내기 위해 사용합니다.

04 유촌초등학교를 기준으로 백석산과 운천역은 남쪽, 상일중학교는 동쪽, 극락초등학교는 북쪽에 있습니다.

05 범례는 지도에 사용된 여러 가지 기호와 그 의미를 모아 나타낸 것입니다.

06 등고선은 땅의 높이가 같은 곳을 이은 선으로 등고선의 간격이 좁으면 경사가 급하고, 간격이 넓으면 경사가 완만합니다.

07 실제 모습을 지도에 나타내려면 작게 줄여야 하기 때문에 축척을 사용합니다.

08 지역의 전체 모습이나 넓은 지역을 간략히 살펴볼 수 있는 것은 실제 거리를 많이 줄여서 나타낸 지도입니다.

09 목적지까지 가는 길을 필요한 정보만 간단하게 나타낸 지도를 약도라고 합니다.

10 행정구역은 나라를 효율적으로 관리하기 위해 나누어 놓은 지역을 말합니다.

채점 기준	
상	나라를 효율적으로 관리하기 위해서라고 알맞게 쓴 경우
중	나라를 관리하기 위해서라고 간단히 쓴 경우

11 제시된 지도에서 경기도 화성시와 이웃해 있는 지역은 안산시, 수원시, 용인시, 오산시, 평택시라는 것을 확인할 수 있습니다.

12 면적은 지역이 차지하는 넓이의 크기를 말합니다. 지역의 면적은 행정구역의 변화에 따라 달라지기도 합니다.

13 우리 지역의 지리 정보를 조사하는 과정은 '우리 지역과 비교할 다른 지역 선택하기 → 비교할 지역의 지리 정보 조사하기 → 우리 지역의 특징 정리하기'의 순서로 이루어집니다.

14 제시된 그림은 기상 자료 개방 포털에서 지역의 기온과 강수량을 조사하는 모습입니다.

15 면적과 인구 등 지리 정보를 비교하면 우리 지역의 특징을 알 수 있습니다. ㉠ 지역은 ㉡ 지역보다 면적이 약 10배가 넓지만, 인구는 ㉡ 지역보다 약 9만 명 적습니다.

채점 기준	
상	㉠, ㉡ 지역의 면적과 인구를 모두 비교하여 쓴 경우
중	㉠, ㉡ 지역의 면적과 인구 중에 한 가지만 비교하여 쓴 경우

2. 우리 지역의 국가유산

❶ 지역의 국가유산

핵심 자료
135쪽

1-1 문화유산	1-2 무형유산	1-3 ○
1-4 자연유산	2-1 누리집	2-2 ○
2-3 답사	3-1 신문	3-2 홍보 포스터

확인평가
136~137쪽

01 국가유산 **02** ㉘ 국가유산 중에서 일정한 형태가 있는 것은 문화유산이고, 일정한 형태가 없는 것은 무형유산입니다. **03** ⑤
04 ⑤ **05** ④ **06** 김장 **07** ④
08 ㉣ **09** ① **10** ② **11** ㉘ 국가유산에는 우리의 역사와 조상들의 정신이 담겨 있기 때문입니다. 국가유산은 다음 세대에 물려주어야 할 소중한 자산이기 때문입니다. **12** ⑤

02

	채점 기준
상	형태가 있는 것은 문화유산, 없는 것은 무형유산이라고 쓴 경우
중	형태를 기준으로 구분한다고만 간단하게 쓴 경우

03 『훈민정음』「해례본」에는 한글을 만든 까닭과 한글을 읽고 쓰는 방법이 담겨 있습니다.

04 고인돌은 돌로 만든 무덤입니다. 국가유산 중에서 고인돌처럼 형태가 있는 것은 문화유산입니다. ①, ②, ③, ④는 일정한 형태가 없는 것으로 모두 무형유산입니다.

06 김장은 겨울 동안 먹을 김치를 한꺼번에 담가 보관했던 우리 고유의 문화로, 우리 조상들의 지혜를 엿볼 수 있습니다.

07 석빙고는 더운 공기를 밖으로 내보내어 차가운 온도를 유지하도록 만들어 여름에도 얼음을 차갑게 보관하던 시설로, 당시 우리 조상들의 높은 과학 수준을 엿볼 수 있습니다.

09 ① 준비물은 조사 계획서에 들어가야 할 내용입니다. 조사 보고서에는 조사한 내용, 알게 된 점 등이 들어갑니다.

10 국가유산은 가격을 정할 수 없는 소중한 것입니다.

11

	채점 기준
상	국가유산을 보호해야 하는 까닭을 두 가지 모두 알맞게 쓴 경우
중	국가유산을 보호해야 하는 까닭을 한 가지만 쓴 경우

12 ⑤ 훼손된 국가유산은 과학적인 방법으로 복원하려는 노력을 해야 합니다.

❷ 우리 지역의 역사

핵심 자료
139쪽

1-1 박물관	1-2 유적지
2-1 동영상	2-2 신문 2-3 ×
3-1 ○	3-2 교육 3-3 지킴이

확인평가
140~141쪽

01 박물관 **02** ③ **03** ㉘ 지역의 역사적 사건이나 역사적 인물을 오래도록 기억하기 위한 자료를 전시하는 곳입니다. **04** ㉢ → ㉡ → ㉠
05 ① **06** ④ **07** ② **08** ④
09 해진 **10** ②, ④ **11** ③ **12** ㉘ 지역의 역사에 관심을 가지고 공부합니다. 지역의 역사를 널리 알리는 활동에 참여합니다.

02 제시된 사진은 옛날 사람들이 만든 무덤으로 짐작되는 화순 고인돌 유적지입니다. 유적지를 통해 당시 사람들의 생활 모습, 당시에 있었던 일을 짐작할 수 있습니다.

03 기념관은 지역의 역사적 사건이나 역사적 인물을 오래도록 기억하기 위한 자료를 전시하는 곳입니다.

	채점 기준
상	역사적 사건, 인물, 전시 등의 낱말을 넣어 알맞게 쓴 경우
중	역사적 사건, 인물, 전시 중에 한 가지 낱말만 넣어 간단하게 쓴 경우

05 ① 주의할 점은 지역의 역사 조사 계획서에 들어갈 항목입니다.

06 제시된 내용은 지역의 역사를 조사하고 알게 된 점입니다.

09 해진 - 궁금한 점이 있으면 써 두었다가 발표가 끝난 후 질문해야 합니다.

11 ③ 지역의 역사는 모두 소중하고 보존할 만한 가치가 있는 것으로 서로 다른 지역의 역사를 비교하거나 평가하는 것은 바람직하지 않습니다.

12

채점 기준	
상	지역의 역사를 보존하기 위해 우리가 할 수 있는 일을 두 가지 모두 알맞게 쓴 경우
중	지역의 역사를 보존하기 위해 우리가 할 수 있는 일을 한 가지만 쓴 경우

단원평가 기본*

142~144쪽

01 ② **02** (1) ⓒ (2) ⓛ (3) ㉠ **03** ④
04 (경주) 첨성대 **05** 예 삼국 시대에 하늘의 별을 관측했던 곳으로 알려진 시설로 우리 조상들의 높은 과학 수준을 엿볼 수 있는 과학적 가치가 담겨 있습니다. **06** ⑤ **07** ② **08** ④
09 ㉠ 역사, ⓛ 세대 **10** 예 국가유산 주변을 깨끗이 청소합니다. 국가유산 보호 활동이나 홍보 활동에 참여합니다. **11** (1) ㉠ (2) ⓒ (3) ⓛ
12 ⑤ **13** 민지 **14** ⑤ **15** 예 지역의 역사를 소개하는 활동에 적극적으로 참여하고, 자신감 있게 소개합니다. 궁금한 점은 발표가 끝난 뒤에 질문합니다.

01 ② 국가유산은 우리나라의 역사와 우리 조상들의 지혜와 슬기가 담겨 있는 소중한 대상으로 마음대로 사고팔 수 없습니다.

02 (1) 갯벌은 자연유산, (2) 씨름은 무형유산, (3) 남한산성은 문화유산입니다.

03 ①은 종묘 제례악, ②는 판소리, ③은 강강술래, ⑤는 강릉 단오제에 대한 설명입니다.

04 먼 옛날에 하늘의 별을 관측했던 곳으로 알려진 첨성대입니다.

05 첨성대는 동양에서 가장 오래된 천문대로 과학적 가치가 담겨 있습니다.

채점 기준	
상	첨성대에 대한 설명과 함께 과학적 가치가 담겨 있다고 쓴 경우
중	과학적 가치가 담겨 있다고만 간단하게 쓴 경우

06 성덕 대왕 신종에 새겨진 조각에서 조상들의 상상력과 예술적 감각을 엿볼 수 있습니다.

07 국가유산에 대해 잘 알고 있는 어른을 직접 만나서 궁금한 것을 물어보는 모습입니다.

08 백지도에 국가유산의 위치를 표시하고, 국가유산의 사진 또는 그림을 붙인 후 이름, 설명을 써 국가유산 안내 지도를 만들 수 있습니다.

09 국가유산에는 우리의 역사와 조상들의 정신이 담겨 있기 때문에 잘 보존하여 다음 세대에 물려주어야 합니다.

10 과학적인 방법으로 훼손된 국가유산을 복원하고, 국가유산을 관람할 때 규칙을 잘 지키는 것도 국가유산을 보호하는 방법입니다.

채점 기준	
상	꼭 들어가야 할 말을 모두 넣어 제시된 그림과 관련된 내용으로 국가유산을 보호하는 방법을 두 가지 모두 알맞게 쓴 경우
중	꼭 들어가야 할 말 중 두 가지를 넣어 국가유산을 보호하는 방법을 알맞게 쓴 경우
하	제시된 그림과 관련된 내용은 아니지만 국가유산을 보호하는 방법을 한 가지 이상 알맞게 쓴 경우

11 박물관은 여러 가지 국가유산을 수집하여 보관하고 전시하는 곳, 기념관은 지역의 역사적 사건이나 인물을 오래도록 기억하기 위한 자료를 전시하는 곳, 유적지는 옛날 사람들이 만든 무덤, 건축물 등의 유적이 있거나 역사적인 사건이 벌어졌던 곳입니다.

12 ⑤ 사진 촬영이 금지된 곳에서는 글과 그림으로 기록합니다.

13 민지 - 지역의 역사는 과거의 일이므로 직접 눈으로 보거나 경험할 수 없습니다.

14 ⑤ 지역의 역사를 소개하는 자료에는 옛날의 생활 모습을 알 수 있는 내용이 들어가야 합니다.

15 지역의 역사를 소개하는 활동에 적극적으로 참여하고, 듣는 사람이 잘 이해할 수 있도록 소개합니다. 궁금한 점이 있으면 종이에 써 두었다가 발표가 끝난 뒤에 질문합니다.

	채점 기준
상	꼭 들어가야 할 말을 모두 넣어 지역의 역사를 소개하는 활동을 할 때 지녀야 할 태도를 두 가지 모두 알맞게 쓴 경우
중	꼭 들어가야 할 말을 모두 넣어 지역의 역사를 소개하는 활동을 할 때 지녀야 할 태도를 한 가지만 알맞게 쓴 경우

단원평가 실전

145~147쪽

01 예 국가유산 중에서 ㉠처럼 형태가 있는 것은 문화유산, ㉡처럼 형태가 없는 것은 무형유산으로 구분합니다.　**02** ③　**03** ④
04 한산 모시 짜기　**05** ④, ⑤　**06** ②
07 예 여름에도 얼음을 차갑게 보관했던 우리 조상들의 뛰어난 과학 기술을 알 수 있습니다.
08 ⑤　**09** ⑤　**10** ②, ③　**11** 박물관
12 ①　**13** ③　**14** 예 국가유산을 점검하여 훼손된 국가유산을 복구합니다. 교육 프로그램을 만들어 지역의 역사를 널리 알립니다.　**15** ③

01 국가유산 중에서 건축물, 그림, 책 등 형태가 있는 것은 문화유산, 춤, 기술, 음악 등 형태가 없는 것은 무형유산이라고 합니다.

	채점 기준
상	㉠과 ㉡이 어떤 국가유산인지 각각 쓰고, 구분하는 기준을 '형태'를 넣어 알맞게 쓴 경우
중	형태를 기준으로 구분한다는 내용으로 간단하게 쓴 경우

02 ①은 자연물이나 자연과의 상호 작용을 통해 만들어진 자연유산입니다. ②, ④, ⑤는 형태가 있는 문화유산입니다.

03 종묘 제례악은 돌아가신 왕과 왕비에게 제사를 지내며 연주하던 음악입니다.

04 한산 모시 짜기는 우리나라의 전통 옷감인 모시를 짜는 전통 기술입니다.

05 담양 소쇄원은 옛날 사람들이 자연환경과 조화롭게 만든 정원이고, 부안 적벽강은 거센 파도에 깎여 만들어진 바닷가의 절벽을 볼 수 있는 곳입니다.

06 온돌은 아궁이에 불을 피워 뜨거운 열이 방 안을 덥히는 구조로 만든 난방 시설로 과학적 가치를 엿볼 수 있습니다.

07 석빙고는 더운 공기를 밖으로 내보내어 차가운 온도를 유지하도록 과학적으로 설계되었습니다.

	채점 기준
상	여름에도 얼음을 보관할 수 있게 설계되어 조상들의 과학 기술을 엿볼 수 있다고 쓴 경우
중	과학 기술을 알 수 있다는 내용으로 간단하게 쓴 경우

08 도서관에서 국가유산과 관련된 책, 논문 등 믿을 수 있는 다양한 자료를 찾을 수 있습니다.

09 제시된 내용은 국가유산 홍보 포스터를 만드는 방법입니다.

10 ② 국가유산은 오래되어 만지면 쉽게 훼손될 수 있으므로 낙서를 발견하면 직접 지우지 말고 국가유산을 관리하는 기관에 알려야 합니다. ③ 국가유산을 함부로 만지거나 훼손하지 않도록 주의하는 것이 국가유산을 보호하는 방법입니다.

11 박물관은 옛날 사람들이 만들거나 사용했던 여러 가지 국가유산을 수집하여 보관하고 전시하는 곳입니다.

12 제시된 내용은 지역의 역사를 조사한 뒤에 느낀 점입니다.

13 제시된 자료는 지역의 역사와 관련된 기사를 쓰고 그림, 사진 등을 넣은 역사 신문입니다.

14 지역의 역사를 알리는 축제나 행사를 개최하여 사람들의 관심을 끌어내고, 국가유산 지킴이나 봉사 활동을 통해 지역의 역사를 지키는 것도 지역의 역사 보존을 위해 할 수 있는 노력입니다.

	채점 기준
상	제시된 사진과 관련된 내용으로 지역의 역사를 보존하기 위한 노력을 두 가지 모두 알맞게 쓴 경우
중	제시된 사진과 관련된 내용은 아니지만 지역의 역사를 보존하기 위한 노력을 두 가지 모두 알맞게 쓴 경우

15 ③ 박물관, 기념관 등을 만드는 일은 지역이나 국가 차원에서 할 수 있는 일입니다.

3. 경제활동과 지역 간 교류

① 경제활동과 합리적 선택

확인평가 ———— 150~151쪽

01 ㉡　　　02 희소성　　03 ㉘ ㉠ 지역은 에어컨을 원하는 사람이 적기 때문에 에어컨이 희소하지 않고, ㉡ 지역은 에어컨을 원하는 사람이 많기 때문에 에어컨이 희소합니다.　　　04 ③
05 ㉠ 적은 ㉡ 큰　　　06 ④
07 ㉡, ㉢, ㉣　　　08 ⑤　　　09 ㉣
10 자전거 4　　　11 ㉘ 가정의 소득이 한정되어 있어서 가족 구성원이 원하는 것을 전부 살 수 없기 때문입니다.　　　12 ②

01 제시된 상황은 교통수단이라는 서비스를 사는 사람이 선택의 문제를 겪고 있는 모습입니다.

03
채점 기준	
상	㉠, ㉡ 지역의 사람들이 에어컨을 원하는 정도와 희소성을 연관지어 쓴 경우
중	㉠ 지역에서는 에어컨이 희소하지 않고, ㉡ 지역에서는 에어컨이 희소하다고만 쓴 경우

04 제시된 그림을 보면 날씨를 고려하지 않고 디자인만 보고 옷을 사서 후회하는 모습입니다.

06 합리적 선택을 하려면 나에게 꼭 필요한 물건인지, 가격·모양·기능·품질 등은 어떠한지, 같은 가격에 더 나은 조건은 없는지 등을 비교해야 합니다.

07 ㉠ 합리적 선택을 한다고 해서 물건을 더 많이 살 수 있는 것은 아닙니다.

10 자전거 4의 가격과 서비스에 대한 평가 점수가 높고, 합계 점수도 가장 높으므로 자전거 4를 선택하는 것이 합리적입니다.

11 가정의 소득을 합리적으로 소비하려면 가족 구성원이 함께 결정해야 합니다.

03
채점 기준	
상	가정의 소득이 한정되어 있기 때문에 원하는 것을 모두 살 수 없다고 쓴 경우
중	가정의 소득이 한정되어 있다고만 쓴 경우

12 가계부나 용돈 기입장을 쓰면 소비 생활을 점검하고 잘못된 점을 바로잡을 수 있습니다.

② 교류하며 발전하는 우리 지역

확인평가 ———— 154~155쪽

01 ㉠ 생산 ㉡ 소비　　02 ㉘ 물건을 사고파는 생산과 소비 활동의 모습을 볼 수 있습니다.
03 ②　　　04 ④　　　05 ①
06 (1) ○ (2) ✕　　　07 ⑤　　　08 ③
09 물자　　10 ①　　11 ㉘ 지역의 시장에 가서 우리 지역과 다른 지역의 주요 생산물을 조사합니다. 지역 신문이나 뉴스 등에서 우리 지역의 교류 사례를 살펴봅니다.

02 제시된 사진은 전통 시장과 대형 마트로 모두 물건을 사고파는 장소인 시장입니다.

채점 기준	
상	물건을 사고파는 생산과 소비의 모습을 볼 수 있다고 쓴 경우
중	물건을 사고파는 모습을 볼 수 있다고만 쓴 경우

03 빵 만들기, 아파트 짓기, 공장에서 옷 만들기는 생활에 필요한 것을 만드는 활동입니다. 공연하기, 학생 가르치기, 환자 진료하기, 음식 판매하기, 물건 배달하기, 미용사가 머리 손질하기는 생활을 편리하고 즐겁게 해 주는 활동입니다.

04 ①~③은 생산 활동이고, ④는 소비 활동입니다.

05 ① 생산지는 물건을 만들어 내는 곳입니다. 물건을 사고파는 곳은 시장입니다.

06 (2) 교류하는 지역은 서로에게 도움과 영향을 주고받아 교류하는 두 지역 모두 성장할 수 있습니다.

07 지역마다 자연환경, 기술, 자원, 문화 등이 달라서 서로 필요한 것을 구하기 위해 교류를 합니다.

08 ③ 군산시와 김천시의 물자 교류 모습이 나타나 있습니다.

10 제주특별자치도의 무용단과 광주광역시의 음악단이 교류 공연을 여는 것은 문화 교류에 해당합니다.

11 지역의 공공 기관 누리집 등에서 우리 지역의 교류 사례를 검색하여 조사할 수도 있습니다.

채점 기준	
상	우리 지역이 다른 지역과 교류하는 사례를 조사하는 방법을 두 가지 모두 알맞게 쓴 경우
중	우리 지역이 다른 지역과 교류하는 사례를 조사하는 방법을 한 가지만 알맞게 쓴 경우

단원평가 기본

156~158쪽

01 ① **02** 만드는 **03** ⑩ 사람들의 욕구에 비해 자원이 부족한 상태인 희소성 때문에 경제활동에서 선택의 문제를 겪습니다.
04 ③ **05** ③ **06** ③ **07** ⓒ
08 ⑤ **09** ⑩ ㉠은 생활에 필요한 것을 자연에서 얻는 활동, ㉡은 생활을 편리하고 즐겁게 해 주는 활동, ㉢, ㉣은 생활에 필요한 것을 만드는 활동입니다.
10 ④ **11** ② **12** 생산물 **13** ②
14 (1) 경기도 용인시, 전라남도 함평군 (2) ⑩ 경기도 용인시와 전라남도 함평군은 관광 분야의 교류를 하고 있습니다. **15** (1) × (2) ○ (3) ○

01 ① 밤에 잠을 자는 것은 생활에 필요한 것을 만들고, 이것들을 사고팔거나 사용하는 것과 관련된 활동이 아니므로 경제활동이 아닙니다.

02 제시된 그림은 빵을 만드는 사람이 겪는 선택의 문제입니다.

03 경제활동에서 선택의 문제가 발생하는 까닭은 자원의 희소성 때문입니다.

채점 기준	
상	희소성의 의미와 함께 희소성 때문에 선택의 문제를 겪는다고 쓴 경우
중	희소성 때문이라고만 쓴 경우

04 제시된 그림은 물건의 품질은 생각하지 않고 가격이 싼 것만 보고 물건을 샀는데, 금방 고장이 나서 합리적인 선택을 하지 못한 것을 후회하는 모습입니다.

05 ③ 합리적인 선택을 하려면 같은 가격에 더 나은 조건은 없는지 살펴보아야 합니다.

06 물건의 가격, 품질 등에 대한 내용을 수집하고 분석하는 것은 '정보 수집하기' 단계에서 하는 일입니다.

07 제시된 그림은 상점을 방문하여 물건을 직접 살펴보면서 물건에 대한 궁금한 정보를 직원에게 물어보는 모습입니다.

08 ⑤ 생산 활동에 참여하는 것과 현명한 소비 생활을 하기 위해 노력하는 것은 관련이 없습니다.

09 생산 활동은 생활에 필요한 것을 자연에서 얻는 활동, 생활에 필요한 것을 만드는 활동, 생활을 편리하고 즐겁게 해 주는 활동으로 구분할 수 있습니다.

채점 기준	
상	㉠~㉣ 모두 생산 활동의 종류에 따라 알맞게 구분하여 그 내용을 쓴 경우
중	㉠~㉣ 중에서 세 가지 생산 활동만 알맞게 구분하여 그 내용을 쓴 경우

10 제시된 자료는 누리집에서 물건 소개 자료를 검색한 모습입니다.

11 제시된 내용은 경상남도 하동군과 충청남도 금산군 두 지역이 기술을 교류하는 사례입니다.

12 지역 간 물자 교류는 대표 생산물을 중심으로 이루어집니다. 지역의 대표 생산물은 자연환경, 생산 기술, 자원 등에 따라 달라집니다.

13 지역들은 서로 물자, 기술, 문화, 관광 등의 분야에서 교류하면서 자기 지역의 부족한 부분을 보완하며 함께 발전하고 있습니다.

14 경기도 용인시와 전라남도 함평군은 관광 산업 발전을 위해 관광지와 축제의 입장료를 서로 면제하기로 하였습니다.

채점 기준	
상	관광 분야의 교류를 하고 있다는 내용으로 알맞게 쓴 경우
중	서로의 지역을 관광한다고만 쓴 경우

15 우리 지역이 다른 지역과 교류하는 사례를 조사하면 우리 지역이 어떤 지역과 교류하고 있는지, 우리 지역에서 생산하는 것이 무엇인지 알 수 있습니다.

단원평가 실전

159~161쪽

01 ⑤   02 ⑳ 과일 가게에서 손님이 어떤 과일을 살지 선택의 문제를 겪고 있습니다.   03 ②
04 ②   05 ③, ⑤   06 ⑳ 정보의 출처가 믿을 만한 것인지 확인해야 합니다. 광고 속 내용이 정확한 정보인지 확인해야 합니다.   07 ①
08 민호   09 ①   10 ①   11 ⑳ 지역에서 생산하기 어려운 생산물을 다른 지역에서 구하고, 그 지역에서 많이 나는 생산물은 다른 지역으로 보내면서 물자 교류를 합니다.   12 ④
13 ②   14 시장   15 예준, 나연

01 ①~④는 사람이 살아가는 데 필요한 다양한 것을 만들거나 이것들을 사고팔거나 사용하는 것과 관련된 활동이 아니므로 경제활동이 아닙니다.

02 제시된 그림은 과일 가게에서 어떤 과일을 살지 고민하는 모습입니다.

채점 기준	
상	어떤 과일을 살지 선택해야 하는 문제라고 쓴 경우
중	손님이 겪는 선택의 문제라고만 쓴 경우

03 ② 자원의 양이 많아도 그것을 원하는 사람이 더 많으면 그 자원은 희소하다고 할 수 있습니다.

04 ② 많은 사람이 선택한 것이라도 나의 상황에 따라 합리적인 선택이 아닐 수 있습니다.

05 합리적인 선택을 하려면 나에게 꼭 필요한 것인지, 같은 가격에 더 나은 조건은 없는지, 선택으로 얻

는 즐거움이나 편리함을 무엇인지, 가격·모양·기능·품질 등은 어떠한지 등을 고려해야 합니다.

06 물건의 정보를 찾을 때에는 정보의 출처가 믿을 만한지, 광고 속 내용이 정확한 정보인지 확인해야 합니다.

채점 기준	
상	정보의 출처가 믿을 만한지, 광고 속 내용이 정확한지 확인한다고 쓴 경우
중	정보나 광고 내용이 정확한지 확인한다는 내용만 쓴 경우

07 제시된 그림은 자신이 가진 돈을 확인하고 필요한 물건을 생각하는 모습입니다.

08 물건을 배달하는 일은 생활을 편리하고 즐겁게 해 주는 생산 활동입니다.

09 ② 생산 활동이 활발해도 소비 활동이 활발하지 않을 수 있습니다. ③ 소비 활동이 없으면 생산 활동을 할 필요가 없습니다. ④, ⑤ 물건이 우리 손에 오는 과정에서 생산 활동과 소비 활동이 모두 일어납니다.

10 ① 물건을 직접 사용한다고 해서 물건이 생산된 곳을 알 수는 없습니다.

11 지역 간 물자 교류는 대표 생산물을 중심으로 이루어집니다.

채점 기준	
상	예시 답안과 같이 구체적으로 생산물을 주고받으며 물자 교류를 한다고 쓴 경우
중	물자 교류를 한다고만 쓴 경우

12 제시된 내용은 전통문화를 체험하는 문화 교류 사례입니다. 문화 교류를 통해 우리 지역의 문화를 다른 지역에 알리거나 다른 지역의 문화를 경험할 수 있습니다.

13 제시된 내용은 경상남도 하동군의 녹차 연구소와 충청남도 금산군의 인삼 연구소가 기술을 교류하여 새로운 상품을 개발하는 기술 교류의 사례입니다.

14 제시된 그림은 지역의 시장에 가서 우리 지역과 다른 지역의 주요 생산물에는 어떤 것이 있는지 조사하는 모습입니다.

15 미호 - 지역 간에 교류가 활발해지면 교류하는 지역이 함께 발전하게 됩니다.

과학

1. 자석의 이용

165쪽

핵심 자료

1-1 ○　　　1-2 ○　　　1-3 붙지 않는
2-1 S극　　　2-2 ✕
3-1 S극　　　3-2 예 원래 가리키던　　3-3 자석

단원평가 기본

166~169쪽

01 ①, ③　　02 (1) ㉡, ㉣ (2) 예 철로 만들어졌습니다.
03 ④　　04 루찬　　05 끌어당긴다
06 양쪽 끝　07 ②　　08 ㉠ N극, ㉡ S극
09 (1) ㉠, ㉢ (2) 예 고리 자석의 ㉠과 ㉢ 부분에 철 클립이 많이 붙었기 때문입니다.　　10 ①, ③
11 ③　　12 S극　　13 N극　　14 ㉣
15 ①　　16 ㉠ N극, ㉡ S극　　17 ①
18 ④　　19 (1) ㉡ (2) 예 자석이 철로 된 물체를 끌어당기는 성질을 이용하였습니다.　　20 ②

01 철 클립, 철 집게와 같이 철로 된 물체는 자석에 붙고, 고무나 유리로 된 물체는 자석에 붙지 않습니다.

02 철로 만들어진 책상의 다리(㉡)와 가위의 날(㉣) 부분은 자석에 붙지만, 나무로 만들어진 책상의 상판(㉠)과 플라스틱으로 만들어진 가위의 손잡이(㉢) 부분은 자석에 붙지 않습니다.

채점 기준	
상	(1)에 ㉡과 ㉣을 모두 쓰고, (2)에 철로 만들어졌다고 정확히 쓴 경우
중	(1)에 ㉡과 ㉣만 쓴 경우

03 막대자석과 철 클립 사이에는 서로 끌어당기는 힘이 작용합니다.

04 자석과 철로 된 물체 사이에 얇은 플라스틱판이 있어도 서로 끌어당기는 힘이 작용하므로 철 클립이 공중에 뜬 상태로 있습니다.

05 자석과 철로 된 물체 사이에 얇은 플라스틱판, 종이, 알루미늄 포일 조각 등과 같이 자석에 붙지 않는 물체가 있어도 자석과 철로 된 물체는 서로 끌어당깁니다.

06 막대자석의 양쪽 끝부분에 빵 끈이 많이 붙습니다.

07 자석의 종류에 관계없이 자석의 극은 항상 두 개입니다.

08 주로 자석의 N극은 빨간색으로 표시하고, S극은 파란색으로 표시합니다.

09 철 클립이 많이 붙은 ㉠과 ㉢이 고리 자석의 극입니다.

채점 기준	
상	(1)에 ㉠과 ㉢을 모두 쓰고, (2)에 철 클립이 많이 붙었기 때문이라고 정확히 쓴 경우
중	(1)에 ㉠과 ㉢은 썼지만, (2)에 철 클립이 붙었기 때문이라고 간단히 쓴 경우
하	(1)에 ㉠과 ㉢만 쓴 경우

10 자석의 같은 극끼리는 서로 밀어 내는 힘이 작용하고, 다른 극끼리는 서로 끌어당기는 힘이 작용합니다.

11 자석의 같은 극끼리는 서로 밀어 내는 힘이 작용하므로 자석의 N극에 다른 자석의 N극을 가까이 하면 서로 밀어 냅니다.

12 막대자석의 N극과 고리 자석의 ㉠ 사이에 서로 끌어당기는 힘이 작용하였으므로, 고리 자석의 ㉠은 S극입니다.

13 ㉠ 고리 자석과 ㉡ 고리 자석이 서로 밀어 내고 있으므로, 마주 보는 두 극은 같은 극입니다.

14 막대자석의 N극을 나침반에 가까이 하면 나침반 바늘의 S극이 막대자석 쪽으로 끌려옵니다.

15 막대자석을 나침반에서 멀어지게 하면 나침반 바늘은 원래 가리키던 방향(북쪽과 남쪽)으로 되돌아갑니다.

16 나침반 바늘의 S극이 막대자석의 ㉠쪽으로 끌려왔으므로, 막대자석의 ㉠은 N극이고 ㉡은 S극입니다.

17 나침반 바늘도 자석이기 때문에 자석의 극과 나침반 바늘 사이에는 서로 밀어 내거나 끌어당기는 힘이 작용하므로 자석 주변에서 나침반 바늘이 가리키는 방향이 달라집니다.

18 가위는 자석을 이용한 물건이 아닙니다.

19 자석 비누 걸이는 벽에 붙은 비누 걸이의 끝부분에 자석이 있고, 비누에 철판이 붙어 있어서 서로 끌어당겨 붙습니다.

채점 기준	
상	(1)에 ㉡을 쓰고, (2)에 자석이 철로 된 물체를 끌어당기는 성질을 이용하였다고 정확히 쓴 경우
하	(1)에 ㉡만 쓴 경우

20 자석 클립 통이나 자석 드라이버는 자석이 철로 된 물체를 끌어당기는 성질을 이용한 것입니다.

단원평가 실전 ✱

170~173쪽

01 ④ **02** ② **03** ③ **04** ㉐ 자석과 철로 된 물체가 조금 떨어져 있어도 서로 끌어당기는 힘이 작용하기 때문입니다. **05** 지훈
06 ④ **07** ③ **08** ㉠, ㉢ **09** ㉠
10 ③, ⑤ **11** S극, ㉐ 자석의 다른 극끼리는 서로 끌어당기는 힘이 작용하기 때문입니다. **12** ④
13 ㉣ **14** ④ **15** 자석 **16** ⑤
17 철 **18** ④ **19** ㉢ **20** ㉠, ㉐ 자석이 철로 된 물체를 끌어당기는 성질을 이용하였습니다.

01 용수철, 철 집게, 철이 든 빵 끈, 철 클립과 같이 철로 된 물체는 자석에 붙지만, 종이, 고무, 알루미늄, 유리, 플라스틱 등으로 된 물체는 자석에 붙지 않습니다.

02 책상에서 나무로 만들어진 상판(㉠)은 자석에 붙지 않고, 철로 만들어진 다리(㉡)만 자석에 붙습니다.

03 막대자석을 철로 된 물체에 가까이 하면 철로 된 물체가 자석에 끌려와 붙습니다.

04 자석과 철로 된 물체가 조금 떨어져 있어도 서로 끌어당기는 힘이 작용하므로, 철 클립이 바닥으로 떨어지지 않고 공중에 떠 있을 수 있습니다.

채점 기준	
상	자석과 철로 된 물체가 조금 떨어져 있어도 서로 끌어당기는 힘이 작용한다고 정확히 쓴 경우
중	'서로 끌어당기기 때문이다.' 등과 같이 철 클립이 공중에 떠 있을 수 있는 까닭에 대한 설명이 부족한 경우

05 자석과 철로 된 물체 사이에 유리와 같이 자석에 붙지 않는 물체가 있어도 서로 끌어당기는 힘이 작용합니다.

06 자석과 철로 된 물체 사이에는 서로 끌어당기는 힘이 작용하고, 자석과 철로 된 물체 사이에 자석에 붙지 않는 물체가 있어도 서로 끌어당기는 힘이 작용합니다.

07 막대자석의 양쪽 끝부분에 빵 끈이 많이 붙어 있으므로, 막대자석의 극은 양쪽 끝부분입니다.

08 말굽자석의 극은 빵 끈이 많이 붙는 부분으로, 양쪽 끝부분에 있습니다.

09 자석의 같은 극끼리는 서로 밀어 내는 힘이 작용합니다.

10 마주 보는 막대자석과 서로 끌어당기는 힘이 작용하는 (가)는 S극이고, 마주 보는 막대자석과 서로 밀어 내는 힘이 작용하는 (나)는 N극입니다.

11 자석의 다른 극끼리는 서로 끌어당기는 힘이 작용하므로, 고리 자석의 ㉠은 S극입니다.

채점 기준	
상	S극을 쓰고, 그렇게 답한 까닭을 자석 사이에 작용하는 힘과 관련지어 정확히 쓴 경우
하	S극만 쓴 경우

12 나침반에 막대자석의 S극을 가까이 하면 나침반 바늘의 N극이 끌려옵니다.

13 막대자석을 나침반에서 멀리 하면 나침반 바늘이 다시 움직여 원래 가리키던 방향으로 되돌아갑니다.

14 나침반 바늘의 N극은 막대자석의 S극을 가리키고, 나침반 바늘의 S극은 막대자석의 N극을 가리킵니다.

15 나침반 바늘도 자석이기 때문에 자석의 극과 나침반 바늘 사이에 서로 밀어 내거나 끌어당기는 힘이 작용하여 나침반 바늘이 움직입니다.

16 나침반을 평평한 곳에 놓으면 나침반 바늘은 북쪽과 남쪽을 가리킵니다.

17 자석 칠판의 표면은 철로 되어 있어 자석을 이용해 종이나 쪽지 등을 편리하게 붙일 수 있습니다.

18 자석 다트는 다트와 과녁이 만나는 끝부분에 자석이 있습니다.

19 자석 신발 끈 매듭기는 끈이 연결되는 부분에 자석이 있어 신발을 쉽게 신고 벗을 수 있습니다.

20 자석 클립 통은 자석이 철로 된 물체를 끌어당기는 성질을 이용하여 철 클립을 꺼내기 쉽고 클립 통이 바닥에 떨어져도 많이 흩어지지 않습니다.

채점 기준	
상	㉠을 쓰고, 자석이 철로 된 물체를 끌어당기는 성질이라고 정확히 쓴 경우
하	㉠만 쓴 경우

2. 물의 상태 변화

핵심 자료 ─────── 175쪽

1-1 늘어나기 1-2 ○ 1-3 ○
2-1 수증기 2-2 낮아집니다 2-3 ×
3-1 물방울 3-2 × 3-3 무거워집니다
3-4 공기 중 3-5 응결

단원평가 기본* ─────── 176~179쪽

01 (1) ㉢ (2) ㉡ (3) ㉠ 02 물, 수증기
03 ② 04 (1) 지훈 (2) 예 얼음은 물로 변할 수 있고, 물은 얼음으로 변할 수 있습니다. 05 ㉡
06 예 물이 얼 때는 부피가 늘어나고, 얼음이 녹을 때는 부피가 줄어듭니다. 07 ③ 08 ②
09 줄어들기 10 ㉠ 증발, ㉡ 끓음
11 ③ 12 ② 13 ⑤ 14 ㉡
15 예 기체인 수증기가 액체인 물로 상태가 변하였습니다. 16 ㉢, ㉤ 17 ② 18 ㉡, ㉢
19 물 부족 20 ④

01 물의 고체 상태는 얼음, 액체 상태는 물, 기체 상태는 수증기라고 합니다.

02 색한지에 묻힌 물은 시간이 지남에 따라 수증기로 변합니다.

03 얼음은 손으로 잡을 수 있고 일정한 모양이 있으며, 물은 눈에 보이고 담는 용기에 따라 모양이 변합니다. 수증기는 일정한 모양이 없습니다.

04 물은 여러 가지 상태로 변할 수 있습니다.

채점 기준	
상	(1)에 잘못 말한 친구의 이름을 쓰고, (2)에 정확히 고쳐 쓴 경우
하	(1)에 잘못 말한 친구의 이름만 쓴 경우

05 ㉠과 ㉢은 물이 수증기로 변하는 예이고, ㉣은 물이 얼음으로 변하는 예입니다.

06 물이 얼 때는 부피가 늘어나므로 시험관의 얼음의 높이가 높아지고, 얼음이 녹을 때는 부피가 줄어들어 시험관의 물의 높이가 낮아집니다.

채점 기준	
상	꼭 들어가야 할 말을 모두 사용하여 물이 얼 때와 얼음이 녹을 때의 부피 변화를 모두 정확히 쓴 경우
중	꼭 들어가야 할 말 중 한 가지만 사용하여 부피 변화를 쓴 경우

07 물이 얼 때와 얼음이 녹을 때 무게는 변하지 않습니다.

08 물이 가득 담긴 페트병을 얼리면 부피가 늘어나 페트병이 커지고, 무게는 변하지 않습니다.

09 얼음과자가 녹으면 부피가 줄어들기 때문에 튜브 위쪽에 빈 공간이 생깁니다.

10 증발은 물 표면에서만 일어나고, 끓음은 물 표면과 물속에서 일어납니다.

11 젖은 빨래가 마를 때에는 물 표면에서 물이 수증기로 변합니다.

12 물의 증발은 물 표면에서 물이 수증기로 변하는 현상이고 찌개를 끓이는 것은 물 표면과 물속에서 일어나는 끓음과 관련된 예입니다.

13 물이 끓을 때 물이 수증기로 변하여 공기 중으로 날아가므로 물의 높이는 처음보다 낮아집니다.

14 비커 바깥면을 닦은 화장지에는 색깔이 묻어 나지 않습니다.

15 두 현상은 모두 기체인 수증기가 액체인 물로 상태가 변하는 응결의 예입니다.

채점 기준	
상	꼭 들어가야 할 말을 모두 사용하여 물의 상태 변화를 정확히 쓴 경우
중	꼭 들어가야 할 말 중 한두 가지를 사용하여 물의 상태 변화를 쓴 경우

16 응결은 수증기가 물로 상태가 변하는 현상입니다. ㉠은 얼음이 물로 상태가 변하는 것이고, ㉡과 ㉣은 액체인 물이 기체인 수증기로 상태가 변하는 것입니다.

17 전기를 만들거나 농작물을 키울 때, 물건을 만들 때 등 다양한 경우에 물을 이용합니다.

18 물은 동식물이 생명을 유지하는 데 중요한 역할을 하고, 우리 생활에서 다양하게 이용됩니다.

19 물 부족 현상이 계속되면 마실 물을 구하기 힘들고 농작물을 수확하는 것이 어려워 식량이 부족해질 수 있습니다.

20 솔라볼은 증발과 응결을 이용해 깨끗한 물을 얻는 장치입니다.

단원평가 실전

180~183쪽

01 ①, ④　　**02** ③　　　　**03** 상태 변화
04 예 고체인 얼음이 액체인 물로 상태가 변했습니다.
05 ④　　　　**06** 얼음의 높이가 높아집니다. 예 물이 얼면 부피가 늘어나기 때문입니다.　　　**07** ③
08 다윤　　　**09** ㉢　　　**10** ①　　　**11** ㉠, ㉢
12 예 액체인 물이 기체인 수증기로 상태가 변합니다.
13 ①　　　**14** ①, ②　　**15** 공기 중의 수증기
16 ①　　　**17** ①　　　**18** ⑤　　　**19** ①
20 상태 변화

01 페트리 접시에 담긴 얼음은 고체 상태이며, 시간이 지나면 녹아서 액체 상태인 물이 됩니다.

02 얼음은 일정한 모양이 있지만, 물은 일정한 모양이 없이 담는 용기에 따라 모양이 변합니다.

03 물이 얼음, 물, 수증기의 서로 다른 상태로 변하는 것을 물의 상태 변화라고 합니다.

04 겨울에 얼어 있던 강물이 봄이 되어 날씨가 따뜻해지면 녹아서 물이 됩니다.

채점 기준	
상	얼음과 물, 또는 고체와 액체를 언급하여 물의 상태 변화를 정확히 쓴 경우
하	'강물이 녹았다.' 등과 같이 물의 상태 변화를 언급하지 않고 쓴 경우

05 빙수의 얼음이 녹는 것은 얼음이 물로 상태가 변하는 예이고, 나머지는 모두 물이 수증기로 상태가 변하는 예입니다.

06 물이 얼면 부피가 늘어나므로 시험관의 얼음의 높이가 처음보다 높아집니다.

채점 기준	
상	얼음의 높이 변화와 그렇게 답한 까닭을 모두 정확히 쓴 경우
하	얼음의 높이 변화만 정확히 쓴 경우

07 물이 얼 때 부피는 늘어나지만 무게는 변하지 않습니다.

08 얼음이 녹을 때는 부피가 줄어들기 때문에 물의 높이가 낮아집니다.

09 튜브에 든 얼음과자가 녹으면 얼음과자의 부피가 줄어들어 튜브 윗부분에 빈 공간이 생깁니다.

10 냄비에 브로콜리를 삶는 것은 끓음의 예입니다.

11 물이 끓을 때 액체인 물이 기체인 수증기로 변해 공기 중으로 흩어지므로 물의 양이 줄어들어 물이 끓기 전보다 물의 높이가 낮아집니다.

12 증발과 끓음은 모두 액체인 물이 기체인 수증기로 상태가 변하는 현상입니다.

채점 기준	
상	공통적으로 나타나는 물의 상태 변화를 정확히 쓴 경우
하	'물의 양이 줄어든다.' 등과 같이 물의 상태 변화와 관련지어 쓰지 못한 경우

13 물이 증발할 때는 물 표면에서 물이 수증기로 변하여 공기 중으로 흩어지므로 물의 양이 줄어듭니다.

14 공기 중의 수증기가 차가운 비커 표면에 닿아 물방울로 변하므로 비커 바깥면에 물방울이 맺히고, 맺힌 물방울이 흘러 내려 페트리 접시에 고입니다.

15 공기 중의 수증기가 차가운 플라스틱병 표면에 닿아 응결하여 물방울로 변합니다.

16 개수대에 묻은 물이 마르는 것은 액체인 물이 기체인 수증기로 상태가 변하는 것입니다.

17 물은 동물이나 식물의 생명을 유지하는 데 매우 중요한 역할을 합니다.

18 물 부족 현상과 지진 발생은 직접적인 관련이 없습니다.

19 인구가 증가하면서 우리가 이용하는 물의 양이 늘어나기 때문에 물 부족 현상이 나타납니다.

20 솔라볼은 오염된 물을 증발시킨 뒤 응결시켜 깨끗한 물을 얻는 장치이고, 안개 수집기는 안개가 그물을 통과하여 맺힌 물방울을 모아 물을 얻는 장치입니다.

3. 땅의 변화

단원평가 기본 *   186~189쪽

01 ㉠   **02** 깎였고, 쌓였다
03 ㉠ 침식, ㉡ 퇴적   **04** (1) ㉠ (2) ㉒ 강폭이 좁고 강의 경사가 급합니다.   **05** ①
06 (1) ㉡ (2) ㉠   **07** ㉠ 마그마, ㉡ 분화구
08 ①   **09** (1) ㉠ (2) ㉒ 산꼭대기가 움푹 파여 있기 때문입니다. 산꼭대기에 분화구가 있기 때문입니다. 등   **10** ③   **11** ④   **12** ②
13 ㉠ 화산 가스, ㉡ 용암   **14** (1) ㉠ 화강암, ㉡ 현무암 (2) ㉒ 화강암은 암석의 색깔이 밝고 현무암은 암석의 색깔이 어둡기 때문입니다.   **15** ㉡
16 ㉠ 현무암, ㉡ 화강암   **17** ①   **18** 화산재
19 먼저, 계단   **20** ③

01 흙 언덕 위쪽에서 물을 흘려 보내면 흙이 흙 언덕 위쪽에서 아래쪽으로 이동합니다.

02 흙 언덕 위쪽에서 물을 흘려 보내면 흐르는 물에 의해 흙 언덕 위쪽의 흙이 깎여 흙 언덕 아래쪽에 쌓입니다.

03 흐르는 물이 땅의 바위나 돌, 모래, 흙 등을 깎는 것을 침식 작용, 깎은 물질을 다른 곳으로 옮기는 것은 운반 작용, 운반되어 온 물질이 쌓이는 것은 퇴적 작용이라고 합니다.

04 강 상류는 강의 위쪽(㉠) 부분이고, 강 하류는 강의 아래쪽(㉡) 부분입니다.

채점 기준	
상	(1)에 ㉠을 쓰고, (2)에 강 상류의 강폭과 강의 경사를 강 하류와 비교하여 정확히 쓴 경우
중	(1)에 ㉠은 썼지만, (2)에 강 상류의 강폭과 강의 경사 중 한 가지만 정확히 쓴 경우
하	(1)만 ㉠을 쓴 경우

05 강 상류에는 큰 바위나 모난 돌이 많습니다. 둥근 조약돌은 강 하류에서 볼 수 있습니다.

06 (1)은 강 하류이며 퇴적 작용이, (2)는 강 상류이며 침식 작용이 활발하게 일어납니다.

07 화산은 마그마가 분출하여 만들어진 지형으로, 꼭대기에 대부분 움푹 파여 있는 분화구가 있습니다.

08 화산은 크기와 생김새가 다양합니다.

09 화산 꼭대기에는 대부분 움푹 파여 있는 분화구가 있습니다.

채점 기준	
상	(1)에 ㉠을 쓰고, (2)에 그렇게 생각한 까닭을 정확히 쓴 경우
하	(1)에 ㉠만 쓴 경우

10 용암은 마그마가 땅 위로 분출된 것으로 매우 뜨겁습니다. 화산재는 크기가 매우 작은 돌가루이고, 화산 암석 조각은 크기와 모양이 다양합니다.

11 용암은 액체, 화산재와 화산 암석 조각은 고체입니다.

12 화산 활동 모형 윗부분에서 연기가 나고 마시멜로가 녹은 액체가 흘러나옵니다. 실제 화산 활동에서는 큰 소리가 나기도 하고 화산 활동 모형보다 다양한 물질이 나옵니다.

13 화산 활동 모형에서 나오는 연기는 화산 가스, 녹아서 흘러나온 마시멜로는 용암에 해당합니다.

14 화강암과 현무암은 암석을 이루고 있는 알갱이의 크기와 색깔이 다릅니다.

채점 기준	
상	(1)에 ㉠과 ㉡을 정확히 쓰고, (2)에 그 까닭을 암석의 색깔과 관련지어 정확히 쓴 경우
중	(1)에 ㉠과 ㉡은 정확히 썼지만, (2)에 그 까닭을 암석의 색깔과 관련지어 쓰지 못한 경우

15 (가)에서 만들어진 암석은 마그마가 땅속 깊은 곳에서 서서히 식어서 만들어진 화강암으로, 암석 알갱이의 크기가 크고 색깔이 밝습니다.

16 어두운 색을 띠고 암석 표면에 구멍이 있는 맷돌은 현무암으로 만들어졌고, 밝은색을 띠는 첨성대는 화강암으로 만들어졌습니다.

17 화산 주변 땅속의 열을 이용하여 온천을 개발하거나 전기를 만드는 것, 화산 활동으로 만들어진 독특한 지형을 관광지로 이용하는 것은 화산 활동이 우리 생활에 주는 이로움입니다.

18 화산재는 우리에게 피해를 주기도 하고 이로움을 주기도 합니다.

19 지진이 발생하면 승강기가 고장 나 멈출 수 있어 승강기에서 바로 내려 계단을 이용해 대피합니다.

20 건물 밖에서는 가방 등으로 머리와 몸을 보호하며 건물에서 멀리 떨어집니다.

단원평가 실전 *
190~193쪽

01 ⑤   **02** ㉞ 흐르는 물이 흙 언덕 위쪽의 흙을 깎아서 흙 언덕 아래쪽에 쌓았기 때문입니다.
03 ⑤   **04** ④   **05** ㉠ 침식, ㉡ 퇴적
06 마그마   **07** ②   **08** ㉠   **09** ①
10 ㉞ 대부분 수증기로 이루어져 있습니다. 여러 가지 기체가 섞여 있습니다. 등
11 (1) ㉡ (2) ㉠   **12** ⑤   **13** ④
14 ㉠ 마그마, ㉡ ㉞ 크기   **15** ㉞ 마그마가 지표 가까이에서 빠르게 식어서 만들어져 암석 알갱이의 크기가 작습니다.   **16** 지훈
17 ②, ⑤   **18** ㉣   **19** ③   **20** ①

01 커피 찌꺼기를 사용하면 물에 의해 흙이 이동하는 모습을 쉽게 관찰할 수 있습니다.

02 물이 흐르면서 흙 언덕 위쪽의 흙을 깎아서 아래쪽으로 운반하여 흙 언덕 아래쪽에 쌓아 놓습니다.

채점 기준	
상	흐르는 물의 침식 작용과 퇴적 작용을 관련지어 흙 언덕의 모습이 변한 까닭을 정확히 쓴 경우
하	흙 언덕의 모습이 변한 까닭의 설명이 부족한 경우

03 흐르는 물이 돌이나 모래, 흙 등을 다른 곳으로 옮기는 것을 운반 작용이라고 합니다.

04 강 상류인 (가)에는 바위나 큰 돌이 많고, 강 하류인 (나)에는 모래나 고운 흙이 많습니다.

05 강 상류에서는 침식 작용이 활발하게 일어나고, 강 하류에서는 퇴적 작용이 활발하게 일어납니다.

06 땅속 깊은 곳에서 암석이 녹은 마그마가 지표 위로 분출하여 만들어진 지형을 화산이라고 합니다.

07 화산은 꼭대기가 움푹 파여 있습니다.

08 화산 꼭대기에는 대부분 분화구가 있습니다.

09 용암은 마그마가 땅 위로 분출된 것으로 매우 뜨겁습니다.

10 화산 가스는 기체 상태의 화산 분출물로, 대부분 수증기이고 여러 가지 기체로 이루어져 있습니다.

채점 기준	
상	화산 가스의 특징 한 가지를 정확히 쓴 경우
하	'대부분 가스이다.' 등과 같이 화산 가스의 특징에 대한 설명이 부족한 경우

11 화산 활동 모형 윗부분에서 나오는 연기는 화산 가스, 흐르는 마시멜로는 용암에 해당합니다.

12 실제 화산 활동에서는 화산재나 화산 암석 조각 등 고체 상태의 물질이 나옵니다.

13 (가)는 현무암, (나)는 화강암입니다. 현무암은 암석 표면에 구멍이 있는 것도 있고 없는 것도 있습니다.

14 현무암과 화강암은 마그마가 굳어서 만들어진 암석으로, 알갱이의 크기와 색깔이 서로 다릅니다.

15 마그마가 빠르게 식어서 만들어진 암석은 알갱이의 크기가 작고, 마그마가 서서히 식어서 만들어진 암석은 알갱이의 크기가 큽니다.

채점 기준	
상	(가)에서 만들어진 암석의 특징을 알갱이의 크기와 관련지어 정확히 쓴 경우
하	(가)에서 만들어진 암석의 특징을 썼으나 알갱이의 크기와 관련짓지 못한 경우

16 화산 활동으로 분출된 용암은 산불을 일으키거나 사람을 다치게 할 수 있습니다.

17 화산 활동은 우리 생활에 피해를 주기도 하지만 이로움을 주기도 합니다.

18 가뭄은 지진과 직접적인 관련이 없습니다.

19 우리나라에서도 해마다 크고 작은 지진이 발생하여 피해를 주고 있습니다.

20 지진이 일어났을 때 흔들림이 멈추면 전기와 가스를 차단하고 문을 열어 출구를 확보합니다.

4. 다양한 생물과 우리 생활

핵심 자료
195쪽

1-1 균사 1-2 포자 1-3 × 1-4 축축한
2-1 해캄 2-2 ○ 2-3 느리게 2-4 ×
3-1 ○ 3-2 세균 3-3 ○

단원평가 기본*
196~199쪽

01 ③ **02** ㉠, ㉣, ㉡, ㉢ **03** ⑤
04 ㉡ **05** ㉢, ㉣ **06** 예 균류는 스스로 양분을 만들지 못하므로 죽은 생물이나 다른 생물에서 양분을 얻습니다. **07** ③
08 디지털 현미경 **09** ㉢ **10** ④
11 ㉡ **12** ① **13** ②
14 (1) ㉠ (2) 예 많은 수로 빠르게 번식합니다.
15 (1) ㉠ (2) ㉢ (3) ㉡ **16** ① **17** ②
18 ④ **19** 균류 **20** 예 영양분이 풍부한 특성을 이용한 것입니다.

01 ㉠은 접안렌즈, ㉡은 초점 조절 나사, ㉣은 대물렌즈, ㉤은 재물대입니다.

02 실체 현미경을 사용하면 맨눈으로 관찰하기 어려운 생물을 자세히 관찰할 수 있습니다.

03 버섯과 같은 균류는 균사로 이루어져 있어서 보통 식물에 있는 뿌리, 줄기, 잎 등은 볼 수 없습니다.

04 ㉠은 표고버섯의 균사를, ㉡은 빵에 핀 곰팡이를 현미경으로 관찰한 모습입니다.

05 버섯과 곰팡이는 포자로 번식하며, 맨눈이나 돋보기로 관찰할 수 있습니다.

06 버섯, 곰팡이와 같은 균류는 죽은 생물이나 다른 생물, 음식 등에서 양분을 얻습니다.

채점 기준	
상	균류가 양분을 얻는 방법을 정확히 쓴 경우
하	균류가 양분을 얻는 방법을 '썩은 나무에서 얻는다.'와 같이 설명을 부족하게 쓴 경우

07 해캄은 스스로 움직일 수 없고 짚신벌레는 스스로 움직일 수 있습니다.

08 디지털 현미경을 사용하면 관찰할 대상을 스마트 기기를 통해 쉽게 볼 수 있어 편리합니다.

09 원생생물은 논, 연못 등과 같이 물이 고인 곳이나 도랑, 하천 등의 물이 느리게 흐르는 곳에서 삽니다.

10 ①은 종벌레, ②는 클로렐라, ③은 유글레나, ④는 반달말을 현미경으로 관찰한 모습입니다.

11 ㉠은 공 모양인 포도상구균의 모습이고, ㉡은 막대 모양인 대장균의 모습입니다.

12 세균은 맨눈으로는 관찰할 수 없습니다.

13 세균은 물, 땅, 물건 등 우리 주변 곳곳에 있습니다.

14 세균은 살기에 알맞은 환경이 되면 많은 수로 빠르게 번식합니다.

채점 기준	
상	(1)에 ㉠을 쓰고, (2)에 세균이 빠르게 번식함을 정확히 쓴 경우
하	(1)만 ㉠을 쓴 경우

15 치즈를 만드는 데는 균류(곰팡이)가 이용되고, 세균이 충치를 만들며, 원생생물이 급격히 번식하여 적조를 일으킵니다.

16 원생생물은 다른 생물의 먹이가 되거나 산소를 만들기도 합니다.

17 원생생물이 급격히 번식하면 적조가 발생합니다.

18 기름 성분을 많이 가지고 있는 원생생물을 이용하여 오염 물질이 덜 나오는 친환경 연료를 만듭니다.

19 세균을 죽일 수 있는 곰팡이(균류)를 이용하여 질병을 치료하는 약을 만듭니다.

20 영양분이 풍부한 원생생물을 이용하여 건강식품을 만듭니다.

채점 기준	
상	영양분이 풍부한 특성을 이용하였음을 정확히 쓴 경우
중	'영양분을 이용한 것이다.' 등과 같이 설명이 부족한 경우

01 ㉣, 대물렌즈 02 ㉠ 낮은, ㉡ 접안
03 균사 04 ⑤ 05 예 균류는 포자로 번식하고, 식물은 씨로 번식합니다. 06 ㉣
07 ⑤ 08 ㉣ 09 예 논, 연못과 같이 물이 고인 곳이나 도랑, 하천 등의 물이 느리게 흐르는 곳에서 볼 수 있습니다. 10 루찬
11 (1) ㉢ (2) ㉠ (3) ㉡ 12 ㉢ 13 세균
14 ④ 15 ② 16 ㉠
17 ㉠ 산소, ㉡ 적조 18 ① 19 ④
20 ㉠, 예 곰팡이가 세균이 자라지 못하게 하는 특성을 이용하였습니다.

01 물체의 상을 확대해 주는 렌즈는 대물렌즈입니다. ㉠은 접안렌즈, ㉡은 초점 조절 나사, ㉢은 회전판, ㉣은 재물대입니다.

02 대물렌즈는 관찰할 물체의 상을 확대해 주는 렌즈이고, 접안렌즈는 눈으로 보는 렌즈입니다.

03 균사는 버섯, 곰팡이와 같은 균류의 몸을 이루는 것으로, 실처럼 가늘고 길게 생겼습니다.

04 버섯, 곰팡이와 같이 실처럼 가늘고 긴 균사로 이루어진 생물을 균류라고 합니다. 균류는 스스로 양분을 만들지 못하고, 맨눈이나 돋보기로 관찰할 수 있습니다.

05 버섯, 곰팡이와 같은 균류는 포자로 번식하고 식물은 씨로 번식합니다.

채점 기준	
상	균류와 식물의 번식 방법을 비교하여 정확히 쓴 경우
중	균류와 식물의 번식 방법 중 한 가지만 정확히 썼거나 번식 방법에 대한 비교 설명이 부족한 경우

06 곰팡이는 주로 따뜻하고 축축하며 그늘진 곳에서 잘 자랍니다.

07 ㉠은 해캄, ㉡은 짚신벌레를 현미경으로 관찰한 모습입니다. ㉠은 스스로 움직일 수 없지만 ㉡은 스스로 움직일 수 있습니다.

08 원생생물은 움직일 수 있는 것도 있고 움직일 수 없는 것도 있으며, 동물이나 식물에 비해 생김새가 단순합니다.

09 해캄과 반달말, 종벌레는 물이 고인 곳이나 물이 느리게 흐르는 곳에서 삽니다.

채점 기준	
상	물이 고인 곳이나 물이 느리게 흐르는 곳에서 볼 수 있다는 내용을 정확히 쓴 경우
중	'논에서 볼 수 있다.' 등과 같이 장소만 쓰고 장소의 특징을 쓰지 않은 경우

10 세균은 크기가 매우 작아서 맨눈으로는 볼 수 없습니다.

11 세균은 공 모양, 막대 모양, 나선 모양 등 생김새가 다양합니다.

12 세균은 크기가 매우 작고 균류나 원생생물보다 생김새가 단순합니다.

13 주사 바늘과 함께 세균이 몸속으로 들어가면 감염의 우려가 있으므로 주사를 맞기 전에 피부를 소독합니다.

14 세균은 균류나 원생생물보다 생김새가 단순합니다.

15 ①은 곰팡이가 우리에게 주는 이로움이고, ③은 곰팡이가 우리에게 주는 해로움이며, ④는 원생생물이 우리에게 주는 이로움입니다.

16 균류인 곰팡이는 치즈를 만드는 데 이용되기도 하지만 음식을 상하게 하기도 합니다.

17 원생생물은 우리에게 이로움을 주기도 하지만 해로운 영향을 주기도 합니다.

18 세균은 질병을 일으키기도 하지만 김치, 요구르트 등의 음식을 만드는 데 이용되기도 합니다.

19 영양분이 풍부한 원생생물로 건강식품을 만들고, 해충에게만 질병을 일으키는 세균이나 곰팡이로 생물 농약을 만듭니다. 또한 플라스틱을 분해하는 특성이 있는 세균을 이용하여 플라스틱을 분해하고, 오염 물질을 분해하는 세균을 이용해 오염된 물을 깨끗하게 합니다.

20 세균이 자라지 못하게 하는 특성이 있는 곰팡이(푸른곰팡이)를 이용하여 질병을 치료하는 약을 만듭니다.

채점 기준	
상	㉠을 쓰고, 이용된 곰팡이의 특성을 정확히 쓴 경우
하	㉠만 쓴 경우

기초학력 진단평가
모의평가

국어

2~6쪽

1 ④	2 ①	3 ④	4 ③	5 ③
6 ③	7 ④	8 ③	9 ①	10 ②
11 ④	12 ②	13 ④	14 ④	15 ②
16 ①	17 ②	18 ②	19 ③	20 ④
21 ③	22 ④	23 ②	24 ③	25 ①

1 이 시에서 '하늘빛'은 소나기가 내리는 소리와 관련이 없습니다.

2 이 문단은 장승의 여러 가지 구실을 설명한 부분으로, 첫 번째 문장이 문단의 중심 문장입니다.

3 알맞은 높임말을 사용하여 "할아버지, 진지 잡수세요."라고 말해야 합니다.

4 민재는 줄넘기 대회에서 상을 받지 못한 호준이를 위로하고 있습니다.

5 각 문단의 중요한 내용만 간추려야 합니다.

6 문단 ㉯는 민화의 다양한 쓰임새를 설명한 것입니다.

7 문단 ㉰는 민화의 소재에 대한 중요한 내용을 간추려야 합니다.

8 원인은 일이 일어난 까닭입니다. 따라서 '내'가 혼자서도 자전거를 잘 탈 수 있게 된 까닭으로 알맞은 것을 찾아야 합니다.

9 '입는'의 기본형은 '입다'입니다.

10 ③ → ① → ④ → ②의 순서로 국어사전에 실립니다.

11 글쓴이는 글에서 '우리는 지구를 깨끗이 하려고 노력해야 합니다.'라고 자신의 의견을 밝혔습니다.

12 일회용 컵을 사용하는 경우의 문제점을 썼으므로, '일회용 컵을 적게 써야 합니다.'와 같이 중심 문장을 쓰는 것이 알맞습니다.

13 반딧불이가 자리를 잡고 사는 곳에 대한 설명이 이어지므로, '서식지'의 뜻은 '생물이 자리를 잡고 사는 곳.'이 알맞습니다.

14 갯벌이 우리에게 주는 좋은 점을 설명하여 쓴 글입니다. 이 글에 갯벌의 종류, 갯벌이 사라지는 까닭, 갯벌이 생태계에 주는 피해 등은 제시되어 있지 않습니다.

15 중심 생각이란 글쓴이가 글 전체에서 말하고 싶은 생각입니다. 이 글에서 글쓴이는 갯벌을 잘 보존하자는 생각을 전하고 있습니다.

16 글쓴이는 동생이 아팠던 일과 그에 대한 자신의 생각이나 느낌을 글로 썼습니다.

17 '내 몸에 / 불덩이가 들어왔다.'라고 했으므로, 열을 감각적으로 표현한 '뜨끈뜨끈'이 들어갈 말로 알맞습니다. '뜨끈뜨끈'은 '매우 뜨뜻하고 더운 느낌.'을 나타내는 말입니다.

18 마침표나 쉼표 뒤에 오는 말은 띄어 써야 합니다. 낱말과 낱말 사이는 띄어 쓰되, '이/가, 을/를, 은/는, 의'와 같은 말은 앞말에 붙여 씁니다. 또한 수를 나타내는 말과 단위를 나타내는 말 사이는 띄어 씁니다.

19 사과주스는 사물이므로 높임 표현을 사용할 수 없습니다. 따라서 '사과주스 나왔습니다.'와 같이 표현해야 합니다.

20 수현이는 전화를 받는 사람이 누구인지 확인하지 않고 자신이 할 말을 바로 하였습니다. 전화로 대화할 때에는 자신이 누구인지 밝히고 상대가 누구인지 확인해야 합니다.

21 규리는 모둠 발표자가 되어 실수할까 봐 걱정하였습니다. 따라서 규리의 마음으로 알맞은 것은 ③ '걱정스럽다.'입니다. 행복한 마음, 서운한 마음, 자랑스러운 마음은 글 ㉮에 나타나 있지 않습니다.

22 규리는 음악 시간 내내 민호의 리코더 선생님이 되었습니다.

23 「바위나리와 아기별」을 읽고, 인상 깊은 부분을 쓴 것입니다.

24 현장 체험 학습에서 체험한 장소와 시간에 따라 내용을 정리합니다.

25 호랑이는 궤짝 안에서 한 약속을 지키지 않고 ㉠과 같이 뻔뻔하게 말했습니다.

1 ③	2 ②	3 ②	4 ④	5 ①
6 ③	7 ④	8 ②	9 ③	10 ②
11 ①	12 ③	13 ②	14 ④	15 ③
16 ②	17 ①	18 ②	19 ④	20 ③
21 ④	22 ②	23 ③	24 ④	25 ①

1 (㉠에서 ㉡까지의 거리)

$=276+459=735\,(m)$

2
$$\begin{array}{r} {}^{7}\!\!\!\not{8}\,{}^{11}\!\!\!\not{2}\,{}^{10}\!\!\!3 \\ -\ 3\ 5\ 6 \\ \hline 4\ 6\ 7 \end{array}$$

3 각의 수를 세어 보면 가는 3개, 나는 5개, 다는 1개, 라는 4개입니다.

따라서 각이 가장 많은 도형은 나입니다.

4 ④ 모든 변의 길이가 같은 사각형은 마름모, 정사각형입니다.

5 구슬 24개를 8명에게 1개씩 번갈아 가며 나누어 주면 한 사람에게 줄 수 있는 구슬은 3개입니다.

➡ $24\div8=3$(개)

6 ㉡ $5\times6=30$ 또는 ㉢ $6\times5=30$에서 $30\div5=6$임을 알 수 있습니다.

7 (혜지네 학교 4학년 학생 수)

$=$(한 반의 학생 수)$\times$(반 수)

$=20\times4=80$(명)

8 (전체 음료수 수)

$=$(한 상자에 담겨 있는 음료수 수)$\times$(상자 수)

$=15\times8=120$(병)

9 ③ $1000\,m=1\,km$이므로 $7000\,m=7\,km$입니다.

10 (오늘 수학 공부를 한 시간)

$-$(어제 수학 공부를 한 시간)

$=45$분 15초-40분 20초$=4$분 55초

11 색칠한 부분은 전체를 똑같이 9로 나눈 것 중의 7이므로 $\dfrac{7}{9}$입니다.

12 0.1이 각각 몇 개인지 알아보면 다음과 같습니다.

① 23개 ② 12개 ③ 9개 ④ 17개

따라서 가장 작은 소수는 0.9입니다.

13 (두 수의 곱)$=245\times3=735$

14 (전체 방울토마토 수)

$=$(한 상자에 들어 있는 방울토마토 수)$\times$(상자 수)

$=178\times6=1068$(개)

15 $35\div8=4\cdots3$이므로 4명에게 나누어 줄 수 있고, 3개가 남습니다.

16 (한 상자에 담을 수 있는 밤 수)

$=$(전체 밤 수)$\div$(상자 수)

$=420\div5=84$(개)

17 원의 반지름은 원의 중심과 원 위의 한 점을 이은 선분이므로 5 cm입니다.

➡ (원의 지름)$=5\times2=10\,(cm)$

18 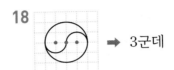 ➡ 3군데

19 32의 $\dfrac{1}{4}$은 8이므로 32의 $\dfrac{3}{4}$은 $8\times3=24$입니다.

20 ③ $\dfrac{17}{6}$을 대분수로 나타내면 $2\dfrac{5}{6}$입니다.

21 대분수로 나타내면 다음과 같습니다.

① $3\dfrac{2}{3}$ ② $5\dfrac{2}{3}$ ③ $4\dfrac{1}{3}$ ④ $2\dfrac{1}{3}$

따라서 가장 작은 분수는 자연수 부분이 가장 작은 $2\dfrac{1}{3}$입니다.

22 (두 그릇의 들이의 합)

$=3\,L\,500\,mL+1\,L\,800\,mL$

$=4\,L\,1300\,mL=5\,L\,300\,mL$

23 (빈 바구니의 무게)

$=$(수박을 담은 바구니의 무게)$-$(수박의 무게)

$=4\,kg\,100\,g-3\,kg\,750\,g=350\,g$

24 ① 여름을 좋아하는 학생이 가장 많습니다.

② 봄을 좋아하는 학생은 35명입니다.

③ 봄과 겨울을 좋아하는 학생은 모두 $35+19=54$(명)입니다.

25 • 농구공: 13개 • 축구공: 20개

• 배구공: 23개 • 야구공: 15개

따라서 가장 적게 있는 공은 농구공입니다.

1 ④	2 ③	3 ①	4 ④	5 ②
6 ②	7 ④	8 ③	9 ①	10 ③
11 ①	12 ③	13 ④	14 ④	15 ②
16 ④	17 ②	18 ②	19 ①	20 ③
21 ④	22 ④	23 ②	24 ③	25 ③

1 학교는 친구들과 공부를 하는 곳, 놀이터는 신나게 뛰어노는 곳, 도서관은 책을 읽거나 빌릴 수 있는 곳 입니다.

2 고장의 모습을 그린 그림을 비교할 때에는 비교하는 고장의 그림에 모두 그려진 장소를 찾거나 어느 한 곳에만 그려진 장소를 찾아 장소를 어떻게 다르게 그렸는지 비교해 봅니다. ③ 고장의 모습을 그린 그림을 비교할 때에는 도화지의 크기보다 그림의 내용을 비교해야 합니다.

3 ① 디지털 영상 지도는 국토 지리 정보원 누리집에서 찾아볼 수 있습니다.

4 고장의 주요 장소는 눈에 잘 띄거나 사람들이 자주 찾는 곳입니다.

5 옛이야기를 통해 옛날 고장의 모습이나 특징 등을 알 수 있습니다.

6 마이산과 코끼리 바위는 고장의 자연환경을 알 수 있는 지명입니다.

7 문화유산은 옛날부터 전해 내려온 문화 중 오늘날 의미가 있고 다음 세대에 물려줄 만한 가치가 있는 것입니다. ④ 스마트폰은 옛날부터 전해 내려온 것이 아닙니다.

8 고장의 문화유산을 소개하는 방법으로는 사진 전시하기, 그림 그리기, 안내 책자 만들기, 문화유산 모형 만들기, 신문 만들기 등이 있습니다. ③ 문화유산과 관련된 책을 찾아보는 것은 문화유산을 조사하는 방법입니다.

9 가마, 달구지, 당나귀는 옛날에 땅에서 이용한 교통 수단입니다.

10 뗏목, 소달구지, 당나귀, 가마 등은 옛날의 교통수단이고, 버스, 승용차, 기차, 지하철 등은 오늘날의 교통수단입니다.

11 ① 옛날 통신수단은 소식을 전하는 데 시간이 오래 걸렸습니다.

12 ③ 북은 위급한 소식을 알렸던 옛날의 통신수단입니다.

13 자연환경은 땅의 생김새와 날씨에 영향을 주는 요소와 같이 자연적으로 생겨난 것을 말합니다. ④ 과수원은 자연환경을 이용해 만든 인문환경입니다.

14 ①은 하천, ②는 산, ③은 바다 주변 지역에 사는 사람들의 생활 모습입니다.

15 사람들은 산, 하천, 바다 등의 자연환경이나 영화관, 박물관 등의 인문환경을 이용하여 다양한 여가 생활을 합니다.

16 제시된 그림은 추위를 견딜 수 있도록 두꺼운 옷을 입고 있고, 장갑을 끼고 있는 것으로 보아 춥고 눈이 많이 내리는 고장에서 사는 사람의 옷차림입니다.

17 고장의 자연환경에 따라 고장 사람들의 의식주 생활 모습이 다양하게 나타납니다.

18 ② 철로 도구를 만든 것은 돌로 도구를 만든 시대보다 시간이 흐른 뒤의 일입니다.

19 농사 도구가 발달하면서 한 사람이 수확할 수 있는 곡식의 양이 많아졌고, 사람들이 점차 식량을 안정적으로 구하고 먹을 수 있게 되었습니다.

20 추석에는 차례를 지내고 성묘를 했습니다. 송편을 빚어 먹고, 보름달 아래에서 강강술래를 했습니다. ③ 쥐불놀이는 정월 대보름에 볼 수 있는 세시 풍속입니다.

21 ④ 혼인이란 남자와 여자가 부부가 되는 것으로, 옛날과 오늘날 혼인의 의미는 같습니다.

22 확대 가족과 핵가족은 결혼한 자녀가 부모와 함께 생활하는지를 기준으로 구분합니다.

23 오늘날에는 남녀가 평등하다는 의식이 높아지면서 남자와 여자의 역할을 구분하지 않게 되었고, 가족 구성원의 역할도 달라졌습니다.

24 ㉠은 서로 다른 두 가족이 함께 살게 된 가족이고, ㉡은 조부모와 손주로 이루어진 가족입니다.

25 ③ 서로 다른 여러 가족이 어울려 살아가려면 다양한 모습의 가족들이 서로 만나서 어울릴 수 있는 자리가 많아져야 합니다.

1 ①	2 ④	3 ③	4 ④	5 ③
6 ③	7 ②	8 ④	9 ④	10 ④
11 ③	12 ④	13 ①	14 ④	15 ②
16 ③	17 ①	18 ④	19 ④	20 ④
21 ②	22 ④	23 ④	24 ④	25 ④

1 어항은 유리, 탁구공은 플라스틱, 공책은 종이로 만듭니다.

2 자전거의 손잡이는 고무나 플라스틱으로 만듭니다.

몸체: 금속으로 만들어 잘 부러지지 않고 튼튼함.

손잡이: 고무나 플라스틱으로 만들어 잘 미끄러지지 않음.

안장: 가죽이나 플라스틱으로 만들어 잘 찢어지지 않고, 질김.

타이어: 고무로 만들어 충격을 잘 흡수하고 탄력이 있음.

체인: 금속으로 만들어 튼튼하고 큰 힘에도 잘 견딤.

3 서로 다른 물질을 섞으면 섞기 전에 각 물질이 가지고 있던 성질이 변하기도 하고, 변하지 않기도 합니다.

4 거북은 암수가 모두 알을 돌보지 않고 펭귄은 암수가 함께, 곰은 암컷이 혼자서 새끼를 돌봅니다.

5 배추흰나비 번데기는 움직이지 않습니다.

6 매미와 잠자리는 한살이에서 번데기 단계가 없습니다.

7 닭, 거북, 벌, 개구리는 알을 낳는 동물입니다.

8 용수철, 철 집게, 철 클립은 철로 만들어져서 자석에 붙고, 고무지우개는 고무로 만들어져서 자석에 붙지 않습니다.

9 막대자석의 극은 양쪽 끝부분으로 두 개이고, 자석의 같은 극끼리는 서로 밀어 냅니다.

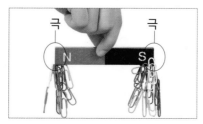

극   극

◎ 막대자석의 극: 양쪽 끝부분

10 나침반에 막대자석의 N극을 가까이 가져가면 나침반 바늘의 S극이 끌려와 막대자석의 N극을 가리킵니다.

11 육지의 물과 다르게 바닷물은 짠맛이 납니다.

12 달 표면에는 구덩이가 많이 있습니다.

13 날아다니는 새와 곤충은 날개가 있습니다.

14 낙타는 눈썹이 길어서 강한 햇빛으로부터 눈을 보호할 수 있고, 콧구멍을 여닫을 수 있어서 모래 먼지가 콧속으로 잘 들어가지 않습니다.

15 흡착 고무는 문어의 다리에 빨판이 있어 물체를 잡고 놓치지 않는 모습을 보고 만든 것입니다.

16 화단 흙의 물에 뜬 물질은 나뭇가지, 나뭇잎 조각, 죽은 동물 등이 썩은 부식물입니다.

◎ 화단 흙의 물에 뜬 물질   ◎ 운동장 흙의 물에 뜬 물질

17 바위나 돌이 물, 나무뿌리 등에 의해 오랜 시간 동안 작게 부서져 흙이 됩니다.

18 (가)는 (나)보다 강폭이 좁고 강의 경사가 급합니다.

19 갯벌과 모래사장은 바닷물에 의한 퇴적 작용으로 만들어진 지형이고, 동굴과 절벽은 바닷물에 의한 침식 작용으로 만들어진 지형입니다.

20 플라스틱 막대와 나무 막대와 같은 고체는 담는 용기가 바뀌어도 모양과 부피가 변하지 않습니다.

21 주스와 같은 액체는 담는 용기에 따라 모양은 변하지만 부피는 변하지 않습니다.

22 기체는 손으로 잡을 수 없고, 공간을 차지하고 이동할 수 있으며 담는 용기에 따라 모양이 변합니다.

23 소리의 크고 작은 정도를 소리의 세기라고 하고, 소리굽쇠를 고무망치로 세게 치면 큰 소리가 납니다.

24 수중 스피커에서 나오는 음악 소리는 액체인 물을 통해 수중 발레 선수에게 전달됩니다. ①~③은 고체를 통해 소리가 전달되는 경우입니다.

25 녹음실 벽에 소리가 잘 전달되지 않는 물질을 붙입니다.

사자성어, 속담, 맞춤법(총3책)

퍼즐런

초등 필수 어휘를 퍼즐 학습으로 재미있게 배우자!

- 하루에 4개씩 25일 완성으로 집중력 UP!
- 다양한 게임 퍼즐과 쓰기 퍼즐로 기억력 UP!
- 생활 속 상황과 예문으로 문해력의 바탕 어휘력 UP!

초등학교

학년   반   번

이름

교과서 핵심 이해부터 학교 시험까지 완벽 대비!

1. 꾸준한 집중 학습으로 **공부 습관을 키워요!**

2. 스스로 정리하고 완성하며 **자기 주도적으로 공부해요!**

3. 맞춤 정리와 단원평가로 **시험 자신감을 길러요!**

초코 국어 3~6학년 학기별 [8책]

● 교과서 지문 분석으로 핵심과 구조를 파악하여 문해력 향상

● 어휘 학습, 다양한 유형의 문제 풀이로 국어 교과 학습력 키우기

● 단원 정리 학습, 단원평가, 수행평가로 각종 학교 평가 완벽 대비

초코 사회 3~6학년 학기별 [8책]

● 세분화된 개념 설명과 흥미로운 시각 자료로 사회 개념과 배경지식 확장

● 대표 자료 분석, 단원별 실전 문제로 자료 분석력, 사회 교과 학습력 키우기

● 단원 정리 학습, 단원평가, 수행평가로 각종 학교 평가 완벽 대비

초코 과학 3~6학년 학기별 [8책]

● 주제별 대표 탐구 학습으로 핵심 개념을 이해하고 배경지식까지 확장

● 단원별 핵심 개념과 핵심 문제로 과학 교과 학습력 키우기

● 단원 정리 학습, 단원평가, 수행평가로 각종 학교 평가 완벽 대비

미래엔 초등 도서 목록

초코

교과서 달달 쓰기 · 교과서 달달 풀기
1~2학년 국어 · 수학 교과 학습력을 향상시키고
초등 코어를 탄탄하게 세우는 기본 학습서
[4책] 국어 1~2학년 학기별
[4책] 수학 1~2학년 학기별

초등 필수 기본서, 초코
초등의 교과 학습력이 중·고등까지 이어진다!
교과 학습력을 탄탄하게 세우는 초등 필수 기본서
[8책] 국어 3~6학년 학기별
[8책] 사회 3~6학년 학기별, [8책] 과학 3~6학년 학기별

전과목 단원평가
빠르게 단원 핵심을 정리하고, 수준별 문제로 실전력을 키우는
교과 평가 대비 학습서
[8책] 3~6학년 학기별

수비수학 개념편

초등학교 수학의 기본 실력을 높이는 수학 개념서
[8책] 3~6학년 학기별
*5~6학년 1, 2학기는 2025년 하반기부터 순차 출시 예정

문제 해결의 길잡이

원리 8가지 문제 해결 전략으로 문장제와 서술형 문제 정복
[12책] 1~6학년 학기별

심화 문장제 유형 정복으로 초등 수학 최고 수준에 도전
[6책] 1~6학년 학년별

하루한장 예비 초등

한글완성
초등학교 입학 전 한글 읽기·쓰기 동시에 끝내기
[3책] 기본 자모음, 받침, 복잡한 자모음

예비초등
기본 학습 능력을 향상하며 초등학교 입학을 준비하기
[2책] 국어, 수학

하루한장 독해

독해 시작편
초등학교 입학 전 기본 문해력 익히기 30일 완성
[2책] 문장으로 시작하기, 짧은 글 독해하기

어휘
문해력의 기초를 다지는 초등 필수 어휘 학습서
[6책] 1~6학년 단계별

독해
국어 교과서와 연계하여 문해력의 기초를 다지는 독해 기본서
[6책] 1~6학년 단계별

독해+플러스
본격적인 독해 훈련으로 문해력을 향상시키는 독해 실전서
[6책] 1~6학년 단계별

비문학 독해 (사회편·과학편)
사회·과학 영역 글 읽기를 통해 배경지식을 확장하고
문해력을 완성시키는 독해 심화서
[사회편 6책, 과학편 6책] 1~6학년 단계별

퍼즐런

초등 필수 어휘를 퍼즐로 재미있게 익히는 학습서
[3책] 사자성어, 속담, 맞춤법